최신판

조세총론

박성욱(경희대 교수) · 김성범 공저

TAX AFFAIRS

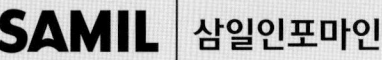

SAMIL | 삼일인포마인

차례

국세기본법

차례

상속세 및 증여세법

[국세기본법]

제 **1** 장

총칙

Ⅰ 통칙

01 국세기본법의 목적

「국세기본법」은 국세에 관한 기본적이고 공통적인 사항과 위법 또는 부당한 국세처분에 대한 불복절차를 규정함으로써 국세에 관한 법률관계를 확실하게 하고, 과세를 공정하게 하며, 국민의 납세의무의 원활한 이행에 이바지함을 목적으로 한다.

02 용어 정의

(1) 국세와 지방세

1) 국세

국가가 부과하는 조세 중 다음의 것을 말한다.

> ① 소득세 ② 법인세 ③ 상속세와 증여세 ④ 종합부동산세 ⑤ 부가가치세 ⑥ 개별소비세
> ⑦ 교통·에너지·환경세 ⑧ 주세 ⑨ 인지세 ⑩ 증권거래세 ⑪ 교육세 ⑫ 농어촌특별세

2) 지방세

「지방세기본법」에서 규정하는 세목을 말한다.

(2) 세법

"세법"(稅法)이란 국세의 종목과 세율을 정하고 있는 법률과 「국세징수법」, 「조세특례제한법」, 「국제조세조정에 관한 법률」, 「조세범 처벌법」 및 「조세범 처벌절차법」을 말한다. 세법이란 용어에 대해 광의의 의미에서 국세기본법과 지방세법 및 관세법이 포함되지만 「국세기본법」에 따른 세법의 용어에서 포함하지 않는다.

(3) 원천징수

"원천징수"(源泉徵收)란 세법에 따라 원천징수의무자가 국세(이와 관계되는 가산세는 제외한다)를 징수하는 것을 말한다. 특정의 소득지급자는 그 소득을 지급할 때에 지급받는 자가 부담할 세액을 일정한 기간 내에 국가를 대신하여 징수한 후 국가에 납부토록 하는 것이다.

(4) 가산세 · 강제징수비 · 공과금

1) 가산세

이 법 및 세법에서 규정하는 의무의 성실한 이행을 확보하기 위하여 세법에 따라 산출한 세액에 가산하여 징수하는 금액을 말한다. 가산세는 과세권의 행사 및 조세채권의 실현을 용이하게 하기 위하여 납세자가 정당한 이유 없이 신고, 납세 등 각종 의무를 위반한 경우에 부과되는 행정상의 제재이다.

2) 강제징수비

「국세징수법」 중 강제징수에 관한 규정에 따른 재산의 압류, 보관, 운반과 매각에 든 비용(매각을 대행시키는 경우 그 수수료를 포함한다)을 말한다.

3) 공과금

「국세징수법」에서 규정하는 강제징수의 예에 따라 징수할 수 있는 채권 중 국세, 관세, 임시수입부가세, 지방세와 이와 관계되는 강제징수비를 제외한 것을 말한다.

(5) 납세자 · 납세의무자 · 제2차납세의무자 · 보증인

1) 납세자

납세의무자(연대납세의무자와 납세자를 갈음하여 납부할 의무가 생긴 경우의 제2차 납세의무자 및 보증인을 포함한다)와 세법에 따라 국세를 징수하여 납부할 의무를 지는 자를 말한다.

2) 납세의무자

세법에 따라 국세를 납부할 의무(국세를 징수하여 납부할 의무는 제외한다)가 있는 자를 말한다.

3) 제2차 납세의무자

납세자가 납세의무를 이행할 수 없는 경우에 납세자를 갈음하여 납세의무를 지는 자를 말한다.

4) 보증인

납세자의 국세 또는 강제징수비의 납부를 보증한 자를 말한다.

(6) 과세기간·과세표준·과세표준신고서·과세표준수정신고서등

1) 과세기간

세법에 따라 국세의 과세표준 계산의 기초가 되는 기간을 말한다.

2) 과세표준

세법에 따라 직접적으로 세액산출의 기초가 되는 과세대상의 수량 또는 가액(價額)을 말한다.

3) 과세표준신고서·과세표준수정신고서

과세표준신고서란 과세표준과 국세의 납부 또는 환급에 필요한 사항을 적은 신고서를 말하며, 과세표준수정신고서란 당초에 제출한 과세표준신고서의 기재사항을 수정하는 신고서를 말한다.

4) 법정신고기한

세법에 따라 과세표준신고서를 제출할 기한을 말한다.

5) 세무공무원

세무공무원이란 국세청장, 지방국세청장, 세무서장 또는 그 소속 공무원과 세법에 따라 국세에 관한 사무를 세관장(稅關長)이 관장하는 경우의 그 세관장 또는 그 소속 공무원을 말한다.

6) 정보통신망·전자신고

"정보통신망"이란 「전기통신기본법」 제2조 제2호에 따른 전기통신설비를 활용하거나 전기통신설비와 컴퓨터 및 컴퓨터의 이용기술을 활용하여 정보를 수집, 가공, 저장, 검색, 송신 또는 수신하는 정보통신체계를 말한다.

"전자신고"란 과세표준신고서 등 이 법 또는 세법에 따른 신고 관련 서류를 국세정보통신망을 이용하여 신고하는 것을 말한다.

(7) 특수관계인

"특수관계인"이란 본인과 다음 중 어느 하나에 해당하는 관계에 있는 자를 말한다. 이 경우 세법을 적용할 때 본인도 그 특수관계인의 특수관계인으로 본다.

구분	특수관계인
친족	① 4촌 이내 혈족
	② 3촌 이내 인척
	③ 배우자(사실혼 관계에 있는 자 포함)
	④ 출양자 및 그 배우자와 출양자의 직계비속
	⑤ 본인이 「민법」에 따라 인지한 혼인 외 출생자의 생부나 생모(본인의 금전이나 그 밖의 재산으로 생계를 유지하는 사람 또는 생계를 함께하는 사람으로 한정한다)
경제적 연관관계	⑤ 임원과 그 밖의 사용인
	⑥ 본인의 금전이나 그 밖의 재산으로 생계를 유지하는 자
	⑦ ⑤ 및 ⑥의 자와 생계를 함께 하는 친족
경영지배관계	⑧ 본인이 개인인 경우 (ㄱ) 본인이 직접 또는 그와 친족관계 또는 경제적 연관관계에 있는 자를 통하여 법인의 경영에 대하여 지배적인 영향력*을 행사하고 있는 경우 그 법인 (ㄴ) 본인이 직접 또는 그와 친족관계, 경제적 연관관계 또는 (ㄱ)의 관계에 있는 자를 통하여 법인의 경영에 대하여 지배적인 영향력*을 행사하고 있는 경우 그 법인
	⑨ 본인이 법인인 경우 (ㄱ) 개인 또는 법인이 직접 또는 그와 친족관계 또는 경제적 연관관계에 있는 자를 통하여 본인인 법인의 경영에 대하여 지배적인 영향력*을 행사하고 있는 경우 그 개인 또는 법인 (ㄴ) 본인이 직접 또는 그와 경제적 연관관계 또는 (ㄱ)의 관계에 있는 자를 통하여 어느 법인의 경영에 대하여 지배적인 영향력*을 행사하고 있는 경우 그 법인 (ㄷ) 본인이 직접 또는 그와 경제적 연관관계, (ㄱ) 또는 (ㄴ)의 관계에 있는 자를 통하여 어느 법인의 경영에 대하여 지배적인 영향력*을 행사하고 있는 그 법인 (ㄹ) 본인이 독점규제및공정거래에관한법률에 따른 기업집단에 속하는 경우 그 기업집단에 속하는 다른 계열회사 및 그 임원

* 다음의 구분에 따른 요건에 해당하는 경우 해당 법인의 경영에 대하여 지배적인 영향력을 행사하고 있는

것으로 본다.
① 영리법인인 경우
  ㉠ 법인의 발행주식총수 또는 출자총액의 100분의 30 이상을 출자한 경우
  ㉡ 임원의 임면권의 행사, 사업방침의 결정 등 법인의 경영에 대하여 사실상 영향력을 행사하고 있다고 인정되는 경우
② 비영리법인인 경우
  ㉠ 법인의 이사의 과반수를 차지하는 경우
  ㉡ 법인의 출연재산(설립을 위한 출연재산만 해당한다)의 100분의 30 이상을 출연하고 그 중 1인이 설립자인 경우

(8) 세무조사

"세무조사"란 국세의 과세표준과 세액을 결정 또는 경정하기 위하여 질문을 하거나 해당 장부·서류 또는 그 밖의 물건을 검사·조사하거나 그 제출을 명하는 활동을 말한다.

03 다른 법률과의 관계

(1) 세법과의 관계

국세에 관하여 세법에 별도의 규정이 있는 경우를 제외하고는 이 법에서 정하는 바에 따른다. 즉, 개별세법에 따른 규정이 우선적으로 적용되며, 별도의 규정이 없는 경우에 「국세기본법」을 적용한다.

(2) 관세법과의 관계

「관세법」과 「수출용 원재료에 대한 관세 등 환급에 관한 특례법」에서 세관장이 부과·징수하는 국세에 관하여 이 법에 대한 특례규정을 두고 있는 경우에는 「관세법」과 「수출용 원재료에 대한 관세 등 환급에 관한 특례법」에서 정하는 바에 따른다

Ⅱ 기간과 기한

01 기간

기간이란 일정시점에서 다른 시점까지의 계속된 시간을 말한다. 「국세기본법」 및 세법에 규정하는 기간의 계산은 「국세기본법」 또는 세법에 특별한 규정이 있는 것을 제외하고는 민법에 의한다.

(1) 기산점

기산점은 기간이 시작되는 시점으로 기간을 일(日)·주(週)·월(月)·연(年)으로 정한 때에는 기간의 초일은 산입하지 아니한다. 다만, 다음의 경우에는 예외로 한다.

① 기간이 오전 영시로부터 시작하는 때에는 초일을 산입한다.

② 연령계산에 있어서는 출생일을 산입한다.

③ 기간을 시·분·초로 정한 때에는 즉시로 기산한다.

(2) 만료점

만료점은 기간이 종료되는 시점으로 기간을 일·주·월·연으로 정한 때에는 기간말일의 종료로 기간이 만료한다. 기간의 말일이 공휴일에 해당하는 때에는 기간은 그 다음 날로 만료한다.[1]

또한 기간을 주·월·연으로 정한 때에는 역(曆)에 의하여 계산한다. 이 경우 주·월·연의 처음으로부터 기간을 기산하지 아니하는 때에는 최후의 주·월·연에서 그 기산일에 해당한 날의 전일로 기간이 만료한다. 다만, 월 또는 연으로 기간을 정한 경우에 최종의 월에 해당일이 없는 때에는 그 월의 말일로 기간이 만료한다.

---

1) 기산일이 공휴일인 경우에는 기산일도 산입한다(대법원 81누204, 1982.2.23.).

사례	기산일	만료일	비고
① 9월 6일부터 10일 이내	9월 7일	16일	
② 9월 6일부터 2개월 이내	9월 7일	11월 6일	기산일에 해당하는 날의 전일
③ 12월 30일부터 2개월 이내	12월 31일	2월 말일	기산일에 해당하는 날의 전일이 없는 경우
④ 3월 31일부터 1개월 이내	4월 1일	4월 30일	기간의 처음부터 기산
⑤ 1월 1일부터 2개월 이내	1월 2일	3월 2일	기간 말일이 공휴일

02 기한

기한이란 법률행위의 효력이 발생·소멸하거나 권리행사 또는 의무이행을 하여야 하는 일정시점을 말한다. 기한은 세법에서 정하는 바에 따라 적용되지만 일정한 경우에는 기한이 연장된다.

(1) 기한이 공휴일 등인 경우

국세기본법 또는 세법에 규정하는 신고, 신청, 청구, 그 밖에 서류의 제출, 통지, 납부 또는 징수에 관한 기한이 토요일 및 일요일, 공휴일 및 대체공휴일, 근로자의 날에 해당하는 때에는 그 날의 다음날을 기한으로 한다.

(2) 정보통신망 장애복구

국세기본법 또는 세법에 규정하는 신고기한 만료일 또는 납부기한 만료일에 국세정보통신망이 장애로 가동이 정지되어 전자신고나 전자납부를 할 수 없는 경우에는 그 장애가 복구되어 신고 또는 납부할 수 있게 된 날의 다음날을 기한으로 한다.

(3) 우편신고·불복청구 및 전자신고

1) 우편에 의한 신고 및 불복청구

우편에 의한 서류의 송부는 일반적으로 도달한 때에 효력이 발생하는 도달주의를 원칙으로 하고 있으나 다음과 같이 우편에 의한 신고 및 불복청구에 대하여는 발송주의를 적용한다.

① 우편으로 과세표준신고서·과세표준수정신고서·경정청구서 또는 이와 관련된 서류를 제출한 경우에는 우편법에 의한 통신일부인이 찍힌 날(통신일부인이 찍히지 아니하였거나 분명하지 아니한 때에는 통상 소요되는 운송일수를 기준으로 발송한 날에 상당하다고 인정되는 날)에 신고된 것으로 본다.

② 국세기본법에 의한 불복청구기한 내에 우편으로 제출한 불복청구서가 청구기간을 지나서 도달한 경우에도 그 기간 만료일에 적법한 청구가 있었던 것으로 본다.

2) 전자신고

과세표준신고서, 과세표준수정신고서등을 국세정보통신망을 이용하여 제출하는 경우에는 해당 신고서 등이 국세청장에게 전송된 때에 신고되거나 청구된 것으로 본다.

전자신고 또는 전자청구된 경우 과세표준신고 또는 과세표준수정신고와 관련된 서류 중 수출대금입금증명서 등 전자신고를 할 때 제출하여야 하는 관련 서류로서 국세청장이 지정하여 고시하는 서류에 대하여 10일의 범위에서 제출기한을 연장할 수 있다.

(4) 직권 또는 신청에 의한 연장

1) 기한연장

관할세무서장은 다음의 사유로 국세기본법 또는 세법에 규정하는 서류의 제출·통지·납부를 정하여진 기한까지 할 수 없다고 인정되거나 납세자의 신청이 있는 때에는 관할세무서장은 그 기한을 연장할 수 있으며 기간의 연장에 관하여도 이를 준용한다.

① 천재지변

② 납세자가 화재, 전화(戰禍), 그 밖의 재해를 입거나 도난을 당한 경우

③ 납세자 또는 그 동거가족이 질병이나 중상해로 6개월 이상의 치료가 필요하거나 사망하여 상중(喪中)인 경우

④ 정전, 프로그램의 오류나 그 밖의 부득이한 사유로 한국은행(그 대리점을 포함한다) 및 체신관서의 정보통신망의 정상적인 가동이 불가능한 경우

⑤ 금융회사 등(한국은행 국고대리점 및 국고수납대리점인 금융회사 등만 해당한다) 또는 체신관서의 휴무나 그 밖의 부득이한 사유로 정상적인 세금납부가 곤란하다고 국세청장이 인정하는 경우

⑥ 권한 있는 기관에 장부나 서류가 압수 또는 영치된 경우

⑦ 「세무사법」 제2조 제3호에 따라 납세자의 장부 작성을 대행하는 세무사(세무법인 포함) 또는 공인회계사(회계법인을 포함)가 화재, 전화, 그 밖의 재해를 입거나 도난을 당한 경우

⑧ 그 밖에 ②, ③ 또는 ⑥에 준하는 사유가 있는 경우

2) 기한연장기간

기한연장은 3개월 이내로 하되, 기한연장의 사유가 소멸되지 아니하는 경우 관할세무서장은 1개월의 범위 안에서 그 기한을 다시 연장할 수 있다. 다만, 신고·납부기한은 9개월을 초과하지 아니하는 범위 안에서 관할세무서장이 이를 연장할 수 있다.

Ⅲ 서류의 송달

01 개요

서류의 송달이란 과세관청이 국세에 관한 처분 및 통지에 관한 서류를 처분대상자 등에게 보내는 절차를 말한다. 서류의 송달시기 및 방법은 국세처분의 효력발생 여부 및 시기에 직접적으로 영향을 미친다.

02 송달을 받아야 할 자 · 송달장소

(1) 송달을 받아야 할 자

송달을 받아야 할 자는 해당 서류에 수신인으로 지정되어 있는 자(명의인)로서 국세처분 등의 대상이 되는 당사자로 한다. 다만, 등기우편송달 또는 교부송달에 있어 송달할 장소에서 서류를 송달받아야 할 자를 만나지 못하였을 때에는 그 사용인이나 그 밖의 종업원 또는 동거인으로서 사리를 판별할 수 있는 사람에게 서류를 송달할 수 있다. 또한, 다음 중 어느 하나에 해당할 경우에는 명의인 외의 자에게 송달할 수 있다.

① 연대납세의무자에게 서류를 송달하고자 할 때에는 그 대표자를 명의인으로 하며 대표자가 없는 때에는 연대납세의무자 중 국세징수상 유리한 자를 명의인으로 한다. 이

경우 연대납세의무자 중 한 명에게 행한 서류의 송달은 다른 연대납세의무자에게도 효력이 있다. 다만, 납세의 고지와 독촉에 관한 서류는 연대납세의무자 모두에게 각각 송달하여야 한다.

② 납세관리인이 있을 때에는 납부의 고지와 독촉에 관한 서류는 그 납세관리인의 주소 또는 영업소에 송달한다.

③ 송달받아야 할 사람이 교정시설 또는 국가경찰관서의 유치장에 체포·구속 또는 유치(留置)된 사실이 확인된 경우에는 해당 교정시설의 장 또는 국가경찰관서의 장에게 송달한다.

(2) 송달장소

서류의 송달은 명의인의 주소(거소 포함) 또는 영업소(사무소 포함)에 송달하여야 한다. 정보통신망을 이용한 전자송달인 경우에는 명의인의 전자우편주소를 주소 또는 영업소로 한다.

과세관청은 명의인의 주소 또는 영업소 중 어느 곳에 송달하여도 되지만 송달을 받을 자가 주소 또는 영업소 중에서 송달받을 장소를 정부에 신고(변경신고 포함)한 경우에는 그 신고된 장소에 송달하여야 한다.

주소란 생활의 근거가 되는 곳을 말하며 법인의 주소는 본점 또는 주사무소 소재지에 있는 것으로 한다. 또한 거소란 다소의 기간 계속하여 거주하는 장소로서 주소와 같이 밀접한 일반적 생활관계가 발생하지 아니하는 장소를 말한다.

03 송달방법

서류의 송달방법에는 교부송달·우편송달·전자송달·공시송달의 네 가지 방법이 있다. 과세관청은 교부송달 또는 우편송달 중 선택할 수 있으나, 전자송달은 송달을 받아야 할 자가 신청하는 경우에 행할 수 있으며, 공시송달은 일정한 사유로 교부송달 또는 우편송달이 불가능할 경우에 한하여 적용할 수 있다.

(1) 우편송달

우편송달이란 우체국에 의한 송달방식으로써 기본적으로 일반우편 또는 등기우편으로 하지만, 납부의 고지·독촉·강제징수 또는 세법에 따른 정부의 명령과 관계되는 서류의 송달을 우편으로 할 때에는 등기우편으로 하여야 한다. 다만, 다음 중 어느 하나에 해당하는 고지서로서 50만원 미만인 경우에는 일반우편으로 송달할 수 있다.

① 소득세 중간예납세액의 납부고지서

② 부가가치세 예정고지에 따른 고지서

③ 신고납세제도 방식하의 국세에 대한 과세표준신고서를 법정신고기한까지 제출하였으나 과세표준신고액에 상당하는 세액의 전부 또는 일부를 납부하지 아니하여 발급하는 납부고지서

(2) 교부송달

교부에 의한 서류 송달은 해당 행정기관의 소속 공무원이 서류를 송달할 장소에서 송달받아야 할 자에게 서류를 교부하는 방법으로 한다. 다만, 송달을 받아야 할 자가 송달받기를 거부하지 아니하면 다른 장소에서 교부할 수 있다.

서류를 교부하였을 때에는 송달서에 수령인이 서명 또는 날인하게 하여야 한다. 이 경우 수령인이 서명 또는 날인을 거부하면 그 사실을 송달서에 적어야 한다.

> **참고**
>
> 서류를 송달받아야 할 자 또는 그 사용인이나 그 밖의 종업원 또는 동거인으로서 사리를 판별할 수 있는 사람이 정당한 사유 없이 서류 수령을 거부할 때에는 송달할 장소에 서류를 둘 수 있다. (이를 유치송달이라 한다.)

(3) 전자송달

1) 신청 및 철회

전자송달이란 정보통신망을 이용한 송달을 말하며, 서류를 송달받아야 할 자가 신청한 경우에만 한다. 다만, 납부고지서가 송달되기 전에 다음 중 어느 하나에 해당하는 세액을 계좌이체 또는 신용카드등으로 국세를 전액 자진납부한 경우 납부한 세액에 대해서는 자진납부한 시점에 전자송달을 신청한 것으로 본다.

① 소득세 중간예납세액

② 일반과세자의 부가가치세 예정고지세액 및 간이과세자의 예정부과세액

전자송달을 신청하거나 그 신청을 철회하려는 자는 인적사항등 필요한 정보를 적은 신

청서를 관할세무서장에게 제출하여야 한다. 전자송달의 개시 및 철회는 신청서를 접수한 날의 다음 날부터 적용한다.[2]

한편 국세청장이 국세정보통신망에 접속하여 서류를 열람할 수 있게 하였음에도 불구하고 해당 납세자가 3회 연속하여 전자송달된 서류를 다음 구분에 따른 기한까지 열람하지 않은 경우에는 세 번째로 열람하지 않은 서류에 대한 다음의 구분에 따른 날의 다음 날에 전자송달 신청을 철회한 것으로 본다.

① 해당 서류에 납부기한 등 기한이 정하여진 경우 : 정하여진 해당 기한

② 이 외의 경우 : 국세정보통신망에 해당 서류가 저장된 때부터 1개월이 되는 날.

다만, 납세자가 전자송달된 납부고지서 또는 독촉장에 따른 세액을 그 납부기한까지 전액 납부한 경우에는 그러하지 아니하다.

2) 전자송달서류

전자송달에 대하여 납세자가 직접 열람하거나 송달받을 수 있는 서류는 다음과 같다.

구분	내용
① 납부고지서, 독촉장, 국세환급금 통지서	납세자로 하여금 국세정보통신망에 접속하여 해당 서류를 열람
② 신고안내문, 그 밖에 국세청장이 정하는 서류	납세자가 지정한 전자우편주소로 송달

3) 전자송달이 불가능한 경우

다음에 해당할 경우에는 교부 또는 우편의 방법으로 송달할 수 있다.

① 국세정보통신망의 장애로 전자송달을 할 수 없는 경우

② 정보통신망의 장애로 전자송달이 불가능한 경우

③ 그 밖에 전자송달이 불가능한 경우로서 국세청장이 정하는 경우

(4) 공시송달

1) 의의 및 취지

공시송달은 교부송달 또는 우편송달에 의하여 서류를 송달할 수 없는 경우 공공의 장소 또는 지면에 공시함으로써 송달이 있은 것으로 간주하는 제도이다. 이는 주민등록표상의

---

2) 전자송달의 신청을 철회한 자가 전자송달을 재신청하는 경우에는 철회 신청일부터 30일이 지난 날 이후에 신청할 수 있다.

주소에 거주하지 아니하는 등 고의로 서류의 수령을 회피하는 경우 공시를 통하여 송달의 효력을 발생시킬 수 있도록 한 것이다. 일반적으로 공시한 것을 당사자가 보는 경우는 드물기 때문에 공시송달의 요건을 가능한 한 엄격히 할 필요가 있다.

2) 사유

송달받아야 할 자가 다음 중 어느 하나에 해당할 경우에는 공시송달을 할 수 있다.
① 주소 또는 영업소가 국외에 있고 송달하기 곤란한 경우
② 주소 또는 영업소가 분명하지 아니한 경우
③ 서류를 등기우편으로 송달하였으나 수취인이 부재 중인 것으로 확인되어 반송됨으로써 납부기한 내 송달이 곤란하다고 인정되는 경우
④ 세무공무원이 2회 이상 납세자를 방문(처음 방문한 날과 마지막 방문한 날 사이의 기간이 3일 이상이여야 함)하여 서류를 교부하고자 하였으나 수취인이 부재중인 것으로 확인되어 납부기한 내 송달이 곤란하다고 인정되는 경우

3) 공시송달절차

공시송달절차는 다음 중 한 가지 방법으로 송달할 서류의 요지를 공고하는 것이다.
① 게시 : 국세정보통신망, 세무서, 해당 서류의 송달장소를 관할하는 시·군·자치구의 게시판 기타 적절한 장소에 게시하는 방법. 단, 국세정보통신망에 게시하는 경우에는 다른 공시송달과 함께 하여야 한다.
② 게재 : 관보 또는 일간신문에 게재하는 방법

04 송달의 효력 발생

송달방법	효력발생기준 또는 시기
교부송달 및 우편송달	서류가 송달을 받아야 할 자에게 도달한 때
전자송달	전자우편주소에 입력된 때 또는 국세정보통신망에 저장하는 경우에는 저장된 때
공시송달	공고일로부터 14일이 지나는 날

01 　의의

납세의무의 주체가 되기 위하여는 인격을 가져야 한다. 법률상 인격은 독자적으로 권리와 의무를 가질 수 있는 자격을 말한다. 자연인은 당연히 인격이 있으며 일종의 단체인 법인은 법률에 의하여 인격이 부여되고 있다. 따라서 자연인뿐 아니라 법인도 납세의무자가 된다.

그런데 설립등기를 하지 아니하여 법인격이 없는 단체는 법인도 아니고 자연인도 아니므로 권리 및 의무의 주체가 될 수 없으며 납세의무도 없게 된다. 그러나 이는 과세누락과 과세불평등을 초래하므로 법인격 없는 단체에 대하여도 납세의무를 지도록 하여야 한다. 이 경우 법인격 없는 단체에게 납세의무를 지도록 함에 있어서 세법에서는 법인격 없는 단체를 자연인(개인) 또는 법인 중 어느 한편으로 보도록 규정하고 있다.

특정단체가 자연인 또는 법인 중 어느 쪽으로 구분되느냐에 따라 납세의무의 범위가 달라지며 이를 예시하면 다음과 같다.

① 법인세법과 소득세법의 과세표준 및 세액계산방법이 다르기 때문에 해당 단체에 대하여 어떤 세법을 적용하느냐에 따라 세액이 달라질 수 있다.

② 부가가치세법상 법인은 간이과세자가 될 수 없기 때문에 해당 단체를 법인으로 보는 경우에는 매출규모가 아무리 영세하더라도 일반과세자가 된다.

02 　법인으로 보는 단체(의제법인)

법인 아닌 단체 중 그 단체의 성격상 법인으로 보아도 무방한 실체를 가진 경우 법인격이 없더라도 국세기본법 및 세법을 적용함에 있어서 법인으로 보아 납세의무를 부담하도록 하고 있다.

법인은 다음 두 가지 유형 중 하나에 해당하는 단체로서 수익을 구성원에게 분배하지 아니하는 단체를 말한다.

(1) 당연 법인으로 보는 미등기단체

법인(「법인세법」에 따른 내국법인 및 외국법인을 말한다)이 아닌 사단, 재단, 그 밖의 단체 중 다음 중 어느 하나에 해당하는 것으로서 수익을 구성원에게 분배하지 아니하는 것은 법인으로 보아 국세기본법과 세법을 적용한다.

   ① 주무관청의 허가 또는 인가를 받아 설립되거나 법령에 따라 주무관청에 등록한 사단, 재단, 그 밖의 단체로서 등기되지 아니한 것

   ② 공익을 목적으로 출연(出捐)된 기본재산이 있는 재단으로서 등기되지 아니한 것

(2) 요건을 갖춘 미등기단체

위에서 (1) 이외의 단체 중 다음의 요건을 모두 갖춘 것으로서 대표자 또는 관리인이 관할세무서장에게 신청하여 법인의제승인을 얻은 미등기단체는 법인으로 본다.

   ① 단체의 조직과 운영에 관한 규정을 가지고 대표자나 관리인을 선임하고 있을 것

   ② 단체 자신의 계산과 명의로 수익과 재산을 독립적으로 소유·관리할 것

   ③ 단체의 수익을 구성원에게 분배하지 아니할 것

법인의제승인을 얻은 단체는 단체의 계속성 및 동질성이 유지되는 것으로 보며, 승인을 얻은 날이 속하는 과세기간과 그 과세기간 종료일부터 3년이 되는 날이 속하는 과세기간까지는 거주자 또는 비거주자(소득세의 납세의무자)로 변경할 수 없다. 다만, 승인요건을 갖추지 못하게 되어 승인취소를 받는 경우에는 그러하지 아니하다.

(3) 납세의무이행

법인으로 보는 법인 아닌 단체의 국세에 관한 의무는 그 대표자나 관리인이 이행하여야 한다. 국세에 관한 의무 이행을 위하여 대표자나 관리인을 선임하거나 변경한 경우에 필요한 사항을 적은 문서를 관할세무서장에게 제출하여 신고하여야 한다.

만약 대표자나 관리인의 선임 또는 변경신고를 하지 않은 경우에는 관할세무서장은 그 단체의 구성원 또는 관계인 중 1명을 국세에 관한 의무를 이행하는 사람으로 지정할 수 있다.

03 개인으로 보는 단체

　법인 아닌 단체 중 법인을 제외한 단체는 개인으로 보아 국세기본법과 세법을 적용한다. 특히 소득세법에서는 개인으로 보는 단체를 하나의 거주자로 보는 경우와 공동사업으로 보는 경우로 구분하고 있다. 즉 대표자 또는 관리인이 선임되어 있고 이익의 분배방법 및 비율이 정해져 있지 아니하며 이익이 사실상 분배되지도 않는 단체는 해당 단체를 하나의 인격체로 보아 하나의 거주자로 간주한다. 그러나 그 이외의 경우에는 단체의 구성원이 공동사업하는 것으로 보아 소득을 각 구성원이 지분비율에 따라 얻은 것으로 하여 소득세를 과세한다.

구분			소득에 대한 적용세법
단체	법인		법인세법 또는 상속세및증여세법
	법인 아닌 단체	의제법인	
		개인으로 보는 단체	소득세법 또는 상속세및증여세법
개인(자연인)			

01. 국세기본법령상 서류의 송달에 관한 설명으로 옳지 않은 것은? (2025 세무사 기출)

① 교부송달은 해당 행정기관의 소속 공무원이 서류를 송달할 장소에서 서류를 교부하는 방법으로 하지만, 송달을 받아야 할 자가 송달받기를 거부하지 아니하면 다른 장소에서 교부할 수 있다.

② 연대납세의무자에게 서류를 송달할 때에 납부의 고지와 독촉에 관한 서류는 연대납세의무자 모두에게 각각 송달하여야 한다

③ 우편송달의 경우 송달할 장소에서 서류를 송달받아야 할 자를 만나지 못하였을 때에는 그 사용인이나 그 밖의 종업원 또는 동거인으로서 사리를 판별할 수 있는 사람에게 서류를 송달할 수 있다.

④ 송달받아야 할 사람이 교정시설 또는 국가경찰관서의 유치장에 체포·구속 또는 유치(留置)된 사실이 확인된 경우에는 공시송달의 방법에 의한다.

⑤ 납부의 고지·독촉·강제징수와 관계되는 서류의 송달을 우편으로 할 때에는 등기우편으로 하여야 한다. 다만, 「소득세법」에 따른 중간예납세액이 50만원 미만에 해당하는 납부고지서는 일반우편으로 송달할 수 있다

02. 「국세기본법」상 총칙에 관한 설명이다. 옳지 않은 것은? (2025 회계사 기출)

① 「국세기본법」에 따른 심사청구의 불복청구기한까지 우편으로 제출한 심사청구서가 청구기간을 지나서 도달한 경우에는 그 기간의 만료일에 적법한 청구를 한 것으로 본다.

② 권한있는 기관에 장부나 서류가 압수 또는 영치되어 세법에서 규정하는 신고를 세법에서 정한 기한까지 할 수 없다고 인정하는 경우라도 기한연장은 9개월을 넘지 않는 범위에서 관할세무서장이 할 수 있다.

③ 납세자가 과세표준신고서를 우편으로 제출하는 경우로 우편날짜도장이 찍힌 경우 우편날짜도장이 찍힌 날에 신고된 것으로 보고, 과세관청이 납부고지서를 우편송달 하는 경우 송달받아야 할 자에게 도달한 때부터 송달의 효력이 발생한다.

④ 수익을 구성원에게 배분하지 않으면서 공익을 목적으로 출연된 기본재산이 있는 법인이 아닌 재단은 단체 자신의 계산과 명의로 수익과 재산을 독립적으로 소유·관리하지 않아도 법인으로 본다.

⑤ 납세자가 과세표준신고서를 국세정보통신망을 이용하여 제출하는 경우에는 해당 신고서가 국세청장에게 전송된 때에 신고된 것으로 보고, 과세관청이 송달서류를 국세

정보통신망에 저장하여 전자송달하는 경우에는 납세자가 해당 서류를 확인한 때 송달한 것으로 본다.

03. 국세기본법상 용어의 정의에 관한 설명 중 옳은 것을 모두 고른 것은?

> ㄱ. '과세기간'이란 세법에 따라 국세의 과세표준 계산의 기초가 되는 기간을 말한다.
> ㄴ. '납세의무자'는 연대납세의무자, 제2차납세의무자, 보증인을 포함한다.
> ㄷ. '가산세'란 세법에서 규정하는 의무의 성실한 이행을 확보하기 위하여 세법에 따라 산출한 세액에 가산하여 징수하는 금액을 말한다.
> ㄹ. '과세표준'이란 세법에 따라 직접적으로 세액산출의 기초가 되는 과세대상의 수량 또는 가액을 말한다.
> ㅁ. '세무조사'란 국세의 과세표준과 세액을 결정 또는 경정하기 위하여 질문하거나 해당 장부·서류 또는 그 밖의 물건을 검사·조사하거나 그 제출을 명하는 활동을 말한다.

① 1개   ② 2개
③ 3개   ④ 4개
⑤ 5개

04. 다음 중 공시송달을 할 수 있는 경우가 아닌 것은?
① 주소 또는 영업소가 국외에 있고 그 송달이 곤란한 경우
② 주소 또는 영업소가 분명하지 아니한 때
③ 등기우편으로 한차례 송달하였으나 수취인이 부재 중이어서 반송되어 납부기한 내 송달이 곤란한 때
④ 수차례 방문하여 교부하고자 하였으나 수령을 거부한 경우
⑤ 납세자를 2회 이상 방문하였으나 수취인이 부재 중이어서 납부기한 내 송달이 곤란한 때

정답 및 해설

1. ④
   명의인 외의 자로서 교부송달 또는 우편송달을 예외로 할 수 있다.
2. ⑤
   국세정보통신망에 저장하는 경우에는 저장된 때에 송달한 것으로 본다.
3. ⑤
4. ④

제**2**장

국세 부과와 세법 적용

Ⅰ 국세부과의 원칙

국세부과의 원칙이란 국세에 관한 납세의무를 확정시키는 과정에서 지켜야 할 원칙을 말한다.

국세부과의 원칙에는 실질과세의 원칙, 신의성실의 원칙, 근거과세의 원칙 및 조세감면의 사후관리 등 네 가지가 있다. 국세기본법 우선의 원칙이 적용되지 아니하기 때문에 다른 세법에서 이에 반하는 특례규정을 둔 경우 그 특례규정이 유효하게 적용된다.

01 실질과세원칙

실질과세의 원칙이란 법적 형식에 불구하고 경제적 실질을 기초로 하여 과세하는 원칙을 말한다. 실질과세의 원칙은 헌법상의 기본이념인 평등의 원칙을 조세법률관계에 구현하기 위한 실천적 원리로서, 조세의 부담을 회피할 목적으로 과세요건사실에 관하여 실질과 괴리되는 비합리적인 형식이나 외관을 취하는 경우에 그 형식이나 외관에 불구하고 실질에 따라 담세력이 있는 곳에 과세함으로써 부당한 조세회피행위를 규제하고 과세의 형평을 제고하여 조세정의를 실현하고자 하는 데 주된 목적이 있다.[3]

(1) 귀속에 관한 실질과세

과세의 대상이 되는 소득, 수익, 재산, 행위 또는 거래의 귀속이 명의(名義)일 뿐이고 사실상 귀속되는 자가 따로 있을 때에는 사실상 귀속되는 자를 납세의무자로 하여 세법을 적용한다.

(2) 내용에 관한 실질과세

세법 중 과세표준의 계산에 관한 규정은 소득, 수익, 재산, 행위 또는 거래의 명칭이나 형식과 관계없이 그 실질 내용에 따라 적용한다. 거래의 실질내용은 형식상의 기록내용이나 거래명의에 불구하고 상거래관례, 구체적인 증빙, 거래당시의 정황 및 사회통념 등을 고려하여 판단한다.

---

3) 대법원 2008두8499, 2012.1.25.

(3) 우회거래에 관한 실질과세

제3자를 통한 간접적인 방법이나 둘 이상의 행위 또는 거래를 거치는 방법으로 이 법 또는 세법의 혜택을 부당하게 받기 위한 것으로 인정되는 경우에는 그 경제적 실질 내용에 따라 당사자가 직접 거래를 한 것으로 보거나 연속된 하나의 행위 또는 거래를 한 것으로 보아 이 법 또는 세법을 적용한다.

(4) 조세법률주의와의 관계

실질과세의 원칙을 내세워 납세의무자가 선택한 거래형식을 함부로 부인하고 법 문언에 표현된 과세요건의 일반적 의미를 일탈하여 그 적용 범위를 넓히게 되면 조세법률주의가 형해화되며 이를 통해 실현하고자 하는 법적 안정성과 예측가능성이 무너지게 된다. 그러므로 조세법률주의의 근본을 훼손하지 않는 범위에서 제한적으로 적용할 필요가 있다

02 신의성실의 원칙

납세자가 그 의무를 이행할 때에는 신의에 따라 성실하게 하여야 한다. 세무공무원이 직무를 수행할 때에도 또한 같다. 신의성실의 원칙은 상대방의 신뢰에 어긋나지 않도록 신의와 성실로 행동하여야 한다는 원칙으로 신의칙(信義則)이라고도 한다.

과세관청과 납세자 쌍방에게 적용되는 원칙이지만, 납세자는 각종 세법에서 제재사항을 규정하고 있으므로 과세관청은 굳이 신의칙에 호소하지 않아도 된다. 반면에 과세관청의 경우 별도로 제재사항이 사실상 없으므로 신의성실의 원칙이 엄격하게 적용된다.

(1) 과세관청에 대한 신의성실원칙

신의성실의 원칙에 대한 세부요건은 별도로 규정하고 있지 않으며, 판례와 학설을 통해 살펴보면 다음과 같다.

1) 요건

① 과세관청이 납세자에게 신뢰의 대상이 되는 공적인 견해표명(행정지도・예규통첩 등)을 하여야 한다.

참고 ●

공적 견해나 의사는 명시적 또는 묵시적으로 표시되어야 하지만 묵시적 표시가 있다고 하기 위해서는 단순한 과세누락과는 달리 과세관청이 상당기간의 과세되지 않은 상태에 대하여 과세하지 않겠다는 의사표시를 한 것으로 볼 수 있는 사정이 있어야 하고, 이 경우 특히 과세관청의 의사표시가 일반론적인 견해표명에 불과한 경우에는 신의성실원칙이 적용되지 않는다(대법원 2011두5940, 2013.12.26.).

② 과세관청의 견해표명이 정당하다고 신뢰한데 대하여 납세자에게 귀책사유가 없어야 한다. 귀책사유가 없어야 한다는 것은 납세자에게 과세관청의 그 언동에 관련된 배신 행위가 없어야 한다는 것을 의미한다. 즉 과세관청의 견해표명이 납세자에 의한 사실 은폐 또는 허위사실고지 등으로 인한 경우에는 그 신뢰를 보호할 가치가 없는 것이다.
③ 납세자가 그 견해표명을 신뢰하고 이에 따라 세무처리 등의 행위를 하여야 한다.
④ 과세관청이 위 견해표명에 반하는 적법한 처분을 하여야 한다.
⑤ 과세관청의 처분으로 인하여 납세자의 이익이 침해되는 결과를 초래하여야 한다.

2) 효과

요건을 모두 충족한 경우에 과세관청의 처분이 납세자의 정당한 신뢰를 저버린 것으로 보고 당초 처분이 무효 또는 취소된다.

(2) 납세자에 대한 신의성실원칙

납세자에 대한 신의성실원칙의 적용요건은 다음과 같다.
① 객관적으로 모순되는 행태가 존재할 것
② 그 행태가 납세의무자의 심한 배신행위에 기인하였을 것
③ 그에 기하여 야기된 과세관청의 신뢰가 보호받을 가치가 있을 것

(3) 조세법률주의와의 관계

조세법률관계에 있어서 신의성실의 원칙은 합법성의 원칙을 희생하여서라도 납세자의 신뢰를 보호함이 정의에 부합하는 것으로 인정되는 특별한 사정이 있을 경우에 한하여 적용하여야 한다.[4]

---

4) 대법원 2011두5940, 2013.12.26.

03 근거과세의 원칙

　납세자의 재산권을 부당하게 침해하지 않도록 하기 위하여 객관적인 근거에 의하여 과세하도록 한 원칙을 근거과세의 원칙이라고 한다. 국세기본법상 근거과세의 원칙은 실지조사 결정을 의미한다. 즉 납세의무자가 세법에 의하여 장부를 비치·기장하고 있는 때에는 해당 국세의 과세표준의 조사와 결정은 그 비치·기장한 장부와 이에 관계되는 증빙자료에 의하여야 한다.

　국세를 조사·결정함에 있어서 기장의 내용이 사실과 다르거나 기장이 누락된 것이 있는 때에는 그 부분에 한하여 정부가 조사한 사실에 따라 결정할 수 있다.

04 조세감면의 사후관리

　정부는 국세를 감면한 경우에 그 감면의 취지를 성취하거나 국가정책을 수행하기 위하여 필요하다고 인정하면 세법에서 정하는 바에 따라 감면한 세액에 상당하는 자금 또는 자산의 운용 범위를 정할 수 있다. 그리고 운용 범위를 벗어난 자금 또는 자산에 상당하는 감면세액은 세법에서 정하는 바에 따라 감면을 취소하고 징수할 수 있다.

II　세법적용의 원칙

　국세기본법상 세법적용의 원칙에는 납세자 재산권의 부당침해금지, 소급과세의 금지, 세무공무원의 재량한계 및 기업회계의 존중 등 네 가지가 있으며 국세기본법 우선의 원칙이 적용되기 때문에 다른 세법에서 이에 반하는 특례규정을 둔 경우 그 특례규정은 효력이 없다.

01 세법해석의 기준

　세법을 해석·적용할 때에는 과세의 형평(衡平)과 해당 조항의 합목적성에 비추어 납세자의 재산권이 부당하게 침해되지 아니하도록 하여야 한다. 세법의 해석은 조세평등주의에 어긋나지 아니하도록 하여야 할뿐 아니라 해당 조항의 제정목적인 입법취지에 비추어 해석하여야 함을 의미한다. 세법해석에 있어서 납세자의 재산권이 부당하게 침해되지 않도록 하기 위하여 기획재정부에 국세예규심사위원회를 두고 운영하도록 하고 있다.

02 소급과세의 금지

(1) 개요

조세법률주의에서 파생된 원칙으로, 과거의 사실이나 행위에 대하여 새로 제정되거나 개정된 세법을 소급하여 적용함으로써 세금을 부과하는 것을 금지하는 원칙을 말한다

1) 입법상의 소급과세금지

국세를 납부할 의무가 성립한 소득, 수익, 재산, 행위 또는 거래에 대해서는 그 성립 후의 새로운 세법에 따라 소급하여 과세하지 않는다.

2) 행정상의 소급과세금지

세법의 해석이나 국세행정의 관행이 일반적으로 납세자에게 받아들여진 후에는 그 해석이나 관행에 의한 행위 또는 계산은 정당한 것으로 보며, 새로운 해석이나 관행에 의하여 소급하여 과세하지 않는다. 즉, 새로운 세법해석이 종전의 해석과 상이한 경우에는 새로운 해석이 있는 날 이후에 납세의무가 성립하는 분부터 새로운 해석을 적용한다.

(2) 진정소급과 부진성소급

국세기본법상 소급과세 유무는 납세의무 성립시점을 기준으로 판정한다. 납세의무 성립시점 전후로 개정된 세법이 소급적용이 되는지 유무에 따라 진정소급과 부진정소급으로 구분할 수 있다.

소급과세는 법률시행 전에 완결된 사실에 대한 진정소급과세(眞正遡及課稅)와 법률시행 전부터 법률시행당시까지 계속되고 있는 사실에 대한 부진정소급과세(不眞正遡及課稅)로 구분될 수 있다. 진정소급과세가 금지되는 것은 당연하나 부진정소급과세의 금지에 대하여는 논란의 여지가 있을 수 있다. 판례에 의하면 부진정소급과세는 허용하는 것이 원칙이나 구법에 대한 신뢰의 보호가치가 있다고 인정되는 특별한 사정이 있고 소급과세로 납세자의

권익이 현저히 침해되는 경우에는 예외적으로 허용하지 않고 있다(헌재 94헌바12, 1995.10.26.).

구분		입법에 의한 소급	해석·행정관행에 의한 소급
납세자에게 유리한 소급		허 용	허 용
납세자에게 불리한 소급	진정소급	금 지	금 지
	부진정소급	허용원칙	허용원칙

03 세무공무원의 재량의 한계

세무공무원이 재량으로 직무를 수행할 때에는 과세의 형평과 해당 세법의 목적에 비추어 일반적으로 적당하다고 인정되는 한계를 엄수하여야 한다.

04 기업회계의 존중

세무공무원이 국세의 과세표준을 조사·결정할 때에는 해당 납세의무자가 계속하여 적용하고 있는 기업회계의 기준 또는 관행으로서 일반적으로 공정·타당하다고 인정되는 것은 존중하여야 한다. 다만, 세법에 특별한 규정이 있는 것은 그러하지 아니하다.

참고

구분	국세부과의 원칙	세법적용의 원칙
유형	실질과세 원칙, 신의성실의 원칙, 근거과세의 원칙, 조세감면의 사후관리	세법해석의 기준, 소급과세의 금지, 세무공무원의 재량의 한계, 기업회계의 존중
적용대상	과세관청·납세자	과세관청
세법과의 관계	개별세법 우선 ○	개별세법 우선 ×

Q 연 습 문 제

01. 「국세기본법」상 국세부과의 원칙에 관한 설명으로 옳지 않은 것은? (2013 회계사 기출)

① 과세의 대상이 되는 소득, 수익, 재산, 행위 또는 거래의 귀속이 명의일 뿐이고 사실상 귀속되는 자가 따로 있을 때에는 사실상 귀속되는 자를 납세의무자로 하여 세법을 적용한다.

② 납세의무자가 세법에 따라 장부를 갖추어 기록하고 있는 경우에는 해당 국세 과세표준의 조사와 결정은 그 장부와 이에 관계되는 증거자료에 의하여야 한다.

③ 국세를 조사·결정할 때 장부의 기록 내용이 사실과 다르거나 장부의 기록에 누락된 것이 있을 때에는 그 부분에 대해서만 정부가 조사한 사실에 따라 결정할 수 있다. 이때는 정부가 조사한 사실과 결정의 근거를 결정서에 적어야 한다.

④ 행정기관의 장은 해당 납세의무자 또는 그 대리인이 요구하면 결정서를 열람 또는 복사하게 하거나 그 등본 또는 초본이 원본과 일치함을 확인하여야 한다.

⑤ 「국세기본법」에서 규정하고 있는 실질과세의 원칙에 반하는 규정을 다른 세법에서 규정하고 있는 경우 「국세기본법」에서 규정하고 있는 실질과세의 원칙을 우선하여 적용한다.

02. 「국세기본법」상 국세부과 및 세법적용의 원칙에 관한 설명이다. 옳은 것은? (2022 회계사 기출)

① 사업자등록의 명의자와는 별도로 사실상의 사업자가 있는 경우에는 법적 형식이 경제적 실질에 우선하므로 사업자등록의 명의자를 납세의무자로 하여 세법을 적용한다.

② 납세의무자가 세법에 따라 장부를 갖추어 기록하고 있으나 장부의 기록에 일부 누락된 것이 있을 때에는 당해 납세의무자의 과세표준 전체에 대해서 정부가 조사한 사실에 따라 결정할 수 있다.

③ 세법을 해석·적용할 때에는 과세의 형평과 해당 세법의 목적에 비추어 국가의 과세권이 침해되지 아니하도록 하여야 한다.

④ 세무공무원이 국세의 과세표준을 조사·결정할 때에는 세법에 특별한 규정이 있는 경우에도 해당 납세의무자가 계속하여 적용하고 있는 기업회계의 기준 또는 관행으로서 일반적으로 공정·타당하다고 인정되는 것은 존중하여야 한다.

⑤ 세법의 해석이나 국세행정의 관행이 일반적으로 납세자에게 받아들여진 후에는 그 해석이나 관행에 의한 행위 또는 계산은 정당한 것으로 보며, 새로운 해석이나 관행에 의하여 소급하여 과세되지 아니한다.

03. 「국세기본법」상 국세부과 및 세법적용의 원칙에 관한 설명이다. 옳지 않은 것은? (2019 회계사 기출)

① 둘 이상의 행위 또는 거래를 거치는 방법으로 세법의 혜택을 부당하게 받기 위한 것으로 인정되는 경우에는 각각의 행위 또는 거래를 기준으로 세법을 적용하여 과세한다.

② 세무공무원이 국세의 과세표준을 조사·결정할 때에는 세법에 특별한 규정이 없으면 납세의무자가 계속하여 적용하고 있는 기업회계의 기준 또는 관행으로서 일반적으로 공정·타당하다고 인정되는 것은 존중하여야 한다.

③ 세법을 해석·적용할 때에는 과세의 형평과 해당 조항의 합목적성에 비추어 납세자의 재산권이 부당하게 침해되지 않도록 하여야 한다.

④ 납세의무자가 세법에 따라 장부를 갖추어 기록하고 있는 경우에는 해당 국세 과세표준의 조사와 결정은 그 장부와 이에 관계되는 증거자료에 의하여야 한다.

⑤ 세무공무원이 재량으로 직무를 수행할 때에는 과세의 형평과 해당 세법의 목적에 비추어 일반적으로 적당하다고 인정되는 한계를 엄수하여야 한다.

04. 「국세기본법」상 신의성실의 원칙에 대한 설명 중 잘못된 것은? (2004 회계사 기출)

① 과세관청이 납세자에게 신뢰의 대상이 되는 공적인 견해표시를 해야 한다.

② 납세자가 과세관청의 견해표시가 정당하다고 신뢰하고 그 신뢰에 납세자의 귀책사유가 없어야 한다.

③ 납세자가 과세관청의 견해표시를 신뢰하고 이에 따라 세무상 처리 등의 행위를 하여야 한다.

④ 과세관청이 당초 견해표시에 반하는 처분을 해야 하며, 이러한 처분의 적법 또는 위법 여부를 따지지 않는다.

⑤ 과세관청의 그러한 배신적 처분으로 인하여 납세자가 불이익을 받아야 한다.

정답 및 해설

1. ⑤
개별세법에서 별도의 규정이 있는 경우에 국세기본법보다 우선하여 적용한다.

2. ⑤

3. ①
당사자가 직접 거래를 한 것으로 보거나 연속된 하나의 행위 또는 거래를 한 것으로 세법을 적용하여 과세

4. ④
처분은 적법하여야 한다. 위법한 처분인 경우에는 신의성실의 원칙을 적용하기에 앞서 이미 무효사유이기 때문이다.

제**3**장

납세의무

I 납세의무 성립

01 개요

세법상 모든 납세의무는 기본적으로 성립·확정 및 소멸의 단계를 거친다.

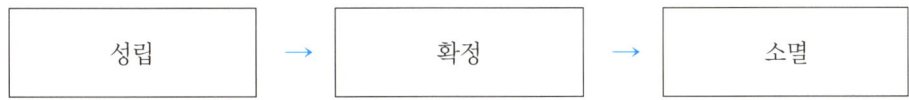

| 성립 | → | 확정 | → | 소멸 |

우선 납세의무의 성립이란 각 세법에서 정하는 과세요건이 충족되는 상태를 말한다. 즉 납세의무는 특정의 시기에 특정사실 또는 상태가 존재함으로써 과세대상(물건 또는 행위)이 납세의무자에게 귀속되어 세법이 정하는 바에 따라 과세표준의 산정 및 세율의 적용이 가능하게 되는 때에 성립한다.

> **참고**
>
> **과세요건**
> 납세의무의 성립에 필요한 법률상이 요건을 말하며, 구체적으로 다음과 같다.
> ① 납세의무자 : 세법에 따라 국세를 납부할 의무가 있는 자를 말한다.
> ② 과세대상 : 세법이 규정하는 바에 따라 조세부담이 부과되는 구체적 객체를 말한다
> ③ 과세표준 : 세법에 따라 직접적으로 세액산출의 기초가 되는 과세대상의 수량 또는 가액(價額)을 말한다. 물건의 가격을 과세표준으로 하는 경우에 종가세라 하고, 물품의 수량(개수, 중량 등)을 과세표준으로 하는 경우에 종량세라 한다.
> ④ 세율 : 과세표준에 곱하여 구체적 조세부담액을 산출하기 위한 법정 비율 또는 단위를 의미한다.

02 납세의무 성립시기

개별세법에 따라 과세요건은 상이하다. 대표적으로 법인세·소득세는 유상으로 발생한 소득이 과세대상이지만, 부가가치세는 재화·용역의 이전을 과세대상으로 본다. 이렇게 세

목마다 과세대상의 특성의 차이가 있으며, 납세의무의 성립시기도 각각 달리 발생한다.

(1) 원칙적인 성립시기

구분	세목	납세의무의 성립시기
기간과세 조세[*1]	소득세·법인세·부가가치세	원칙 : 과세기간 종료일 * 청산소득에 대한 법인세 : 해당 법인의 해산, 합병일 * 수입재화에 대한 부가가치세 : 세관장에 대한 수입신 　고일
	교육세[*2]	금융·보험업자의 과세기간종료일
수시부과 조세[*3]	상속세	상속개시일
	증여세	증여일
	개별소비세, 주세	과세물품의 제조장반출 또는 판매장판매일, 과세장소입 장 또는 과세유흥장소에서의 유흥음식행위일(다만, 수 입물품의 경우는 세관장에 대한 수입신고일)
	인지세	과세문서 작성일
	증권거래세	매매거래의 확정일
	종합부동산세	과세기준일(6월 1일)
부가세	교육세[*4]	본세의 납세의무 성립일
	농어촌특별세	
가산세	무신고가산세 과소신고가산세 초과환급신고가산세	법정신고기한이 경과하는 때
	납부지연가산세 및 원천징수 등 납부지연가산세	지연일수 1일당 2.2/10,000 적용분 : 법정납부기한 경과 후 1일마다 그 날이 경과하는 때
	납부지연가산세	납부고지서상 납부기한까지 납부하지 않는 경우(3%) : 납부고지서에 따른 납부기한이 경과하는 때
	원천징수 등 납부지연가산세	법정납부기한까지 납부하지 않는 경우(3%) : 법정납부기한이 경과하는 때
	그 밖의 가산세	가산할 국세의 납세의무가 성립하는 때

*1 기간과세조세란 과세기간이 있는 조세를 말하며, 과세기간이란 국세의 과세표준 계산의 기초가 되는
　기간을 말한다.
*2 금융보험업자의 수입금액에 부과되는 교육세
*3 수시부과조세란 특정 행위 시점을 기준으로 부과하는 조세를 말한다.
*4 국세에 부가되는 교육세

(2) 예외 성립시기

징수 또는 납부방법에 따른 구분	납세의무의 성립시기
원천징수하는 소득세 또는 법인세	소득·수입금액의 지급일
납세조합이 징수하는 소득세 예정신고납부하는 소득세	그 과세표준이 발생한 달의 말일
중간예납하는 소득세 또는 법인세 예정신고기간·예정부과기간에 대한 부가가치세	중간예납기간·예정신고기간·예정부과기간의 종료일
수시부과에 의하여 징수하는 국세	수시부과사유 발생일

Ⅱ 납세의무 확정

01 개요

납세의무는 과세요건의 충족에 따라 성립하지만 납세의무의 성립에 따라 추상적으로 존재하는 납세의무를 구체적으로 확정하는 것이 필요하다. 납세의무의 확정이란 조세의 납부 또는 징수를 위하여 세법이 정하는 바에 따라 납부할 세액을 납세의무자 또는 과세관청의 일정한 행위나 절차를 거쳐서 구체적으로 확정하는 것을 말한다.

즉 납세의무의 확정은 납세의무자와 과세관청간에 조세의 채권채무관계를 확정시키는 절차이다. 납세의무는 정부의 부과에 의하여 확정되는 경우와 납세자의 신고에 의하여 확정되는 경우가 있으며 별도의 확정절차를 필요로 하지 아니하고 자동적으로 확정되는 경우도 있다.

02 확정방식

(1) 정부부과확정과 신고납세확정의 의의

절차에 의한 납세의무의 확정방법에는 정부부과확정과 신고납세확정의 두 가지가 있다. 정부부과방식에 의한 납세의무의 확정에 있어서는 과세관청이 확정권한을 갖는다. 즉 정부의 부과처분에 의하여 납세의무가 확정된다. 이 경우 세법에 의하여 납세의무자에게 신고의무가 있다고 하더라도 해당 신고는 국세행정에의 협력의무에 불과하며 납세의무의 확정에는 영향을 미치지 아니한다. 정부부과확정에 있어서 정부의 부과처분은 과세표준과 세액을 결정하는 것이며 구체적으로 납세의무가 확정되는 시기는 결정통지가 납세의무자에게 도달한 때이다. 그런데 과세표준과 세액의 통지는 징수절차의 첫단계인 납세고지서에 기재를 통하여 하도록 되어 있으므로 구체적인 납세의무의 확정시기는 납세고지서가 납세의무자에게 도달한 때이다.

신고납세방식에 의한 납세의무의 확정에 있어서는 납세의무자가 우선적으로 확정권한을 갖고 납세의무자가 확정하지 아니하는 경우에 한하여 과세관청이 확정권한을 갖는다.

즉 납세의무자의 신고에 의하여 납세의무가 확정되는 것이 원칙이고 납세의무자가 신고를 하지 아니하거나 신고하여야 할 세액에 미달하게 신고하는 경우 그 무신고액 또는 미달신고액은 정부부과방식에 의하여 확정된다. 신고납세방식으로 확정하는 조세에 있어서 세법상 신고는 부과과세방식에서와는 달리 납세의무의 확정절차에 해당한다. 신고납세확정의 경우 그 확정시기는 과세표준신고서를 정부에 제출하는 때이다.

(2) 자동확정

다음에 해당하는 조세는 납세의무가 성립하는 때에 별도의 확정을 위한 절차없이 자동적으로 확정된다.
① 인지세
② 원천징수하는 소득세 또는 법인세
③ 납세조합이 징수하는 소득세
④ 중간예납하는 법인세(세법에 의하여 정부가 조사결정하는 경우 제외)
⑤ 납부지연가산세 및 원천징수 등 납부지연가산세(납부고지서에 따른 납부기한 후의 가산세로 한정한다)

(3) 정부부과확정과 신고납세확정의 비교

정부부과확정과 신고납세확정은 다음과 같은 차이가 있다.

구분		정부부과확정	신고납세확정
확정권자		과세관청	납세의무자
적용세목	직접세	상속세·증여세·신고납부하지 않는 종합부동산세	소득세·법인세·신고납부하는 종합부동산세
	간접세		부가가치세, 개별소비세, 주세, 증권거래세
	부가세	농어촌특별세	교육세, 교통·에너지·환경세
확정절차		부과처분(결정)	신고
확정시기		납세고지서 도달일	과세표준신고서 제출일
국세징수권 소멸 시효의 기산일		고지납부기한의 다음 날	자진납부기한의 다음 날
국세우선권에서의 법정기일		납세고지서 발송일	신고일

03 수정신고 효력

신고납세확정 대상 세목인 국세의 수정신고(과세표준신고서를 법정신고기한까지 제출한 자의 수정신고로 한정한다)는 당초의 신고에 따라 확정된 과세표준과 세액을 증액하여 확정하는 효력을 가진다.

국세의 수정신고는 당초 신고에 따라 확정된 세액에 관한 이 법 또는 세법에서 규정하는 권리·의무관계에 영향을 미치지 아니한다.

04 경정등의 효력

신고납세확정 또는 정부부과확정에 의하여 납세의무가 확정된 후에도 법인세법, 소득세법 및 부가가치세법 등 개별세법에서 오류 또는 탈루가 발견된 때에는 즉시 이를 고쳐서 결정하도록 하고 있으며 이를 경정이라고 한다. 이 경우 경정처분이 당초의 결정처분 또는 신고확정의 효력에 어떠한 영향을 미칠 것인지에 대해 다음과 같이 입장이 대립된다.

(1) 병존설

당초 처분과 경정처분은 별개의 처분으로 병존하므로 경정처분의 효력은 경정으로 증가된 과세표준과 세액에만 미친다는 입장이다. 병존설에 의하면 징세 및 불복청구에 있어서 다음과 같은 영향을 미치게 된다.

① 경정처분은 당초 처분에 대한 후속처분(독촉·압류 등)의 효력에 영향을 미치지 아니한다.
② 불복청구에 있어서 당초의 처분과 경정처분이 별개의 청구대상이 된다. 따라서 당초의 처분에 대한 불복청구기간이 경과한 경우 불복청구는 경정으로 증액된 부분으로 제한된다.
③ 당초 처분과 경정처분에 대한 국세징수권의 소멸시효는 그 기산일을 달리하게 된다.

(2) 흡수설

경정처분하는 경우 당초 처분의 효력은 소멸하여 경정처분에 흡수되고 경정처분은 새로이 확정된 과세표준과 세액의 전체에 걸쳐 효력을 가지게 된다는 입장이다. 따라서 경정처분을 하는 경우 당초 처분은 소멸하고 경정처분만 존재하게 되는 것이다.

(3) 역흡수설

경정처분은 당초 처분에 흡수되고 당초 처분만이 경정된 내용대로 존재한다는 입장이다.

경정시 처분의 효력	당초 처분 또는 신고확정	경정처분
병존설(분리설)	존재	증가액에 대하여만 존재
흡수설(소멸설)	소멸	전체에 대하여 존재
역흡수설	경정된 처분액으로 존재	소멸

(4) 세법의 입장

현행 세법은 "증액경정은 당초 확정된 세액에 관한 세법상의 권리·의무관계에 영향을 미치지 아니한다"고 하여 문언상으로는 병존설의 입장을 취하고 있는 것으로 보인다. 대법원은 위 현행 세법 규정이 입법된 이후에도 증액경정처분에 관하여는 흡수설의 입장을 취하고 있으나, 취소되는 세액의 범위는 증액경정된 범위에 한정된다고 한다(대법원 2006두 17390, 2009.5.14.).

즉 당초 신고나 결정은 증액경정처분에 흡수되므로 원칙적으로 당초 신고나 결정에 대한 불복기간의 경과 여부 등에 관계없이 증액경정처분만이 심판대상이 되고 당초 신고나 결정에 대한 위법사유도 함께 주장할 수 있지만, 그 주장이 인용되어 증액경정처분이 취소되더라도 이미 확정된 당초 처분의 세액 이하로는 감액할 수 없다는 것이다. 이는 기존 흡수설의 입장을 유지하면서도 개정된 세법의 문언을 존중한 해석으로 이해할 수 있다.

한편, "감액경정은 그 경정에 의하여 감소되는 세액 외의 세액에 관한 세법상의 권리·의무관계에 영향을 미치지 아니한다"고 하여 역흡수설의 입장을 취하고 있다.

01 개요

납세의무의 승계는 본래의 납세의무자가 사망 또는 소멸함에 따라 납세의무가 다른 자에게로 이전되는 것을 말한다. 납세의무가 이전되는 것이므로 본래의 납세의무자에 대한 납세의무는 소멸한다. 납세의무가 승계되는 경우는 상속과 합병의 두 가지 경우이다.

02 부과되거나 납부할 국세 및 강제징수비

"부과되거나 납부할 국세 및 강제징수비"라 함은 합병(상속)으로 인하여 소멸된 법인(피상속인)에게 귀속되는 국세 및 강제징수비와 세법에 정한 납세의무의 확정절차에 따라 장차 부과되거나 납부하여야 할 국세 및 강제징수비를 말한다.

03 법인의 합병

법인이 합병한 때에 합병 후 존속하는 법인 또는 합병으로 인하여 설립된 법인은 합병으로 인하여 소멸된 법인에게 부과되거나 그 법인이 납부할 국세 등을 납부할 의무를 진다. 납부의무의 승계시기인 합병한 때는 합병법인의 본점소재지에서 합병등기를 한 때를 말한다.

04 상속

상속이 개시된 때에 그 상속인(수유자와 사인증여를 받은 자 포함) 또는 상속재산관리인은 피상속인에게 부과되거나 그 피상속인이 납부할 국세 등을 납부할 의무를 진다.

단, 상속으로 인한 납세의무 승계를 피하면서 재산을 상속받기 위해 피상속인이 상속인을 수익자로 하는 보험계약을 체결하고 상속인은 상속을 포기한 것으로 인정되는 경우로서 상속포기자가 피상속인의 사망으로 인하여 상속재산으로 보는 보험금을 받는 때에는 상속 포기자를 상속인으로 보고, 보험금을 상속받은 재산으로 보아 납세의무 승계를 적용한다.

1) 승계한도

승계되는 세액은 상속인이 상속으로 인하여 얻은 재산을 한도로 한다. 이 경우 상속으로 인하여 얻은 재산이란 상속으로 인하여 얻은 자산총액에서 부채총액과 그 상속으로 인하여 부과되거나 납부할 상속세를 공제한 가액을 말한다.

2) 공동상속시 연대납부의무

상속인(수유자와 상속포기자 포함)이 두 명 이상인 때에는 각 상속인은 피상속인에게 부과되거나 그 피상속인이 납부할 국세 및 강제징수비를 민법에 따른 상속분에 따라 안분하여 계산한 금액을 상속으로 인하여 얻은 재산을 한도로 연대하여 납부할 의무를 진다.

다만, 다음 중 어느 하나에 해당하는 경우에는 각각의 상속인이 받은 재산가액 비율에 따라 나누어 계산한 국세 및 강제징수비를 상속으로 받은 재산의 한도에서 연대하여 납부할 의무를 진다.

① 상속인 중 수유자가 있는 경우
② 상속인 중 상속을 포기한 사람이 있는 경우
③ 상속인 중 유류분을 받은 사람이 있는 경우
④ 상속으로 받은 재산에 보험금이 포함되어 있는 경우

한편, 상속인은 승계세액을 납부할 대표자를 정하여 세무서장에게 신고하여야 하며 신고가 없는 경우 세무서장이 지정한다.

3) 상속인에 대한 고지·독촉 등

상속인이 있는지 분명하지 아니할 때에는 상속인에게 하여야 할 납세의 고지·독촉 기타 필요한 사항은 상속재산관리인에게 하여야 하며 상속재산관리인이 없는 때에는 세무서장은 상속개시지를 관할하는 법원에 상속재산관리인의 선임을 청구할 수 있다.

4) 효력

피상속인에 대하여 행한 처분 또는 절차는 상속인 또는 상속재산관리인에 대하여도 효력이 있다.

| 합병 및 상속으로 인한 납세의무 승계 |

승계사유	본래의 납세자	승계대상자	승계한도
합병	피합병법인 (소멸법인)	합병법인 (존속법인 · 신설법인)	없음
상속	피상속인	상속인	상속으로 얻은 재산 ＝자산총액 − 부채총액 − 상속세

Ⅳ 연대납세의무

01 개요

연대납세의무는 민법상 연대채무의 일종으로 연대채무란 수인의 채무자가 채무 전부를 각자 이행할 의무가 있고 채무자 한 명의 이행으로 다른 채무자도 그 채무를 면하게 되는 때의 해당 채무를 말한다. 즉 연대납세의무는 하나의 납세의무에 대하여 여러 명이 이행할 의무를 지므로 조세채권의 보전이 용이하게 된다.

02 적용대상

(1) 공유물 등에 관한 연대납세의무

국세기본법상 공유물·공동사업 또는 해당 공동사업에 속하는 재산에 관계되는 국세 등은 그 공유자 또는 공동사업자가 연대하여 납부할 의무를 진다. 공동상속시 상속재산에 대한 상속세의 연대납세의무 및 공동사업의 부가가치세에 대한 공동사업자의 연대납세의무 등이 그 예이다.

(2) 분할·분할합병에 관한 연대납세의무

1) 분할법인이 존속하는 경우

법인이 분할되거나 분할합병된 후 분할되는 법인이 존속하는 경우 다음 중 어느 하나에 해당하는 법인은 분할등기일 이전에 분할법인에 부과되거나 납세의무가 성립한 국세 및 강제징수비에 대하여 분할로 승계된 재산가액을 한도로 연대하여 납부할 의무가 있다.
① 분할되는 법인
② 분할 또는 분할합병으로 인하여 설립되는 법인
③ 존속하는 분할합병의 상대방법인. 즉 분할되는 법인의 일부가 다른 법인과 합병하여 그 다른 법인이 존속하는 경우 그 다른 법인을 말한다.

2) 분할법인이 소멸하는 경우

법인이 분할 또는 분할합병한 후 소멸하는 경우 다음 중 어느 하나에 해당하는 법인은 분할법인에 부과되거나 분할법인이 납부하여야 할 국세 및 강제징수비에 대하여 분할로 승계된 재산가액을 한도로 연대하여 납부할 의무가 있다.
  ① 분할신설법인
  ② 분할합병의 상대방 법인

(3) 신회사 설립에 관한 연대납세의무

법인이 「채무자 회생 및 파산에 관한 법률」에 따라 신회사를 설립하는 경우 기존의 법인에 부과되거나 납세의무가 성립한 국세 및 강제징수비는 신회사가 연대하여 납부할 의무를 진다.

(4) 개별세법의 연대납세의무

다른 세법에서 정하는 연대납세의무로는 다음과 같은 것이 있다.
  ① 공동상속시 피상속인의 국세 등에 대한 공동상속인의 연대납세의무
  ② 합산과세되는 공동사업(특수관계인간 조세회피목적의 공동사업)의 소득세에 대한 공동사업자의 연대납세의무
  ③ 증여세에 대한 증여자와 수증자의 연대납세의무
  ④ 법인이 해산한 경우 해당 법인의 법인세(각사업연도소득 및 청산소득에 대한 법인세)에 대한 청산인 및 잔여재산의 분배를 받은 자의 연대납세의무

01 납부의무의 소멸사유

일단 성립된 납세의무는 확정절차를 거쳐 납세의무자가 확정된 세액을 납부하면 소멸한다. 단, 국세징수법상의 결손처분, 부과의 철회는 납부의무의 소멸사유가 아니다. 국세 등(국세 및 체납처분비)에 대한 납부의무의 소멸사유는 납부 이외에도 여러 가지가 있으며 이를 살펴보면 다음과 같다.

납부의무의 소멸사유	내용
(1) 납부	납세의무자 또는 제3자에 의한 납부
(2) 충당	국세환급금과의 상계
(3) 부과의 취소(무효선언 포함)	유효하게 성립한 처분의 흠결에 의한 처분효력의 소급상실
(4) 국세부과의 제척기간 만료	별도 설명
(5) 국세징수권의 소멸시효 완성	별도 설명

02 국세의 부과제척기간

(1) 의의 및 취지

국세의 부과권은 이미 성립한 납세의무를 확정하는 권리로서 상대방의 협력 없이 권리자의 일방적 의사표시 또는 행위로 법률관계를 발생시키는 권리인 형성권에 속한다.

형성권(形成權)은 그 행사에 상대방의 협력이 필요없으므로 법이 정하는 권리의 존속기간인 제척기간이 있을 뿐 권리를 행사하지 아니하는 기간인 소멸시효는 있을 수 없다.

즉 제척기간은 만료로 인하여 권리가 당연히 소멸된다. 제척기간에는 권리행사로 인한 중단 또는 권리를 행사할 수 없는 상태에 대한 정지는 있을 수 없다는 것이 통설이며 국세기본법에서도 이에 따르고 있다.

국세부과권에 제척기간을 두는 이유는 과세관청이 부과권을 행사할 수 있는 기간을 제한함으로써 조세법률관계를 조속히 안정시켜 법적 안정성을 도모하려는 것이다. 국세부과권은 결정권한 뿐 아니라 경정에 관한 권리도 포함하는 것으로 해석된다.

(2) 제척기간

국세는 해당 국세를 부과할 수 있는 날부터 다음의 기간이 만료된 날 이후에는 부과할 수 없다.

1) 일반적인 국세

국세를 부과할 수 있는 기간(이하 "부과제척기간"이라 한다)은 국세를 부과할 수 있는 날부터 5년으로 한다. 다만, 역외거래*의 경우에는 국세를 부과할 수 있는 날부터 7년으로 한다.

* 역외거래란 「국제조세조정에 관한 법률」에 따른 국제거래 및 거래 당사자 양쪽이 거주자(내국법인과 외국법인의 국내사업장을 포함한다)인 거래로서 국외에 있는 자산의 매매 · 임대차, 국외에서 제공하는 용역과 관련된 거래를 말한다.

다만, 다음 중 어느 하나에 해당하는 경우에는 다음의 구분에 따른 기간을 부과제척기간으로 한다.

구분	부과제척기간
① 납세자가 법정신고기한까지 과세표준신고서를 제출하지 아니한 경우	7년(역외거래의 경우 : 10년)
② 납세자가 사기나 그 밖의 부정한 행위[*1]로 국세를 포탈(逋脫)하거나 환급 · 공제를 받은 경우	10년(역외거래에서 발생한 부정행위로 국세를 포탈하거나 환급 · 공제받은 경우 : 15년)
③ 납세자가 부정행위를 하여 다음에 따른 가산세 부과 대상이 되는 경우 　㉠ 소득세법 또는 법인세법에 따른 계산서 미발급, 가공발급 및 수령, 허위발급 및 수령 등에 대한 가산세 　㉡ 부가가치세법에 따른 금계산서 미발급, 가공발급 및 수령, 허위발급 및 수령등에 대한 가산세	10년

*1 사기나 그 밖의 부정한 행위 : 다음 중 하나에 해당하는 행위를 말한다.
　① 이중장부의 작성 등 장부의 거짓 기장
　② 거짓 증빙 또는 거짓 문서의 작성 및 수취

③ 장부와 기록의 파기

④ 재산의 은닉, 소득·수익·행위·거래의 조작 또는 은폐

⑤ 고의적으로 장부를 작성하지 아니하거나 비치하지 아니하는 행위 또는 계산서, 세금계산서 또는 계산서합계표, 세금계산서합계표의 조작

⑥ 조세특례제한법 제5조의2 제1호에 따른 전사적 기업자원 관리설비의 조작 또는 전자세금계산서의 조작

⑦ 그 밖에 위계(僞計)에 의한 행위 또는 부정한 행위

2) 제척기간이 경과한 후 이월결손금 공제

부과제척기간이 끝난 날이 속하는 과세기간 이후의 과세기간에 다음의 금액을 공제하는 경우 해당 이월결손금등이 발생한 과세기간의 소득세 또는 법인세의 부과제척기간은 5년·7년의 기간에도 불구하고 이월결손금등을 공제한 과세기간의 법정신고기한으로부터 1년으로 한다.

3) 상속세·증여세

구분	부과제척기간
① 원칙	10년[*2]
② 예외 　㉠ 납세자가 부정행위로 상속세·증여세를 포탈하거나 환급·공제받은 경우 　㉡ 법정신고기한까지 신고서를 제출하지 아니한 경우 　㉢ 법정신고기한까지 거짓신고 또는 누락신고[*1]한 경우 　　(그 거짓신고 또는 누락신고를 한 부분만 해당한다)	15년

*1 거짓신고 또는 누락신고란 다음 중 어느 하나에 해당하는 경우를 말한다.
　① 상속재산가액 또는 증여재산가액에서 가공(架空)의 채무를 빼고 신고한 경우
　② 권리의 이전이나 그 행사에 등기, 등록, 명의개서 등(이하 "등기등"이라 한다)이 필요한 재산을 상속인 또는 수증자의 명의로 등기등을 하지 아니한 경우로서 그 재산을 상속재산 또는 증여재산의 신고에서 누락한 경우
　③ 예금, 주식, 채권, 보험금, 그 밖의 금융자산을 상속재산 또는 증여재산의 신고에서 누락한 경우
*2 부담부증여에 따른 양도소득세 부과제척기간
　부담부증여에 따라 증여세와 함께 양도소득세가 과세되는 경우에 그 양도소득세의 부과제척기간은 증여세의 부과제척기간과 동일하다.

4) 상속세·증여세의 포탈과 부과제척기간의 특례

납세자가 부정행위로 상속세·증여세(⑦의 경우에는 해당 명의신탁과 관련한 국세를 포함한다)를 포탈하는 경우로서 다음 중 어느 하나에 해당하는 경우 과세관청은 3)에도 불구하고 해당 재산의 상속 또는 증여가 있음을 안 날부터 1년 이내에 상속세 및 증여세를 부과

할 수 있다. 다만, 상속인이나 증여자 및 수증자(受贈者)가 사망한 경우와 포탈세액 산출의 기준이 되는 재산가액(다음 중 어느 하나에 해당하는 재산의 가액을 합친 것을 말한다)이 50억원 이하인 경우에는 그러하지 아니하다

① 제3자의 명의로 되어 있는 피상속인 또는 증여자의 재산을 상속인이나 수증자가 취득한 경우

② 계약에 따라 피상속인이 취득할 재산이 계약이행기간에 상속이 개시됨으로써 등기 · 등록 또는 명의개서가 이루어지지 아니하고 상속인이 취득한 경우

③ 국외에 있는 상속재산이나 증여재산을 상속인이나 수증자가 취득한 경우

④ 등기 · 등록 또는 명의개서가 필요하지 아니한 유가증권, 서화(書畫), 골동품 등 상속재산 또는 증여재산을 상속인이나 수증자가 취득한 경우

⑤ 수증자의 명의로 되어 있는 증여자의 「금융실명거래 및 비밀보장에 관한 법률」에 따른 금융자산을 수증자가 보유하고 있거나 사용 · 수익한 경우

⑥ 「상속세 및 증여세법」에 따른 비거주자인 피상속인의 국내재산을 상속인이 취득한 경우

⑦ 「상속세 및 증여세법」 제45조의2에 따른 명의신탁재산의 증여의제에 해당하는 경우

⑧ 상속재산 또는 증여재산인 「특정 금융거래정보의 보고 및 이용 등에 관한 법률」에 따른 가상자산을 같은 법에 따른 가상자산사업자(같은 법 제7조에 따라 신고가 수리된 자로 한정한다)를 통하지 아니하고 상속인이나 수증자가 취득한 경우

5) 그 외 특례부과제척기간

구분	부과제척기간
① 이의신청, 심사청구, 심판청구, 「감사원법」에 따른 심사청구 또는 「행정소송법」에 따른 소송에 대한 결정 또는 판결이 확정된 경우	결정 또는 판결이 확정된 날로부터 1년
② ①에 따른 결정이나 판결이 확정됨에 따라 그 결정 또는 판결의 대상이 된 과세표준 또는 세액과 연동된 다른 세목(같은 과세기간으로 한정)이나 다른 과세기간(같은 세목으로 한정)의 과세표준 또는 세액의 조정이 필요한 경우	
③ 형사판결이 확정되어 「소득세법」에 따른 기타소득에 해당하는 뇌물 또는 알선수재 및 배임수재에 의하여 받는 금품의 소득이 발생한 것으로 확인된 경우	

구분	부과제척기간
④ 조세조약에 부합하지 아니하는 과세의 원인이 되는 조치가 있는 경우 그 조치가 있음을 안 날부터 3년 이내(조세조약에서 따로 규정하는 경우에는 그에 따른다)에 그 조세조약의 규정에 따른 상호합의가 신청된 것으로서 그에 대하여 상호합의가 이루어진 경우	상호합의 절차의 종료일부터 1년
⑤ 「국세기본법」에 따른 경정청구, 「국제조세 조정에 관한 법률」에 따른 경정청구 또는 조정권고가 있는 경우	경정청구일 또는 조정권고일부터 2개월
⑥ ④에 따른 경정청구 또는 조정권고가 있는 경우 그 경정청구 또는 조정권고의 대상이 된 과세표준 또는 세액과 연동된 다른 과세기간의 과세표준 또는 세액의 조정이 필요한 경우	
⑦ 최초의 신고·결정 또는 경정에서 과세표준 및 세액의 계산 근거가 된 거래 또는 행위 등이 그 거래·행위 등과 관련된 소송에 대한 판결(판결과 같은 효력을 가지는 화해나 그 밖의 행위 포함)에 의하여 다른 것으로 확정된 경우	판결이 확정된 날부터 1년
⑧ 역외거래와 관련하여 법 제26조의2 제1항에 따른 기간이 지나기 전에 「국제조세조정에 관한 법률」 제36조 제1항에 따라 조세의 부과와 징수에 필요한 조세정보(이하 "조세정보"라 한다)를 외국의 권한 있는 당국에 요청하여 조세정보를 요청한 날부터 2년이 지나기 전까지 조세정보를 받은 경우	조세정보를 받은 날부터 1년

원칙 및 특례부과제척기간에도 불구하고 5)-①의 결정 또는 판결에 의하여 다음 중 어느 하나에 해당하게 된 경우에는 당초의 부과처분을 취소하고 그 결정 또는 판결이 확정된 날부터 1년 이내에 다음의 구분에 따른 자에게 경정이나 그 밖에 필요한 처분을 할 수 있다.

① 명의대여 사실이 확인된 경우 : 실제로 사업을 경영한 자
② 과세의 대상이 되는 재산의 귀속이 명의일 뿐이고 사실상 귀속되는 자가 따로 있다는 사실이 확인된 경우 : 재산의 사실상 귀속자
③ 「소득세법」 및 「법인세법」에 따른 국내원천소득의 실질귀속자가 확인된 경우 : 국내원천소득의 실질귀속자 또는 원천징수의무자

(3) 제척기간의 기산일

국세부과의 제척기간은 특례조치를 제외하고는 국세를 부과할 수 있는 날로부터 기산한다. 국세를 부과할 수 있는 날은 다음의 날로 한다.

구분		국세를 부과할 수 있는 날
원칙	과세표준신고의무가 있는 국세(신고하는 종합부동산세 제외)	과세표준 신고기한*의 다음날
	과세표준신고의무가 없는 국세(인지세 및 종합부동산세)	납세의무성립일
예외	원천징수의무자 또는 납세조합에 대하여 부과되는 국세	법정납부기한의 다음날
	과세표준신고기한 또는 법정납부기한이 연장되는 경우	연장된 기한의 다음날
	공제·면제·비과세를 받았거나 낮은 세율을 적용받은 세액을 의무불이행 등의 사유로 징수하는 경우	해당 징수사유 발생일

* 중간예납·예정신고에 대한 신고 및 수정신고기한은 포함하지 아니한다.

(4) 효과

국세부과의 제척기간이 만료하면 다음과 같은 효과가 있다.

① 부과권이 현재 이후에 대하여 소멸하기 때문에 어떠한 형태의 결정·경정·재경정 또는 부과취소도 할 수 없게 된다.

② 부과는 국세징수권 행사의 선행절차이기 때문에 국세부과의 제척기간이 만료하면 후행절차인 징수권의 행사도 불가능해진다.

03 국세징수권의 소멸시효

(1) 의의 및 취지

국세징수권은 부과에 의하여 확정된 조세채권을 실현하기 위하여 납세의무자에게 납부의 이행을 청구하는 권리로서 청구권(請求權)에 해당한다. 청구권은 상대방이 이행하여야 행사가 가능한 권리로서 소멸시효의 적용대상이며 중단과 정지제도가 있다. 소멸시효란 권리의 불행사가 일정기간 계속되면 해당 권리가 소멸하는 제도를 말한다. 제척기간과 마찬가지로 소멸시효도 오랫동안 계속되는 사실에 대한 법적 안정성을 보장하기 위한 제도이다.

(2) 소멸시효 및 기산일

국세징수권은 이를 행사할 수 있는 때로부터 5년(5억원 이상의 국세는 10년) 동안 행사하지 아니하면 소멸시효가 완성한다. 소멸시효에 관하여는 세법에 특별한 규정이 있는 경우를 제외하고는 민법에 의한다. 소멸시효기간의 기산일인 국세징수권을 행사할 수 있는 때란 다음의 날을 말한다).

구분		국세징수권을 행사할 수 있는 날
원칙	신고납세확정조세의 신고세액	법정신고납부기한의 다음날
	정부부과확정조세의 고지세액*	납세고지에 의한 납부기한의 다음날
예외	원천징수의무자 또는 납세조합으로부터 징수하는 국세의 납세고지세액	고지납부기한의 다음날
	법정신고납부기한이 연장되는 경우	연장된 기한의 다음날
	납세고지한 인지세	고지납부기한의 다음날

* 신고납세확정조세로서 무신고 또는 미달신고로 인하여 정부가 결정 또는 경정하여 고지한 세액 포함.

> **참고**
>
> **원천징수의무자 또는 납세조합이 징수하는 국세와 인지세의 소멸시효 기산일 개정 취지**
>
> 원천징수의무자가 원천징수세액을 사기 등으로 포탈한 경우 국세징수권의 소멸시효의 기산점이 법정납부기한의 다음 날로 규정되어 있어 원천징수세액의 국세징수권의 소멸시효가 원천징수되지 아니하는 소득세 및 법인세에 비하여 먼저 완성되는 문제가 있어 개선할 필요가 있음.(2007년 2월 28일 이후부터 적용)

(3) 소멸시효의 중단과 정지

소멸시효기간은 권리의 불행사 상태가 계속되는 기간이기 때문에 권리행사를 위한 조치 또는 행위가 있는 경우 그 진행이 중단된다. 소멸시효의 진행이 중단되면 이미 지난 시효기간은 효력을 상실하고 중단사유가 종료한 때로부터 새로이 시효가 진행한다. 소멸시효의 중단사유는 납세고지, 독촉 또는 납부최고, 교부청구, 압류이다.

소멸시효기간의 진행 중에 권리자가 권리를 행사하는 것이 불가능하거나 현저히 곤란한 사유가 있는 때에 소멸시효의 완성을 일정기간 동안 유예하는 것을 소멸시효의 정지라고 한다. 소멸시효의 진행이 정지되는 경우 그 정지사유가 종료한 후 잔여기간이 지나면 시효가 완성한다. 소멸시효의 정지사유는 분납, 납부고지유예, 체납처분유예, 연부연납, 세무공무원에 의한 사해행위 취소의 소송제기 및 민법에 따른 채권자대위소송 제기이다.

(4) 소멸시효 완성의 효과

국세징수권의 소멸시효가 완성되면 다음과 같은 효과가 있다.

① 국세징수권은 소멸시효의 완성으로 그 기산일에 소급하여 소멸한다. 따라서 국세의 소멸시효가 완성한 때에는 그 국세의 체납처분비 및 이자상당세액에도 그 효력이 미친다.

② 주된 납세자의 국세가 소멸시효의 완성에 의하여 소멸한 때에는 제2차 납세의무자, 납세보증인과 물적 납세의무자에도 그 효력이 미친다.

| 국세부과 제척기간과 국세징수권 소멸시효의 비교 |

구분	국세부과의 제척기간	국세징수권의 소멸시효
개념	부과권의 존속기간	징수권의 불행사기간
권리의 성격	형성권	청구권
중단과 정지	없음.	있음.
권리소멸시기	현재 이후에 대하여 소멸	기산일에 소급하여 소멸(소급효)
기간	경우에 따라 다양(5~15년, 평생)	5년, 10년
시효의 이익포기	불가함	
결손처분절차	불필요함	필요함

Q 연 습 문 제

01. 「국세기본법」상 국세부과의 제척기간과 국세징수권의 소멸시효에 관한 설명으로 옳지 않은 것은?
(2013 회계사 기출)

① 국세징수권은 이를 행사할 수 있는 때부터 5년(5억원 이상의 국세는 10년) 동안 행사하지 아니하면 소멸시효가 완성된다. 소멸시효에 관하여는 「국세기본법」 또는 세법에 특별한 규정이 있는 것을 제외하고는 「민법」에 따른다.

② 과세표준과 세액을 신고하는 국세(「종합부동산세법」 규정에 의해 신고하는 종합부동산세는 제외함)의 경우 해당 국세의 과세표준신고기한의 다음날을 국세부과 제척기간의 기산일로 한다. 이 경우 중간예납·예정신고기한과 수정신고기한은 과세표준신고기한에 포함되지 아니한다.

③ 소멸시효는 납세고지, 납부최고, 납세담보 제공, 교부청구의 사유로 중단된다.

④ 소멸시효는 세무공무원이 「국세징수법」에 따른 사해행위 취소소송을 제기하여 그 소송이 진행중인 기간에는 진행되지 아니한다. 다만, 이러한 사해행위 취소소송의 제기로 인한 시효정지의 효력은 소송이 각하·기각 또는 취하된 경우에는 효력이 없다.

⑤ 원천징수의무자 또는 납세조합으로부터 징수하는 국세의 경우 납세고지한 원천징수세액 또는 납세조합징수세액에 대하여는 그 고지에 따른 납부기한의 다음날을 소멸시효의 기산일로 한다

02. 「국세기본법」상 납세의무의 성립·확정 및 소멸에 관한 설명이다. 옳지 않은 것은? (2025 회계사 기출)

① 중간예납하는 소득세는 중간예납기간이 끝나는 때 성립하고 납세의무가 성립하는 때에 특별한 절차 없이 그 세액이 확정된다.

② 증권거래세는 해당 매매거래가 확정되는 때 성립하고 과세표준과 세액을 정부에 신고하였을 때 확정된다.

③ 상속세는 상속이 개시되는 때 성립하고 과세표준과 세액을 정부가 결정하는 때 확정된다.

④ 국세부과의 제척기간은 시효의 중단과 정지제도가 없지만, 국세징수의 소멸시효는 시효의 중단과 정지제도가 있다.

⑤ 납세자가 신고하는 법인세의 부과제척기간의 기산일은 과세표준신고기한의 다음 날이고, 소멸시효의 기산일은 그 법정신고납부기한의 다음 날이다.

03. 「국세기본법」상 납세의무의 확장 및 소멸에 관한 설명이다. 옳지 않은 것은? (2024 회계사 기출)

① 법인이 합병한 경우 합병 후 존속하는 법인 또는 합병으로 설립된 법인은 합병으로 소멸된 법인에 부과되거나 그 법인이 납부할 국세 및 강제징수비를 납부할 의무를 진다.

② 법인이 분할 또는 분할합병한 후 소멸하는 경우 분할신설법인과 분할합병의 상대방 법인은 분할법인에 부과되거나 분할법인이 납부하여야 할 국세 및 강제징수비에 대하여 분할로 승계된 재산가액을 한도로 연대하여 납부할 의무가 있다.

③ 심판결정에 의하여 명의대여 사실이 확인된 경우에는 당초의 부과처분을 취소하고 그 결정이 확정된 날부터 1년 이내에 실제로 사업을 경영한 자에게 경정이나 그 밖에 필요한 처분을 할 수 있다.

④ 국세징수권의 소멸시효는 세법에 따른 분납기간이 지난 때부터 새로 진행한다.

⑤ 세무공무원이 사해행위 취소소송을 제기함으로 인한 시효정지의 효력은 소송이 각하·기각 또는 취하된 경우에는 그 효력이 없다.

04. 「국세기본법」상 납세의무의 성립, 확정 및 소멸에 관한 설명이다. 옳지 않은 것은? (2022 회계사 기출)

① 법인세의 납세의무 성립시기는 과세기간이 끝나는 때이다. 다만, 청산소득에 대한 법인세의 납세의무 성립시기는 그 법인이 해산을 하는 때이다.

② 납세의무자가 소득세의 과세표준과 세액의 신고를 하지 아니한 경우에는 정부가 과세표준과 세액을 결정하는 때에 그 결정에 따라 납세의무가 확정된다.

③ 과세표준신고서를 법정신고기한까지 제출한 자의 부가가치세 수정신고는 당초 신고에 따라 확정된 세액에 관한 「국세기본법」 또는 세법에서 규정하는 권리·의무관계에 영향을 미치지 아니한다.

④ 국세에 대한 경정청구는 당초 확정된 과세표준과 세액을 감액하여 확정하는 효력을 가진다.

⑤ 국세를 부과할 수 있는 기간에 국세가 부과되지 아니하고 그 기간이 끝나면 해당 국세의 납세의무는 소멸한다.

05. 「국세기본법」상 납세의무의 승계 및 연대납세의무에 관한 설명이다. 옳지 않은 것은? (2022 회계사 기출)

① 상속이 개시된 때에 그 상속인은 피상속인에게 부과되거나 그 피상속인이 납부할 국세 및 강제징수비를 상속으로 받은 재산의 한도에서 납부할 의무를 진다.

② 법인이 합병한 경우 합병 후 존속하는 법인은 합병으로 소멸된 법인에 부과되거나 그 법인이 납부할 국세 및 강제징수비를 합병으로 승계된 재산가액을 한도로 납부할 의무를 진다.

③ 법인이 분할 또는 분할합병한 후 소멸하는 경우 분할신설법인과 분할합병의 상대방 법인은 분할법인에 부과되거나 분할법인이 납부하여야 할 국세 및 강제징수비에 대하여 분할로 승계된 재산가액을 한도로 연대하여 납부할 의무가 있다.

④ 공유물, 공동사업 또는 그 공동사업에 속하는 재산과 관계되는 국세 및 강제징수비는 공유자 또는 공동사업자가 연대하여 납부할 의무를 진다.

⑤ 법인이 「채무자 회생 및 파산에 관한 법률」에 따라 신회사를 설립하는 경우 기존의 법인에 부과되거나 납세의무가 성립한 국세 및 강제징수비는 신회사가 연대하여 납부할 의무를 진다.

정답 및 해설

1. ③
   소멸시효 정지사유에 해당한다.

2. ①
   중간예납하는 법인세는 특별한 절차 없이 그 세액이 확정되지만, 중간예납하는 소득세는 별도의 특례가 없음

3. ④
   분납은 소멸시효 중단이 아닌 정지사유에 해당

4. ④
   경정청구에 대해 감액을 확정하는 효력은 없음

5. ②
   합병으로 인한 납세의무 승계는 별도의 한도가 없음

제**4**장

국세와 일반채권의 관계

01 개요

제2차 납세의무는 주된 납세자가 납세의무를 이행할 수 없는 경우에 주된 납세자에 갈음하여 납세의무를 지는 자를 말한다. 따라서 제2차 납세의무자는 주된 납세자가 이행하지 못한 납세의무의 부족분에 대하여만 납세의무를 지는 것으로 물적납세의무자 및 납세보증인과 함께 보충적 납세의무자의 한 형태이다.

보충적 납세의무에는 그 성격상 부종성과 보충성이 있다. 부종성(附從性)이란 주된 납세의무에 대한 변경 또는 소멸의 효력이 보충적 납세의무에도 미치는 것을 말한다. 따라서 주된 납세의무가 소멸하면 보충적 납세의무도 소멸한다.

보충성(補充性)이란 과세관청이 주된 납세자에 대하여 체납처분을 집행하여도 징수할 금액에 부족한 때에 납세의무의 효력이 그 부족분에 대하여만 미치는 것을 말한다. 따라서 주된 납세자가 납세의무를 이행할 수 있는 재산이 있는 경우에는 제2차 납세의무를 부담할 여지가 없다.

유형	주된 납세자	제2차납세의무자	한도
청산인 등의 제2차 납세의무	해산한 법인	청산인	분배 · 인도한 재산가액
		잔여재산의 분배 · 인도를 받은 자	분배 · 인도받은 재산가액
출자자의 제2차 납세의무	법인	주된 납세의무 성립일 현재 ① 무한책임사원 ② 과점주주, 과점조합원	① 무한책임사원 : 한도없음 ② 과점주주, 과점조합원 : 법인의 부족국세 등×지분율(의결권 없는 주식은 제외)
법인의 제2차 납세의무	납부기간 만료일 현재 ① 무한책임사원 ② 과점주주	법인	법인의 순자산가액×출자자의 지분율 *법인의 순자산가액은 납부기간 종료일 현재의 시가로 평가함

유형	주된 납세자	제2차납세의무자	한도
사업양수인의 제2차 납세의무	사업양도인 (양도일 현재 납세의무가 확정된 자)	사업양수인	양수한 재산가액

02 청산인 등의 제2차 납세의무

법인이 해산한 경우에 그 법인에게 부과되거나 그 법인이 납부할 국세 등을 납부하지 아니하고 잔여재산을 분배 또는 인도한 때에 그 법인에 대하여 체납처분을 집행하여도 징수할 금액에 부족한 경우에는 청산인 또는 잔여재산의 분배 또는 인도를 받은 자는 그 부족액에 대하여 분배 또는 인도하였거나 분배 또는 인도받은 재산가액을 한도로 제2차 납세의무를 진다.

03 출자자의 제2차 납세의무

(1) 개요

법인의 재산으로 그 법인에게 부과되거나 그 법인이 납부할 국세 등에 충당하여도 부족한 경우에는 무한책임사원과 법인을 실질적으로 지배하는 과점주주, 과점조합원은 그 부족액에 대하여 제2차 납세의무를 진다.

(2) 판정 시기

출자자에 대한 제2차 납세의무의 여부는 제2차 납세의무의 대상이 되는 국세 등에 대한 주된 납세의무의 성립일을 기준으로 판정한다. 따라서 법인에 대한 납세의무의 성립일 현재 무한책임사원 또는 실질지배력을 가진 과점주주, 과점조합원이라면 법인의 납세의무가 확정되기 전에 지분을 양도하여 무한책임사원 또는 과점주주, 과점조합원의 범위에서 벗어났다고 하더라도 제2차 납세의무를 지며, 법인의 납세의무 성립일 이후에 무한책임사원 또는 과점주주, 과점조합원이 된 경우에는 납세의무의 확정시기와 관계없이 제2차 납세의무를 지지 아니한다.

(3) 무한책임사원과 과점주주

무한책임사원이란 합명회사의 사원 또는 합자회사의 무한책임사원을 말한다.

과점주주란 주식회사 및 유한회사의 출자자(주주 또는 유한책임사원) 한 명과 그의 특수관계인으로서 그들의 소유주식의 합계 또는 출자액의 합계가 해당 법인의 발행주식 총수 또는 출자총액의 50%를 초과하면서 그에 관한 권리를 실질적으로 행사하는 자들을 말한다. 이 경우 특수관계가 있는 출자자는 각자의 지분비율의 크기에 관계 없이 모두 과점주주가 된다.

과점조합원이란 영농조합법인 또는 영어조합법인의 조합원 1명과 그의 특수관계인 중 대통령령으로 정하는 자로서 그들의 출자액의 합계가 해당 조합의 출자총액의 100분의 50을 초과하는 자들을 말한다. 다만, 조합원 간에 손익분배비율을 정한 경우로서 그 손익분배비율이 출자액의 비율과 다른 경우에는 조합원 1명과 그의 특수관계인 중 대통령령으로 정하는 자로서 그들의 손익분배비율의 합계가 100분의 50을 초과하는 자들을 과점조합원으로 한다.

(4) 한도

무한책임사원의 제2차 납세의무에는 한도가 없다. 그러나 과점주주(주식회사 및 유한회사) 또는 과점조합원의 제2차 납세의무는 해당 법인으로부터 징수하지 못한 국세 등에 해당 과점주주 또는 과점조합원의 지분비율을 곱하여 산출한 금액을 한도로 한다. 이 경우 지분비율을 계산함에 있어서 의결권이 없는 주식은 제외하며 소유주식수 또는 출자액의 계산에 있어서 명의에 불구하고 실질적으로 권리를 행사하는 주식수 또는 출자액에 의한다.

출자자의 유형	제2차납세의무의 한도
무한책임사원 (합명회사 · 합자회사)	없음
과점주주(주식회사 · 유한회사) 과점조합원	부족 국세 등 $\times \dfrac{\text{과점주주가 실질권리 행사하는 주식수}}{\text{발행주식총수}}$

04 법인의 제2차 납세의무

(1) 개요

출자자의 재산으로 그 출자자가 납부할 국세 등에 충당하여도 부족한 경우에는 해당 법인은 그 부족액에 대하여 제2차 납세의무를 진다. 법인에 대한 제2차 납세의무는 출자자에 대한 제2차 납세의무와 달리 증권시장(유가증권시장 또는 코스닥시장)에 상장 여부와 관계 없이 모든 법인에게 적용되며 주된 납세자인 출자자는 무한책임사원과 과점주주인 경우에 한정한다. 또한 출자자의 재산 중에는 소유주식 등이 있으므로 이를 체납처분에 의하여 환가하여 국세 등에 충당하면 될 것이나 다음과 같은 사유로 환가가 불가능한 경우에 한하여 해당 법인에게 제2차납세의무를 지운다.

① 정부가 출자자의 소유주식 등을 재공매하거나 수의계약에 의하여 매각하려 하여도 매수희망자가 없는 때
② 그 법인이 외국법인인 경우로서 출자자의 소유주식 또는 출자지분이 외국에 있는 재산에 해당하여 「국세징수법」에 따른 압류 등 강제징수가 제한되는 경우
③ 법률 또는 그 법인의 정관에 의하여 출자자의 소유주식 등의 양도가 제한된 때(「국세징수법」 제66조 제5항에 따라 공매할 수 없는 경우는 제외함)

(2) 판정시기

법인에 대한 제2차 납세의무의 여부는 출자자에 대한 제2차 납세의무와는 달리 국세 등에 대한 납부기간 만료일을 기준으로 판정한다. 따라서 출자자가 해당 국세 등의 납세의무 성립일 이후에 주식 등을 취득한 경우에도 납부기간 만료일 현재 해당 주식 등을 보유하고 있다면 해당 법인에게 제2차 납세의무가 있다. 둘 이상의 국세가 제2차 납세의무의 대상이 되는 경우에는 납부기한이 뒤에 도래한 국세의 납부기간 만료일을 기준으로 제2차 납세의무를 판정한다.

(3) 한도

법인의 제2차 납세의무는 다음과 같이 계산한 금액을 한도로 한다.

$$(\text{자산총액} - \text{부채총액}) \times \frac{\text{출자자의 소유주식금액(출자금액)}}{\text{발행주식총액(출자총액)}}$$

| 출자자의 제2차 납세의무와 법인의 제2차 납세의무 비교 |

구분	출자자의 제2차 납세의무	법인의 제2차 납세의무
주된 납세자	비상장법인	무한책임사원, 과점주주
제2차 납세의무자	무한책임사원, 과점주주, 과점조합원	법인
판정시기	주된 납세자의 납세의무 성립일 현재	납부기간 만료일 현재
한도	① 무한책임사원 : 한도없음 ② 과점주주, 과점조합원 : 법인의 부족국세 등 × 지분율(의결권 없는 주식은 제외)	법인의 순자산가액×출자자의 지분율

05 사업양수인의 제2차 납세의무

(1) 개요

사업의 양도·양수가 있는 경우에 해당 사업에 관한 국세 등을 양도인의 재산으로 충당하여도 부족이 있는 때에는 사업양수인은 그 부족액에 대하여 양수한 재산의 가액을 한도로 제2차 납세의무를 진다. 사업의 양도(포괄양도)란 사업장별로 그 사업에 관한 모든 권리(미수금에 관한 것 제외)와 모든 의무(미지급금에 관한 것 제외)를 포괄적으로 양도하는 것을 말한다.

(2) 적용대상국세 등

제2차 납세의무의 대상이 되는 국세 등은 다음의 요건을 충족하여야 한다.
① 양도일 이전에 양도인의 납세의무가 확정된 국세 등일 것
② 양수한 사업장에 관계되는 국세 등(2 이상의 사업장에 공통되는 국세 등은 양수한 사업장의 소득금액 또는 수입금액에 비례하여 배분되는 금액 포함)일 것
③ 사업을 영위함으로 인하여 발생하는 국세(예 : 사업소득에 대한 소득세, 부가가치세, 각사업연도소득에 대한 법인세 등)일 것. 따라서 사업용 부동산을 양도함으로 인하여 발생한 양도소득세를 포함하지 아니한다.
④ 사업양수인이 다음 중 어느 하나에 해당하는 자일 것
　㉠ 양도인과 특수관계에 있는 자
　㉡ 양도인의 조세회피를 목적으로 사업을 양수한 자

(3) 한도

사업양수인에 대한 제2차 납세의무는 양수한 재산의 가액을 한도로 한다. 양수한 재산가액이란 사업의 양수인이 양도인에게 지급하였거나 지급하여야 할 금액(양수대가)으로 하고 그러한 금액이 없거나 불분명한 경우에는 양수한 자산총액에서 부채총액을 공제한 가액(양수한 순자산가액)으로 한다.

다만, 양수대가와 시가의 차이가 3억원 이상이거나 시가의 30%에 상당하는 금액 이상인 경우에는 양수대가와 양수한 순자산가액 중 큰 금액으로 한다. 이 경우 자산·부채의 평가는 상속세 및 증여세법상의 평가방법에 의한다.

01 개요

납세자가 국세 등을 체납한 경우에 그 납세자에게 양도담보재산이 있는 때에는 그 납세자의 다른 재산에 대하여 체납처분을 집행하여도 징수할 금액에 부족한 경우에 한하여 그 양도담보재산으로써 납세자의 국세 등을 징수할 수 있다.

양도담보재산이란 납세자(양도담보설정자)가 자기 또는 제3자의 채무를 담보하기 위하여 채권자 또는 제3자(양도담보권자)에게 양도한 재산을 말한다. 즉 양도담보권자는 양도담보설정자가 체납한 국세 등에 대하여 양도담보재산으로 해당 국세 등을 납부할 의무가 있다. 보충적 납세의무의 대상이 양도담보재산이므로 이를 물적납세의무라고 한다.

02 양도담보

양도담보란 금융거래에 있어서 채무자가 담보로 제공하는 자기 또는 제3자의 재산의 법률상 소유권을 채권자 또는 제3자에게 이전시키지만 실질적인 소유권은 채무자가 계속 가지는 형태의 담보제공방식을 말한다. 이는 채권자의 입장에서 질권[5] 또는 저당권[6]에 의한 환가의 번거로움을 피하기 위한 수단으로 이용된다.

03 취지

양도담보가 설정되는 경우 법률상 소유권이 채권자에게 이전되므로 양도담보설정자의 국세체납을 이유로 해당 재산을 압류할 수 없다. 그렇게 되면 저당권·질권·전세권[7]이 설

---

[5] 채권자가 그 채권의 담보로 채무자 또는 제3자가 제공한 동산 또는 재산권을 점유하고, 그 동산 또는 재산권에 대하여 다른 채권자보다 자기채권의 우선변제를 받을 권리가 있는 담보물권(民法 329)

[6] 채무자 또는 제3자가 점유를 이전하지 아니하고 채무의 담보로 제공한 부동산 기타 목적물에 대하여 우선변제를 받을 권리를 가지는 담보물권(民法 356)

[7] 전세금을 지급하고 타인의 부동산을 점유하여 사용·수익하며, 그 부동산에 대하여 후순위권리자 기타 채권

정된 재산에 대하여는 일정한 요건이 충족되는 경우 국세의 우선징수가 인정되는 데 일종의 담보설정재산인 양도담보재산의 경우 국세의 우선이 적용될 여지가 없어서 과세형평을 해치게 된다. 따라서 양도담보재산에 대하여도 국세가 우선하는 경우 체납세액으로 징수할수 있도록 한 것이다.

양도담보재산의 실질적인 소유자가 납세자이므로 해당 재산을 납세자의 재산으로 본다면 보충적 납세의무의 범주에 속한다고 할 수 없다. 왜냐하면 납세자의 재산으로 국세 등에 충당하는 것이기 때문이다. 다만, 법률상의 소유권이 채권자에게 있으므로 법률형식상 보충적 납세의무로 규정하고 있는 것이다.

04 요건

① 양도담보설정자가 국세 및 강제징수비를 체납하여야 한다.
② 양도담보가 국세의 법정기일 이후에 설정되어야 한다.
③ 양도담보설정자의 다른 재산(양도담보재산 제외)에 대하여 강제징수를 집행하여도 징수할 금액에 미치지 못하여야 한다.
④ 양도담보권자에게 납부고지서가 송달되는 시점에 양도담보재산이 존재하여야 한다.

05 징수절차

양도담보재산을 압류 등 체납처분절차를 통하여 직접 체납세액에 충당하는 것은 해당 재산의 법률상 소유자가 납세자가 아니기 때문에 불가능하다. 따라서 양도담보권자에게 납부통지서에 의하여 고지하고 이를 이행하지 아니하는 경우 납부최고를 생략하고 체납처분을 집행하게 된다.

06 한도

양도담보권자는 양도담보재산가액을 한도로 물적 납세의무를 지게 된다.

자보다 전세금에 관한 우선변제권이 인정되는 용익물권(用益物權)(民法 303 ①)

Ⅲ 국세의 우선권

01 채권평등의 원칙

채권이 서로 경합되고 채무자의 전재산이 경합되는 채권을 모두 변제하기에 부족한 경우 모든 채권은 발생시기 및 금액의 크기와 관계없이 평등하게 취급되며 특정 채권이 우선변제의 대상이 되지 아니한다. 이를 채권평등의 원칙이라고 한다. 이러한 채권평등의 원칙에는 다음과 같은 예외가 있다.

① 담보 있는 채권의 담보 없는 채권에 대한 우선
② 담보 있는 채권간의 담보권의 순위에 따른 우선
③ 소액보증금·임금채권·국세 등 법률의 규정에 의한 담보 없는 채권의 우선

02 국세의 우선권

(1) 개요

국세 및 강제징수비는 다른 공과금이나 그 밖의 채권에 우선하여 징수한다. 우선징수란 납세자의 재산을 강제매각절차에 의하여 매각하는 경우에 그 매각대금 또는 추심금액 중에서 국세 등을 우선하여 징수하는 것을 말한다. 따라서 납세자가 강제매각절차가 시작되기 전에 임의로 채권을 변제한 경우에는 국세우선징수가 작용할 여지가 없다.

국세우선징수에 있어서 다른 채권에 우선하는 것은 국세뿐이 아니고 그 국세에 대한 강제징수비를 포함한다. 그러나 국세우선은 비조세채권에 대한 우선을 의미하는 것이기 때문에 일반채권에는 우선하지만 지방세 및 관세 등 다른 조세채권에 우선하는 것은 아니다. 조세채권간의 우선순위에 대하여는 별도로 살펴보기로 한다.

(2) 조세채권간의 우선순위

1) 압류에 의한 우선

국세 강제징수에 따라 납세자의 재산을 압류한 경우에 다른 국세 및 강제징수비 또는 지방세의 교부청구가 있으면 압류와 관계되는 국세 및 강제징수비는 교부청구된 다른 국세 및 강제징수비 또는 지방세보다 우선하여 징수한다.

2) 담보 있는 국세의 우선

납세담보물을 매각하였을 때에는 압류에 의한 우선주의에도 불구하고 그 국세 및 강제징수비는 매각대금 중에서 다른 국세 및 강제징수비와 지방세에 우선하여 징수한다.

조세채권간의 우선순위

(1) 피담보조세 : 납세담보 있는 조세
(2) 압류에 관계되는 조세
(3) 교부청구(참가압류 포함)한 조세

---

03 국세의 우선권 예외

조세채권이 일반채권에 비해 일방적으로 우선한다면 일반 국민의 삶을 침해할 위험이 존재한다. 이러한 취지에 맞게 국세기본법은 일정 사유에 대하여 국세의 우선권에 대한 예외 조항을 규정하고 있다.

(1) 직접비용

납세자의 재산을 강제매각절차에 따라 매각하는 경우 그 매각대금은 우선적으로 강제매각절차에 사용한 직접비용에 충당한다. 강제매각절차는 국세채권이 있는 정부, 지방세채권이 있는 지방자치단체, 공과금채권이 있는 국가기관·단체 또는 일반채권자 중 어느 일방에 의하여 집행될 수 있으며 이 경우 다음과 같이 발생하는 직접비용은 국세 및 강제징수비보다 우선하여 징수한다.

1) 선집행 지방세·공과금의 강제징수비 우선

지방세나 공과금의 체납처분 또는 강제징수를 할 때 그 체납처분 또는 강제징수 금액 중에서 국세 및 강제징수비를 징수하는 경우의 그 지방세나 공과금의 체납처분비 또는 강제징수비

2) 공익비용 우선

강제집행·경매 또는 파산 절차에 따라 재산을 매각할 때 그 매각금액 중에서 국세 및

강제징수비를 징수하는 경우의 그 강제집행, 경매 또는 파산 절차에 든 비용

(2) 법정기일 전의 피담보채권

1) 개요

일반적으로 피담보채권(담보있는 채권)은 무담보채권에 우선하는 것이 원칙이다. 그러나 국세우선권이 무한정 인정된다면 담보권이 무의미해지며 담보권자의 권리를 침해하게 된다. 따라서 이러한 권리침해를 최소화하기 위하여 국세의 법정기일 전에 다음 중 어느 하나에 해당하는 권리가 설정된 재산이 국세의 강제징수 등을 통하여 매각되어 그 매각금액에서 국세를 징수하는 경우 그 권리에 의하여 담보된 채권 또는 임대차보증금반환채권은 국세에 우선한다.

① 전세권, 질권 또는 저당권
②「주택임대차보호법」 또는 「상가건물 임대차보호법」에 따라 대항요건과 확정일자를 갖춘 임차권
③ 납세의무자를 등기의무자로 하고 채무불이행을 정지조건으로 하는 대물변제의 예약에 따라 채권 담보의 목적으로 가등기(가등록을 포함한다)를 마친 가등기 담보권

2) 권리가 설정된 재산이 양도 등이 된 경우

1)에 따라 권리가 설정된 재산이 양도, 상속 또는 증여된 후 해당 재산이 국세의 강제징수 등을 통하여 매각되어 그 매각금액에서 국세를 징수하는 경우 해당 재산에 설정된 전세권등에 의하여 담보된 채권 또는 임대차보증금반환채권은 국세에 우선한다.

다만, 해당 재산의 직전 보유자가 전세권등의 설정 당시 체납하고 있었던 국세 등을 고려하여 국세기본법이 정하는 방법에 따라 계산한 금액의 범위에서는 국세(법정기일이 전세권등의 설정일보다 빠른 국세로 한정한다)를 우선하여 징수한다.

> **참고** ●
>
> **국세기본법이 정하는 방법에 따라 계산한 금액**
> ① 직전 보유자가 해당 재산을 보유하기 전에 해당 재산에 설정된 권리(이하 "전세권등"이라 한다)가 없는 경우 : 직전 보유자 보유기간 중의 전세권등 설정일 중 가장 빠른 날보다 법정기일이 빠른 직전 보유자의 국세 체납액을 모두 더한 금액
> ② 직전 보유자가 해당 재산을 보유하기 전에 해당 재산에 설정된 전세권등이 있는 경우 : 0원

하지만, 1)·2)에도 불구하고 해당 재산에 대하여 부과된 종합부동산세는 전세권등에 따른 채권 또는 임대차보증금반환채권보다 우선한다.

3) 법정기일

한편, 국세의 법정기일은 담보권자가 담보권설정자의 국세에 대한 납세의무가 확정될 것을 인지할 수 있는 시기로서 구체적으로는 다음의 날을 말한다.

구분	국세의 유형	법정기일
원칙	신고납세확정조세*1	신고일
	정부부과확정조세*2	납부고지서 발송일
예외	인지세와 원천징수의무자·납세조합으로부터 징수하는 국세	납세의무 확정일
	제2차납세의무자·보증인의 재산에서 국세징수시	납부고지서 발송일
	납세자의 재산에 대한 확정 전 보전압류에 있어서 그 압류와 관련하여 확정된 세액	압류등기·등록일
	「부가가치세법」 제3조의2에 따라 신탁재산에서 징수하는 부가가치세등	납부고지서 발송일
	「종합부동산세법」 제7조의2 및 제12조의2에 따라 신탁재산에서 징수하는 종합부동산세등	납부고지서 발송일

*1 중간예납하는 법인세, 예정신고납부하는 부가가치세 및 소득세(양도소득과세표준 예정신고하는 경우로 한정)를 포함
*2 신고납세확정조세로서 무신고 또는 미달신고로 인하여 정부가 결정, 경정 또는 수시부과 결정을 하는 경우 고지한 세액 포함.

(3) 당해세 우선

해당 재산에 대하여 부과된 국세인 상속세·증여세 및 종합부동산세는 그 재산에 설정된 전세권·질권·저당권 또는 가등기의 등기·등록 시기에 관계없이 다른 공과금이나 그 밖의 채권 및 위 권리들보다 우선하여 징수된다. "해당 재산에 대하여 부과된 국세"라 함은 당해 재산을 소유하고 있는 것 자체에 담세력을 인정하여 부과되는 국세만을 의미하며, 양도소득세는 제외된다.

(4) 소액보증금과 임금채권

1) 소액보증금

임대차관계에 있는 주택을 매각함에 있어서 주택임대차보호법 또는 상가건물임대차보호법에 의하여 보호되는 소액의 임차보증금에 대하여는 임차인이 국세에 우선하여 변제받을

수 있다.

2) 임금채권

사용자의 재산을 매각하거나 추심함에 있어서 근로기준법에 의하여 우선변제대상이 되는 임금·퇴직금·재해보상금 기타 근로관계로 인한 채권은 국세에 우선하여 변제된다.

법정기일 〉 법정기일 후 담보설정일	법정기일 전 담보설정일 〉 법정기일
① 공익비용	① 공익비용
② 소액보증금 중 일정액, 최종 3개월분 임금, 최종 3년간 퇴직금, 재해보상금	② 소액보증금 중 일정액, 최종 3개월분 임금, 최종 3년간 퇴직금, 재해보상금
③ 당해세	③ 당해세
④ 국세	④ 법정기일 전 담보채권
⑤ 법정기일 후 담보채권	⑤ 기타 임금채권
⑥ 기타 임금채권	⑥ 국세
⑦ 일반채권	⑦ 일반채권

04 사해행위(詐害行爲)의 취소

(1) 의의

사해행위란 채무자가 채무의 변제를 회피하기 위하여 자기의 재산을 양도하거나 담보로 제공하는 행위를 말하며 채권자는 이러한 행위의 취소 및 원상회복을 법원에 청구할 수 있다. 이를 채권자취소권이라고 한다. 국세기본법 및 국세징수법에서는 민법상의 사해행위 취소에 해당하는 규정을 다음과 같이 두고 있다.

1) 민법에 의한 사해행위의 취소

세무공무원은 체납처분을 집행함에 있어서 체납자가 국세의 징수를 면탈하려고 재산권을 목적으로 한 법률행위를 한 경우에는 민법의 규정을 준용하여 사해행위의 취소를 법원에 청구할 수 있다.

2) 짜고 한 거짓 담보설정계약의 취소

세무서장은 납세자가 제3자와 짜고 거짓으로 그 재산에 전세권·질권·저당권의 설정계약, 가등기설정계약 또는 양도담보설정계약을 하고 그 등기 또는 등록을 함으로써 해당 재산의 매각금액으로 국세 또는 가산금을 징수하기가 곤란하다고 인정하는 때에는 해당 행위의 취소를 법원에 청구할 수 있다.

---

8) 근로자퇴직급여보장법 제12조 제2항

사해행위 취소의 유형	근거법률	내용
민법에 의한 사해행위 취소	민법 및 국세징수법	국세징수를 면하기 위한 재산권에 관한 법률행위
짜고 한 거짓담보 설정	국세기본법	전세권·질권·저당권·가등기·양도담보의 설정(국세우선 훼손목적)

(2) 짜고 한 거짓 담보설정계약으로 추정

납세자가 국세의 법정기일 전 1년 내에 특수관계인과 전세권·질권·저당권의 설정계약, 가등기설정계약 또는 양도담보설정계약을 한 경우에는 짜고 한 거짓 계약으로 추정한다. 짜고 한 거짓계약에 대하여는 체납자와 담보권자의 악의(惡意)를 세무서장이 입증하여야 하는 것이 원칙이나 특수관계인과의 계약에 있어서는 그 입증책임을 납세자에게 전환시킨 것이다.

01. 「국세기본법」상 제2차 납세의무에 관한 설명이다. 옳은 것만을 모두 고른 것은? (2023 회계사 기출)

> ㄱ. 청산인의 제2차 납세의무 한도는 분배하거나 인도한 재산의 가액이며, 그 재산의 가액은 청산 후 남은 재산을 분배하거나 인도한 날 현재의 시가로 한다.
> ㄴ. 합명회사의 재산으로 그 법인에 부과되거나 그 법인이 납부할 국세에 충당하여도 부족한 경우에는 그 국세의 납세의무 성립일 현재 그 합명회사의 사원에 해당하는 자가 그 부족한 금액에 대하여 제2차 납세의무를 진다.
> ㄷ. 법인이 과점주주의 조세채무에 대하여 부담하는 제2차 납세의무는 당해 법인의 순자산가액에 과점주주의 지분비율을 곱하여 산출한 금액을 한도로 한다.
> ㄹ. 제2차 납세의무를 부담하는 사업양수인은 사업장별로 그 사업에 관한 모든 권리(미수금에 관한 것은 제외)와 모든 의무(미지급금에 관한 것은 제외)를 포괄적으로 승계한 자로서 양도인과 특수관계인인 자 또는 양도인의 조세회피를 목적으로 사업을 양수한 자이다.

① ㄱ, ㄴ
② ㄴ, ㄹ
③ ㄱ, ㄷ, ㄹ
④ ㄴ, ㄷ, ㄹ
⑤ ㄱ, ㄴ, ㄷ, ㄹ

02. 「국세기본법」상 납세의무의 승계, 연대납세의무, 제2차 납세의무에 관한 설명이다. 옳지 않은 것은? (2025 회계사 기출)

① 상속인 또는 상속재산관리인은 피상속인에게 부과되거나 피상속인이 납부할 국세 및 강제징수비를 상속으로 받은 재산의 한도에서 납부할 의무를 진다.
② 법인은 납부기간 만료일 현재 법인의 무한책임사원, 과점주주 및 영농·영어조합법인의 과점조합원이 납부할 국세 및 강제징수비에 대하여 제2차 납세의무를 진다.
③ 법인이 「채무자 회생 및 파산에 관한 법률」에 따라 신회사를 설립하는 경우 신회사는 기존의 법인에 부과되거나 납세의무가 성립한 국세 및 강제징수비를 연대하여 납부할 의무를 진다.
④ 법인이 분할 또는 분할합병한 후 소멸하는 경우 분할신설법인과 분할합병의 상대방 법인은 분할법인에 부과되거나 분할법인이 납부하여야 할 국세 및 강제징수비에 대하여 분할로 승계된 재산가액을 한도로 연대하여 납부할 의무가 있다.
⑤ 양도인과 특수관계인인 자 또는 양도인의 조세회피를 목적으로 사업을 양수한 자는 사업 양도일 이전에 양도인의 납세의무가 확정된 그 사업에 관한 국세 및 강제징수

비를 양수한 재산의 가액을 한도로 제2차 납세의무를 진다.

03. 다음 중 국세·가산금 또는 체납처분비보다 우선하여 징수하거나 변제하는 공과금이나 채권이 아닌 것은? (2011 회계사 기출 변형)

① 사용자의 재산을 추심할 때 그 추심금액 중에서 국세나 가산금을 징수하는 경우에 근로기준법 제38조 또는 근로자퇴직급여 보장법 제11조에 따라 국세에 우선하여 변제되는 임금, 퇴직금, 재해보상금, 그 밖에 근로관계로 인한 채권

② 지방세나 공과금의 체납처분을 할 때 그 체납처분금액 중에서 국세·가산금 또는 체납처분비를 징수하는 경우의 그 지방세나 공과금의 체납처분비

③ 파산절차에 따라 재산을 매각할 때 그 매각금액 중에서 국세 또는 체납처분비를 징수하는 경우의 그 파산절차에 든 비용

④ 주택임대차보호법 제8조가 적용되는 임대차관계에 있는 주택을 매각할 때 그 매각금액 중에서 국세 또는 가산금을 징수하는 경우 임대차에 관한 보증금 중 일정 금액으로서 같은 조에 따라 임차인이 우선하여 변제받을 수 있는 금액에 관한 채권

⑤ 국세의 법정기일 후에 전세권, 질권 또는 저당권 설정을 등기하거나 등록한 사실이 증명되는 재산을 매각할 때 그 매각금액 중에서 국세를 징수하는 경우의 그 전세권, 질권 또는 저당권에 의하여 담보된 채권

04. 「국세기본법」상 국세와 일반채권의 관계에 관한 설명이다. 옳은 것은? (2024 회계사 기출)

① 납세담보물을 매각하였을 때에는 그 국세 및 강제징수비는 매각대금 중에서 다른 국세 및 강제징수비와 지방세에 우선하여 징수한다.

② 법정기일 전에 전세권이 설정된 재산이 국세의 강제징수 또는 경매 절차 등을 통하여 매각되어 그 매각금액에서 국세를 징수하는 경우, 그 전세권에 의하여 담보된 채권 또는 임대차보증금반환채권은 해당 재산에 대하여 부과된 증여세보다 우선한다.

③ 지방세 체납처분에 의하여 납세자의 재산을 압류한 경우에 국세 및 강제징수비의 교부청구가 있으면 교부청구된 국세 및 강제징수비는 압류에 관계되는 지방세와 같은 순위로 징수한다.

④ 납세자가 국세 및 강제징수비를 체납한 경우 그 납세자에게 그 국세의 법정기일 전에 담보의 목적이 된 양도담보재산이 있을 때에는 「국세징수법」에서 정하는 바에 따라 그 양도담보재산으로써 납세자의 국세 및 강제징수비를 징수할 수 있다.

⑤ 과세표준과 세액의 신고에 따라 납세의무가 확정되는 국세의 경우 신고한 해당 세액의 법정기일은 그 법정 신고납부기한의 다음 날이다.

정답 및 해설

1. ④

2. ②

무한책임사원 또는 과점주주에 대하여 제2차 납세의무를 진다.

3. ⑤

법정기일 후에 전세권 또는 질권등이 설정된 경우에는 국세우선의 예외를 적용받지 못한다.

4. ①

제**5**장

과세

I 관할 관청

01 과세표준신고의 관할

과세표준신고서는 그 신고당시 해당 국세의 납세지를 관할하는 세무서장에게 제출하여야 한다. 그러나 관할세무서장 이외의 세무서장에게 제출된 경우에도 해당 신고의 효력에는 영향이 없다. 다만, 전자신고를 하는 경우에는 지방국세청장 또는 국세청장에게 제출할 수 있다.

02 결정 또는 경정결정의 관할

국세의 과세표준과 세액의 결정 또는 경정결정은 그 처분 당시 해당 국세의 납세지를 관할하는 세무서장이 행한다. 국세의 납세지를 관할하는 세무서장 이외의 세무서장이 행한 결정 또는 경정결정처분은 그 효력이 없다. 다만, 세법 또는 다른 법령 등에 의하여 권한 있는 세무서장이 결정 또는 경정결정하는 경우에는 그러하지 아니하다.

구분	관할세무서장	관할위반
과세표준신고	신고당시 납세지	신고유효
결정·경정	처분당시 납세지	처분무효

Ⅱ 신고 및 납부

01 수정신고

(1) 개요

'수정신고'란 당초 신고한 과세표준 및 세액이 과소한 경우에 납세의무자가 이를 정정하여 다시 신고하는 것을 말한다.

(2) 요건

과세표준신고서를 법정신고기한[9]까지 제출한 자 및 기한후과세표준신고서를 제출한 자는 그 신고 내용이 다음 중 어느 하나에 해당하는 경우에는 관할 세무서장이 각 세법의 규정에 따라 해당 국세의 과세표준과 세액을 결정 또는 경정하여 통지하기 전이기에 국세 부과의 일반적 제척기간이 끝나기 전까지 수정신고할 수 있다.

① 과세표준신고서 또는 기한후과세표준신고서에 기재된 과세표준 및 세액이 세법에 따라 신고하여야 할 과세표준 및 세액에 미치지 못할 때

② 과세표준신고서 또는 기한후과세표준신고서에 기재된 결손금액 또는 환급세액이 세법에 따라 신고하여야 할 결손금액이나 환급세액을 초과할 때

③ 다음에 해당하는 사유로 불완전한 신고를 하였을 때

　㉠ 원천징수의무자가 정산 과정에서 소득을 누락한 것

　㉡ 세무조정 과정에서 법인세법에 따른 국고보조금 및 공사부담금에 상당하는 금액을 익금과 손금에 동시에 산입하지 아니한 것

　㉢ 법인세법에 따라 합병, 분할, 물적분할 및 현물출자에 따른 양도차익에 대하여 과세를 이연받는 경우로서 세무조정 과정에서 양도차익의 전부 또는 일부에 상당하는 금액을 익금과 손금에 동시에 산입하지 아니한 것

(3) 절차

수정신고를 하고자 하는 자는 과세표준수정신고서를 관할세무서장에게 제출하여야 한다.

---

9) "법정신고기한"이라 함은 각 세법에 규정하는 과세표준과 세액에 대한 신고기한 또는 신고서의 제출기한을 말한다.

(4) 효력

정부부과확정조세의 경우 수정신고는 납세협력의무의 연장에 지나지 아니하며 세액의 추가확정과는 관계가 없다. 그러나 신고납세확정조세의 경우에는 수정신고한 세액이 추가로 확정되는 효과를 갖는다. 다만, 기한후신고를 한 자가 수정신고한 경우에는 별도의 확정되는 효과가 발생하지 않는다.

 02 경정청구

(1) 개요

'경정청구'란 당초 신고한 과세표준 및 세액이 과다한 경우에 납세의무자가 그 과다신고를 정정하여 세액의 환급 또는 경정을 청구하는 것을 말한다. 경정청구에는 일반적인 경정청구와 후발적 사유에 따른 경정청구가 존재한다.

(2) 일반적인 경정청구

과세표준신고서를 법정신고기한까지 제출한 자 및 기한후과세표준신고서를 제출한 자는 다음 중 어느 하나에 해당할 때에는 최초신고 및 수정신고한 국세의 과세표준 및 세액의 결정 또는 경정을 법정신고기한이 지난 후 5년 이내에 관할세무서장에게 청구할 수 있다. 다만, 결정 또는 경정으로 인하여 증가된 과세표준 및 세액에 대하여는 해당 처분이 있음을 안 날(처분의 통지를 받은 때에는 그 받은 날)부터 3개월 이내(법정신고기한이 지난 후 5년 이내로 한정한다)에 경정을 청구할 수 있다.

① 과세표준신고서 또는 기한후과세표준신고서에 기재된 과세표준 및 세액(각 세법에 따라 결정 또는 경정이 있는 경우에는 해당 결정 또는 경정 후의 과세표준 및 세액을 말한다)이 세법에 따라 신고하여야 할 과세표준 및 세액을 초과할 때

② 과세표준신고서 또는 기한후과세표준신고서에 기재된 결손금액, 세액공제액 또는 환급세액(각 세법에 따라 결정 또는 경정이 있는 경우에는 해당 결정 또는 경정 후의 결손금액, 세액공제액 또는 환급세액을 말한다)이 세법에 따라 신고하여야 할 결손금액, 세액공제액 또는 환급세액에 미치지 못할 때

(3) 후발적 사유에 따른 경정청구

과세표준신고서를 법정신고기한까지 제출한 자 또는 국세의 과세표준 및 세액의 결정을 받은 자는 다음 중 어느 하나에 해당하는 사유가 발생하였을 때에는 (2)에서 규정하는 기간에도 불구하고 그 사유가 발생한 것을 안 날부터 3개월 이내에 결정 또는 경정을 청구할 수 있다.

① 최초의 신고·결정 또는 경정에서 과세표준 및 세액의 계산 근거가 된 거래 또는 행위 등이 그에 관한 심사청구, 심판청구,「감사원법」에 따른 심사청구에 대한 결정이나 소송에 대한 판결(판결과 같은 효력을 가지는 화해나 그 밖의 행위를 포함한다)에 의하여 다른 것으로 확정되었을 때

② 소득 기타 과세물건의 귀속을 제3자에게로 변경시키는 결정 또는 경정이 있은 때

③ 조세조약의 규정에 의한 상호합의가 최초의 신고·결정·경정의 내용과 다르게 이루어진 때

④ 결정 또는 경정으로 인하여 그 결정 또는 경정의 대상이 된 과세표준 및 세액과 연동된 다른 세목(같은 과세기간으로 한정한다)이나 연동된 다른 과세기간(같은 세목으로 한정한다)의 과세표준 또는 세액이 세법에 따라 신고하여야 할 과세표준 또는 세액을 초과할 때

⑤ ①부터 ④까지의 유사한 사유로서 해당 국세의 법정신고기한이 지난 후에 발생한 때[10]

(4) 절차

결정 또는 경정의 청구를 하려는 자는 다음의 사항을 적은 결정 또는 경정 청구서를 제출해야 한다.

① 청구인의 성명과 주소 또는 거소

② 결정 또는 경정 전의 과세표준 및 세액

---

[10] 유사한 사유란 다음에 해당하는 사유를 말한다.
　㉠ 과세표준 및 세액의 계산근거가 된 거래 또는 행위 등의 효력에 관계되는 관청의 허가 기타의 처분이 취소된 때
　㉡ 과세표준 및 세액의 계산근거가 된 거래 또는 행위 등의 효력에 관계되는 계약이 해제권의 행사에 의하여 해제되거나 해당 계약의 성립 후 발생한 부득이한 사유로 해제 또는 취소된 때
　㉢ 장부 및 증명서류의 압수 기타 부득이한 사유로 과세표준과 세액을 계산할 수 없었으나 그 후 해당 사유가 소멸된 때
　㉣ 기타 위에 준하는 사유에 해당하는 때

③ 결정 또는 경정 후의 과세표준 및 세액

④ 결정 또는 경정의 청구를 하는 이유

⑤ 그 밖에 필요한 사항

(5) 효력

신고납세확정조세에 대한 수정신고와는 달리 경정청구만으로 세액이 확정되는 효과는 없다. 경정청구를 받은 세무서장은 그 청구를 받은 날부터 2개월 이내에 결정 또는 경정 여부를 통지하여야 한다. 다만, 청구를 한 자가 2개월 이내에 아무런 통지를 받지 못한 경우에는 통지를 받기 전이라도 그 2개월이 되는 날의 다음날부터 이의신청, 심사청구, 심판청구 또는 감사원법에 따른 심사청구를 할 수 있다. 세무서장이 결정 또는 경정처분통지를 하는 경우에는 세액이 확정된다. 그러나 세무서장이 결정 또는 경정을 하지 아니하겠다는 통지를 하거나 통지기한 내에 통지를 하지 아니하는 경우에는 거부처분 또는 부작위에 해당하여 불복청구를 제기할 수 있다.

구분	수정신고	경정청구	
		일반적 경정청구	후발적 사유로 인한 경정청구
대상자	법정신고기한 내에 과세표준신고를 한 자(연말정산 또는 원천징수되는 소득만 있는 경우 포함) 및 기한후과세표준신고서를 제출한 자	법정신고기한 내 신고한 자 및 기한후과세표준신고서를 제출한 자	법정신고기한 내에 과세표준신고를 한 자 또는 과세표준과 세액의 결정을 받은 자
사유	당초 및 기한후신고시 과소신고한 경우	① 과세표준·세액의 과대신고·결정·경정 ② 결손·환급세액의 과소신고·결정·경정	
기한	결정·경정통지 전까지	법정신고기한이 지난 후 5년 내	후발적 사유발생을 안 날부터 3개월 내
확정효력	① 정부결정제도 : 증액 확정력 없음 ② 신고납세제도 : 증액 확정력이 인정	감액확정력은 없으나, 정부로 하여금 2월 이내에 감액결정·경정을 하거나 결정·경정하여야 할 이유가 없다고 판단해야 할 법률상의 의무부담	

03 기한후신고

(1) 개요

법정신고기한 내에 과세표준신고서를 제출하지 아니한 자는 관할세무서장이 세법에 의하여 해당 국세의 과세표준과 세액(가산세 포함)을 결정하여 통지하기 전까지 기한후과세표준신고서를 제출할 수 있다.

(2) 효과

기한후신고를 하였더라도 신고납세확정조세의 경우 신고로 인한 납세의무의 확정력은 없다. 따라서 기한후과세표준신고서를 제출한 경우 관할세무서장은 세법에 따라 신고일부터 3개월 이내에 해당 국세의 과세표준과 세액을 결정 또는 경정하여 신고인에게 통지하여야 한다. 다만, 그 과세표준과 세액을 조사할 때 조사 등에 장기간이 걸리는 등 부득이한 사유로 신고일부터 3개월 이내에 결정 또는 경정할 수 없는 경우에는 그 사유를 신고인에게 통지하여야 한다.

04 추가자진납부

세법에 따라 과세표준신고액에 상당하는 세액을 자진납부하는 국세에 관하여 과세표준수정신고서를 제출하는 납세자는 이미 납부한 세액이 과세표준수정신고액에 상당하는 세액에 미치지 못할 때에는 그 부족한 금액과 이 법 또는 세법에서 정하는 가산세를 추가하여 납부하여야 한다.

과세표준신고서를 법정신고기한까지 제출하였으나 과세표준신고액에 상당하는 세액의 전부 또는 일부를 납부하지 아니한 자는 그 세액과 이 법 또는 세법에서 정하는 가산세를 세무서장이 고지하기 전에 납부할 수 있다.

Ⅲ. 가산세

01 개요

가산세는 세법에 규정하는 의무를 위반한 자에 대하여 세법이 정하는 바에 의하여 부과할 수 있으며, 가산세는 해당 세법이 정하는 국세의 세목으로 한다. 따라서 가산세는 과태료 또는 벌금이 아니라 조세이다. 국세기본법에서 규정하고 있는 가산세는 모든 세목에 공통적으로 적용되는 것으로서 과세표준의 신고의무를 해태한 것에 대하여 부과되는 신고불성실가산세인 무신고가산세, 과소신고·초과환급신고가산세와 자진납부의무를 해태하였거나 환급받을 세액을 초과하여 환급한 것에 대하여 부과되는 납부지연가산세 등이 있다.

02 무신고가산세

납세의무자가 법정신고기한까지 세법에 따른 국세의 과세표준 신고(예정신고 및 중간신고를 포함하며, 「교육세법」 제9조에 따른 신고 중 금융·보험업자가 아닌 자의 신고와 「농어촌특별세법」 및 「종합부동산세법」에 따른 신고는 제외한다)를 하지 아니한 경우에는 그 신고로 납부하여야 할 세액에 다음의 구분에 따른 비율을 곱한 금액을 가산세로 한다.

무신고	그 외 국세	가산세액＝무신고납부세액×20%(부정 40%, 역외거래 60%)
	부가가치세	가산세액＝①＋② ① 무신고납부세액×20%(부정 40%, 역외거래 60%) ② 영세율 과세표준이 있는 경우 예정·확정신고를 안했을 시 : 영세율과세표준×0.5%
	법인세, 소득세 (복식부기의무자 만 해당)	가산세액＝Max(①, ②) ① 무신고납부세액×20%(부정 40%, 역외거래 60%) ② 수입금액×0.07%(부정 0.14%)

03 과소신고 · 초과환급신고가산세

납세의무자가 법정신고기한까지 세법에 따른 국세의 과세표준 신고(예정신고 및 중간신고를 포함하며, 교육세법 및 농어촌특별세법에 따른 신고는 제외)를 한 경우로서 납부할 세액을 신고하여야 할 세액보다 적게 신고(과소신고)하거나 환급받을 세액을 신고하여야 할 금액보다 많이 신고(초과신고)한 경우에는 과소신고 · 초과환급신고가산세를 부과한다.

부정행위 과소신고 · 초과환급신고	원칙	가산세액=①+② ① 부정행위의 과소신고납부세액 등×40%(국제거래로 발생한 부정행위의 신고는 60%) ② (과소신고납부세액등－부정행위의 과소신고납부세액)×10%
	부가가치세	가산세액=①+②+③ ① 부정과소신고분 : 부정행위의 과소신고납부세액×40%(국제거래로 발생한 부정행위의 신고는 60%) ② 일반과소신고분 : (과소신고납부세액－부정행위의 과소신고납부세액)×10% ③ 영세율 과세표준이 있는 경우 예정 · 확정신고를 과소하게 했을 시 : 과소신고된 영세율과세표준×0.5%
	법인세, 소득세 (복식부기의무자만 해당)	가산세액=①+② ① Max(㉠ , ㉡) 　㉠ 부정행위의 과소신고납부세액×40%(국제거래로 발생한 부정행위의 신고는 60%) 　㉡ 부정행위의 과소신고된 과세표준 관련 수입금액×0.14% ② (과소신고납부세액등－부정행위의 과소신고납부세액)×10%
과소신고	원칙	가산세액=과소신고납부세액×10%
	부가가치세	가산세액=①+② ① 과소신고납부세액×10% ② 영세율 과세표준이 있는 경우 예정 · 확정신고를 과소하게 했을 시 : 영세율과세표준×0.5%

04 납부지연가산세

(1) 의의 및 가산세

납세의무자(연대납세의무자, 납세자를 대신하여 납부할 의무가 생긴 제2차납세의무자 및 보증인을 포함)가 세법에 따른 납부기한까지 국세의 납부(중간예납·예정신고납부·중간신고납부를 포함)를 하지 아니하거나 납부하여야 할 세액보다 적게 납부(이하 "과소납부")하거나 환급받아야 할 세액보다 많이 환급(이하 "초과환급")받은 경우에는 다음의 금액을 합한 금액을 가산세로 한다.

납부지연가산세 = ① + ② + ③

① 미납부·과소납부세액(이자상당가산액 포함)×일수[*1]×0.022%
② 초과환급세액×일수[*2]×0.022%
③ 법정납부기한까지 납부하여야 할 세액 중 납부고지서에 따른 납부기한까지 납부하지 아니한 세액 또는 과소납부분 세액×100분의 3(국세를 납부고지서에 따른 납부기한까지 완납하지 아니한 경우에 한정한다)

---

*1 납부기한의 다음날부터 자진납부일 또는 납세고지일까지의 일수(납부고지일부터 납부고지서에 따른 납부기한까지의 기간은 제외한다)
*2 환급받은 날의 다음 날부터 자진납부일 또는 납세고지일까지의 일수(납부고지일부터 납부고지서에 따른 납부기한까지의 기간은 제외한다)

(2) 체납국세의 가산세 적용

체납된 국세의 납부고지서별·세목별 세액이 150만원 미만인 경우에는 납부지연가산세를 적용하지 아니한다. 또한, 납부고지서에 따른 납부기한의 다음 날부터 납부일까지의 기간(지정납부기한과 독촉장에서 정하는 기한을 연장한 경우 그 연장기간은 제외)이 5년을 초과하는 경우 그 기간은 5년으로 한다.

05 원천징수납부 등 불성실가산세

국세를 징수하여 납부할 의무(소득세·법인세의 원천징수 납부, 납세조합의 소득세 징수 납부, 부가가치세 대리납부)를 지는 자가 징수하여야 할 세액(납세조합은 징수한 세액)을 세법에 따른 납부기한까지 납부하지 않거나 과소납부한 경우에는 다음과 같이 가산세를 부과한다.

원천징수납부 등 불성실가산세 = ① + ②

① 미납부 · 미달납부세액 × 3%
② 미납부 · 미달납부세액 × 일수[*1] × 0.022%
단, 한도는 미납부 · 미달납부세액 × 10%

[*1] 법정납부기한의 다음 날부터 납부일까지의 기간(납부고지일부터 납부고지서에 따른 납부기한까지의 기간은 제외한다)

06 가산세 감면 등

(1) 부과제외

정부는 이 법 또는 세법에 따라 가산세를 부과하는 경우 그 부과의 원인이 되는 사유가 다음 중 어느 하나에 해당하는 경우에는 해당 가산세를 부과하지 아니한다.

① 천재지변 등의 기한 연장 사유에 해당하는 경우
② 납세자가 의무를 이행하지 아니한 데에 정당한 사유가 있는 경우
③ 그 밖에 ① 및 ②와 유사한 경우로서 다음 중 어느 하나에 해당하는 경우
　㉠ 세법해석에 관한 질의 · 회신 등에 따라 신고 · 납부하였으나 이후 다른 과세처분을 하는 경우
　㉡ 「공익사업을 위한 토지 등의 취득 및 보상에 관한 법률」에 따른 토지등의 수용 또는 사용, 「국토의 계획 및 이용에 관한 법률」에 따른 도시 · 군계획 또는 그 밖의 법령 등으로 인해 세법상 의무를 이행할 수 없게 된 경우
　㉢ 「소득세법 시행령」에 따라 실손의료보험금을 의료비에서 제외할 때에 실손의료보험금 지급의 원인이 되는 의료비를 지출한 과세기간과 해당 보험금을 지급받은 과세기간이 달라 해당 보험금을 지급받은 후 의료비를 지출한 과세기간에 대한 소득세를 수정신고하는 경우(해당 보험금을 지급받은 과세기간에 대한 종합소득 과세표준 확정신고기한까지 수정신고하는 경우로 한정한다)

(2) 감면

① 법정신고기한이 지난 후 수정신고한 경우(과소신고·초과환급신고가산세만 해당하며, 과세표준과 세액을 경정할 것을 미리 알고 과세표준수정신고서를 제출한 경우는 제외)

구 분	감면율
㉠ 법정신고기한이 지난 후 1개월 이내에 수정신고한 경우	해당 가산세액의 90%
㉡ 법정신고기한이 지난 후 1개월 초과 3개월 이내에 수정신고한 경우	해당 가산세액의 75%
㉢ 법정신고기한이 지난 후 3개월 초과 6개월 이내에 수정신고한 경우	해당 가산세액의 50%
㉣ 법정신고기한이 지난 후 6개월 초과 1년 이내에 수정신고한 경우	해당 가산세액의 30%
㉤ 법정신고기한이 지난 후 1년 초과 1년 6개월 이내에 수정신고한 경우	해당 가산세액의 20%
㉥ 법정신고기한이 지난 후 1년 6개월 초과 2년 이내에 수정신고한 경우	해당 가산세액의 10%

② 법정신고기한이 지난 후 기한 후 신고한 경우(무신고가산세만 해당하며, 과세표준과 세액을 결정할 것을 미리 알고 기한후과세표준신고서를 제출한 경우에는 제외)

구 분	감면율
㉠ 법정신고기한이 지난 후 1개월 이내에 기한후신고한 경우	해당 가산세액의 50%
㉡ 법정신고기한이 지난 후 1개월 초과 3개월 이내에 기한후신고한 경우	해당 가산세액의 30%
㉢ 법정신고기한이 지난 후 3개월 초과 6개월 이내에 기한후신고한 경우	해당 가산세액의 20%

③ 다음의 어느 하나에 해당하는 경우에는 해당 가산세액의 50%에 상당하는 금액을 감면하며, ㉢과 ㉣의 경우에 과세표준과 세액을 경정할 것을 미리 알고 과세표준신고를 하는 경우는 제외한다.

㉠ 과세전적부심사 결정·통지기간에 그 결과를 통지하지 아니한 경우(결정·통지가 지연됨으로써 해당 기간에 부과되는 납부·환급불성실가산세만 해당한다)

㉡ 세법에 따른 제출, 신고, 가입, 등록, 개설(이하 "제출등"이라 한다)의 기한이 지난 후 1개월 이내에 해당 세법에 따른 제출등의 의무를 이행하는 경우(제출등의 의무 위반에 대하여 세법에 따라 부과되는 가산세만 해당한다)

㉢ ①의 ㉣부터 ㉥에도 불구하고 세법에 따른 예정신고기한 및 중간신고기한까지 예정신고 및 중간신고를 하였으나 과소신고하거나 초과신고한 경우로서 확정신고기한까지 과세표준을 수정하여 신고한 경우

② ②에도 불구하고 세법에 따른 예정신고기한 및 중간신고기한까지 예정신고 및 중간신고를 하지 아니하였으나 확정신고기한까지 과세표준신고를 한 경우

(3) 한도

다음 중 하나에 해당하는 가산세에 대하여는 그 의무위반의 종류별로 각각 5천만원(중소기업기본법에 따른 중소기업이 아닌 기업은 1억원)을 한도로 한다. 이 경우 소득세·법인세·부가가치세의 가산세는 과세기간 단위로 구분하여 적용하고, 상속세·증여세의 가산세는 의무를 이행하여야 할 기간 단위로 구분하여 적용한다. 다만, 해당 의무를 고의적으로 위반한 경우에는 가산세의 한도를 적용하지 아니한다.

① 소득세법상 지급명세서제출불성실가산세, 계산서불성실가산세, 법정증명서류미수취가산세, 영수증수취명세서불성실가산세, 사업장현황신고불성실가산세, 기부금영수증불성실가산세, 특정외국법인의유보소득계산명세서제출불성실가산세

② 법인세법상 주주등명세서제출불성실가산세, 적격증명서류불성실가산세, 주식등변동상황명세서제출불성실가산세, 지급명세서제출불성실가산세, 계산서불성실가산세(계산서 미발급, 가공발급 및 수취, 타인명의 발급 및 수취에 대한 가산세는 제외), 기부금영수증불성실가산세, 특정외국법인의유보소득계산명세서제출불성실가산세

③ 부가가치세법상 미등록·타인명의등록가산세(간이과세자 포함), 세금계산서불성실가산세, 매출처별세금계산서합계표불성실가산세, 매입처별세금계산서합계표불성실가산세, 현금매출명세서등제출불성실가산세

④ 상속세및증여세법상 공익법인이 출연받은 재산의 사용에 대한 계획 및 진도에 관한 보고서의 제출불성실가산세 및 외부전문가의세무확인결과보고불성실가산세

⑤ 조세특례제한법상 창업자금사용명세서미제출가산세

01. 「국세기본법」상 수정신고 및 경정청구 등에 관한 설명이다. 옳지 않은 것은? (2016 회계사 기출)

① 납세의무자 갑이 100만원의 소득세를 법에서 정한 기한까지 신고하였는데, 그 후 300만원으로 수정신고한 경우 세액이 300만원으로 확정된다.

② 납세의무자 을이 300만원의 소득세를 법에서 정한 기한이 지난 후 6개월 내에 신고한 경우 세액이 300만원으로 확정된다.

③ 납세의무자 병이 200만원의 소득세를 법에서 정한 기한까지 신고하였는데, 그 후 100만원으로 감액경정을 청구한 경우 그 청구만으로는 세액이 100만원으로 확정되지 아니한다.

④ 원래 신고하였어야 할 세액보다 더 많은 세액을 신고하여 감액경정을 청구하려면 법에서 정한 기한 내에 과세표준신고서를 제출한 자뿐만 아니라 기한후신고과세표준신고서를 제출한 자도 청구할 수 있다.

⑤ 납세의무자 정이 2015년 한 해 동안의 소득에 대하여 2016년 5월 20일에 500만원의 소득세를 신고·납부한 후 신고 내용에 계산 오류가 있어 감액경정을 청구하는 경우, 이 경정청구는 2021년 5월 31일까지 할 수 있다.

02. 「국세기본법」상 가산세에 관한 설명이다. 옳지 않은 것은? (2015 회계사 기출)

① 가산세란 세법에서 규정하는 의무의 성실한 이행을 확보하기 위하여 세법에 따라 산출한 세액에 가산하여 징수하는 금액을 말한다.

② 가산세는 해당 의무가 규정된 세법의 해당 국세의 세목으로 한다.

③ 본세가 감면되면 가산세도 감면된다.

④ 납세자가 의무를 이행하지 아니한 데 대한 정당한 사유가 있는 때에는 해당 가산세를 부과하지 아니한다.

⑤ 세법에서 규정하는 의무를 고의적으로 위반한 경우에는 가산세 한도규정을 적용하지 아니한다.

03. 〈국세기본법〉 다음 사례 중 가장 잘못 된 것은? (2007년 세무사 기출)

① 당초 법정신고기한 내에 법인세 과세표준 및 세액신고서(납부세액 300,000원)를 제출하였으나, 법정신고기한 경과 두 달 후 정확한 납부세액이 1,000,000원인 것을 알게 되어 수정신고를 하였다. 단, 관할세무서장으로부터 법인세에 대한 과세표준과 세액은 아직 경정통지를 받지 않았다.

② 당초 법정신고기한 내에 법인세 과세표준 및 세액신고서(납부세액 900,000원)를 제출하였으나, 법정신고기한 경과 2년 11개월이 되는 날에 정확한 납부세액이 400,000원인 것을 알게 되어 경정청구를 하였다.

③ 당초 법정신고기한 내에 법인세 과세표준 및 세액신고서(납부세액 1,200,000원)를 제출하였으나, 법정신고기한 경과 4년 11개월이 되는 날에 관련된 소송사건에 대한 법원의 판결로 정확한 납부세액이 500,000원인 것으로 밝혀져 법원의 판결을 안 날부터 6개월이 되는 날에 관할세무서장에게 경정청구를 하였다.

④ 당초 법정신고기한 내에 법인세 과세표준 및 세액신고서를 제출하지 않았으나, 법정신고기한 경과 3월이 되는 날에 정확한 납부세액이 600,000원인 것을 알게 되어 기한후과세표준신고서를 제출하고 관련세액과 가산세를 납부하였다. 단, 관할세무서장으로부터 아직 당해 법인세의 과세표준과 세액을 결정통지 받지 않았다.

⑤ 법인세 과세표준 및 세액신고서를 법정신고기한내에 제출하고 세액을 납부하지 못하였으나, 세무서장이 고지하기 전에 당해 세액과 가산세를 자진 납부하였다.

04. 국세기본법령상 경정청구 사유에 관한 설명으로 옳은 것을 모두 고른 것은? (2025 세무사 기출)

> ㄱ. 과세표준신고서를 법정신고기한까지 제출한 자는 수정신고한 국세의 과세표준 및 세액이 세법에 따라 신고하여야 할 과세표준 및 세액을 초과할 때 결정 또는 경정을 청구할 수 있다.
> ㄴ. 기한후과세표준신고서를 제출한 자로서 기한후과세표준신고서에 기재된 세액공제액이 세법에 따라 신고하여야 할 세액공제액에 미치지 못할 때 결정 또는 경정을 청구할 수 있다.
> ㄷ. 국세의 과세표준 및 세액의 결정을 받은 자는 소득이나 그 밖의 과세물건의 귀속을 제3자에게로 변경시키는 결정 또는 경정이 있을 때 경정을 청구할 수 있다.
> ㄹ. 「종합부동산세법」에 따른 납세의무자로서 과세기준일이 속한 연도에 종합부동산세를 부과·고지받은 자는 납부고지서에 기재된 과세표준 및 세액이 세법에 따라 신고하여야 할 과세표준 및 세액을 초과할 때 경정을 청구할수 있다.

① ㄱ, ㄴ
② ㄱ, ㄷ
③ ㄱ, ㄴ, ㄷ
④ ㄴ, ㄷ, ㄹ
⑤ ㄱ, ㄴ, ㄷ, ㄹ

정답 및 해설

1. ②
   신고납세방식에 의해 납세의무가 확정된 세목일지라도 기한후 신고를 할 경우에는 별도의 확정력이 없다.
2. ③
   본세에 감면에 대하여 가산세가 연동되는 규정은 없음
3. ③
   판결을 안 날부터 3개월 이내에 관할세무서장에게 경정청구를 할 수 있다.
4. ⑤

제**6**장

국세환급금과 국세환급가산금

01 국세환급금의 의의 및 유형

국세환급금은 조세채권자가 납세자에게 반환하여야 할 과오납금과 환급세액을 말한다.

(1) 과오납금

법률상 납부 원인 없이 납부한 금전으로 부당이득에 해당한다. 과오납금은 납부하여야 할 금액을 초과하여 납부한 과납금과 착오에 의하여 납부한 오납금을 말하며 납부당시 확정된 조세채무가 존재하였으나 불복에 대한 결정·판결이나 과세관청의 부과취소·경정 등으로 소멸하여 생긴 세액을 포함한다.

(2) 환급세액

세법상의 납세의무와 관련하여 적법하게 납부하였거나 징수된 세액 중 세법에 의하여 환급하여야 할 세액을 말하며 다음과 같은 경우에 발생한다.
① 중간예납 또는 원천징수에 의한 납부세액 등 기납부세액이 결정세액을 초과하는 경우
② 부가가치세 매입세액이 매출세액을 초과하는 경우
③ 적법하게 납부된 후 감면 또는 세법의 개정으로 세액이 감소된 경우
④ 중소기업이 결손금을 소급공제하는 경우

02 환급절차

국세의 환급절차는 결정, 충당, 지급의 순서에 따라 진행된다.

(1) 결정

세무서장은 과오납금 또는 환급세액이 있는 때에는 즉시 국세환급금으로 결정하여야 한다.

(2) 충당

충당이란 결정된 국세환급금과 조세채무를 상계하는 것을 말하며 다음과 같이 충당대상 조세에 따라 충당의 강제 여부가 달라진다.
① 납세고지에 의하여 납부하는 국세(납기 전 징수사유가 있는 경우에 한정함) 및 체납된

국세·가산금·체납처분비는 납세자의 의사와 관계없이 국세환급금으로 충당된다. 이 경우 체납된 국세·체납처분비와 국세환급금은 체납된 국세의 법정납부기한과 국세환급금 발생일 중 늦은 때로 소급하여 대등액에 관하여 소멸한 것으로 본다.

② 납세고지에 의하여 납부하는 국세(납기 전 징수사유에 해당하는 경우 제외) 및 세법에 의하여 자진납부하는 국세는 납세자가 동의하는 경우에 한하여 충당한다. 이 경우 충당청구를 한 날에 해당 국세를 납부한 것으로 본다.

> **참고** ●
>
> **원천징수세액 환급**
> 원천징수의무자가 원천징수하여 납부한 세액에서 환급받을 환급세액이 있는 경우에는 해당 원천징수의무자가 원천징수하여 납부하여야 할 세액에 충당하고 잔여금을 환급한다. 다만, 해당 원천징수의무자가 그 환급액을 즉시 환급하여 줄 것을 요구한 경우나 원천징수하여 납부하여야 할 세액이 없는 경우에는 즉시 환급한다.

(3) 지급

① 국세환급금은 충당 후 잔여금을 국세환급결정일로부터 30일 내에 해당연도의 소관 세입금 중에서 납세자에게 지급하여야 한다.

② 국세환급금 중 충당한 후 남은 금액이 20만원 이하이고, 지급결정을 한 날부터 1년 이내에 환급이 이루어지지 아니하는 경우에 납부고지에 의하여 납부하는 국세에 충당할 수 있다. 이 경우 납세자의 충당에 대한 동의가 있는 것으로 본다.

> **기 타**
>
> 1. 충당·지급된 국세환급금의 반환
>   세무서장이 국세환급금의 결정이 취소됨에 따라 이미 충당되거나 지급된 금액의 반환을 청구하는 경우에는 「국세징수법」의 고지·독촉 및 강제징수의 규정을 준용한다.
> 2. 실질귀속자에 대한 환급
>   과세의 대상이 되는 소득, 수익, 재산, 행위 또는 거래의 귀속이 명의일 뿐이고 사실상 귀속되는 자(이하 "실질귀속자"라 한다)가 따로 있어 명의대여자에 대한 과세를 취소하고 실질귀속자를 납세의무자로 하여 과세하는 경우 명의대여자 대신 실질귀속자가 납부한 것으로 확인된 금액은 실질귀속자의 기납부세액으로 먼저 공제하고 남은 금액이 있는 경우에는 실질귀속자에게 환급한다.
> 3. 국세환급금의 권리 양도

납세자는 국세환급금에 관한 권리를 타인에게 양도할 수 있다. 이 경우 납세자는 국세환급금통지서를 발급하기 전에 문서로 관할세무서장에게 양도를 요구하여야 한다. 세무서장은 국세환급금에 관한 권리의 양도 요구가 있는 경우에 양도인 또는 양수인이 납부할 국세 및 강제징수비가 있으면 그 국세 및 강제징수비에 충당하고, 남은 금액에 대해서는 양도의 요구에 지체 없이 따라야 한다.

03 국세환급가산금

국세환급금은 정부가 국세를 환급하는 때까지 납세자의 자금을 사용한 것이므로 체납국세에 대하여 가산금을 부과하는 것과 같은 논리로 법정이자를 지급하도록 하고 있으며 이를 국세환급가산금이라고 한다. 국세환급가산금은 다음과 같이 계산한다.

국세환급가산금＝국세환급금×1일 이자율×이자계산기간의 일수[1]

*1 국세환급가산금 기산일부터 충당하는 날 또는 지급결정을 하는 날까지의 기간

(1) 이자율

국세환급가산금의 이율은 서울특별시에 본점을 둔 은행의 1년만기 정기예금 이자율의 평균을 고려하여 기획재정부장관이 정하여 고시하는 이자율로 한다.

(2) 이자계산기간

계산기간은 다음에서 정하는 날의 다음날부터 충당 또는 지급결정을 하는 날까지의 기간으로 한다.

구분			국세환급가산금의 기산일
과오납금	원칙		국세 납부일[1]
	분할납부된 것		마지막 납부일(단, 환급금이 최후납부액 초과시에는 후납부선환급원칙에 따른 각 납부일)
환급세액	원칙(소득세, 법인세, 부가가치세, 개별소비세, 주세의	신고·경정에 기인한 환급	신고일과 법정신고기일 중 늦게 도래하는 날로부터 30일이 지나는 날[2]

구분		국세환급가산금의 기산일
환급세액)	결정으로 인한 환급(무신고)	결정일로부터 30일이 지나는 날
감면에 따른 환급		감면결정일
법률개정에 따른 환급		개정법률의 시행일

*1 세법에 의한 중간예납액 또는 원천징수에 의한 납부액은 해당 세목의 법정신고기한 만료일에 납부한 것으로 본다.
*2 세법에서 환급기한을 정하고 있는 경우에는 그 환급기한의 다음 날

04 물납재산의 환급

납세자가 상속세를 물납한 후 그 부과의 전부 또는 일부를 취소하거나 감액하는 경정결정에 의하여 환급하는 경우에는 해당 물납재산으로 환급하여야 한다. 물납재산으로 환급하는 경우 물납재산의 수납 이후 발생한 과실은 국가에 귀속되며 물납재산의 유지관리비는 국가부담으로 하되 자본적지출은 납세자의 부담으로 한다. 또한 물납재산으로 환급하는 경우에는 국세환급가산금을 지급하지 아니한다. 다만, 다음에 해당하는 경우에는 물납재산으로 환급하지 아니하고 금전으로 환급한다.

① 해당 물납재산이 매각되었거나 다른 용도로 사용되고 있는 경우
② 해당 물납재산의 성질상 분할하여 환급하는 것이 곤란한 경우
③ 해당 물납재산이 임대 중에 있거나 다른 행정용도로 사용되고 있는 경우
④ 사용계획이 수립되어 해당 물납재산으로 환급하는 것이 곤란하다고 인정되는 경우 등 국세청장이 정하는 경우

05 국세환급금의 소멸시효

납세자의 국세환급금과 국세환급가산금에 관한 권리는 행사할 수 있는 때부터 5년간 행사하지 아니하면 소멸시효가 완성된다. 국세환급금과 국세환급가산금에 관한 권리를 행사할 수 있는 때라 함은 국세환급금의 기산일을 말한다. 다만, 납부 후 그 납부의 기초가 된

신고 또는 부과를 경정하거나 취소하는 경우에는 경정결정일 또는 부과취소일을 말한다. 소멸시효에 관하여는 이 법 또는 세법에 특별한 규정이 있는 것을 제외하고는 「민법」에 따른다.

01 「국세기본법」상 국세환급금에 관한 설명이다. 옳지 않은 것은?

① 납세자의 국세환급금에 대하여 납부고지에 따라 납부하는 국세(납기전 징수 사유가 아닌 경우)가 있는 경우에는 납세자가 신청한 경우에 한해서만 충당할 수 있다.

② 착오납부, 이중납부에 대한 국세환급가산금의 기산일은 그 국세 납부일부터 계산한다.

③ 국세환급금 중 충당한 후 남은 금액은 국세환급금의 신청을 한 날부터 30일 내에 환급청구권자에게 지급해야 한다.

④ 납세자가 국세환급금과 국세환급가산금에 관한 권리는 행사할 수 있는 때부터 5년간 행사하지 않으면 소멸시효가 완성된다.

⑤ 국세환급가산금이란 국세환급금에 붙이는 법정이자를 말한다.

02. 「국세기본법」상 국세환급금에 관한 설명이다. 옳지 않은 것은? (2019 회계사 기출 변형)

① 국세환급금을 충당할 경우에는 체납된 국세 · 가산금과 체납처분비에 우선 충당하여야 하나, 납세자가 세법에 따라 자진납부하는 국세에 충당하는 것을 동의한 경우에는 해당 국세에 우선 충당하여야 한다.

② 국세환급금 중 국세 · 가산금 또는 체납처분비에 충당한 후 남은 금액이 10만원 이하이고, 지급결정을 한 날부터 1년 이내에 환급이 이루어지지 아니하는 경우에는 납세고지에 의하여 납부하는 국세에 충당할 수 있다.

③ 체납된 국세 · 체납처분비와 국세환급금은 체납된 국세의 법정납부기한과 국세환급금 발생일 중 늦은 때로 소급하여 대등액에 관하여 소멸한 것으로 본다

④ 국세환급금 중 국세 · 가산금 또는 체납처분비에 충당한 후 남은 금액은 국세환급금의 결정을 한 날부터 30일 내에 납세자에게 지급하여야 한다.

⑤ 납세자가 상속세를 물납한 후 그 부과의 전부 또는 일부를 취소하거나 감액하는 경정결정에 따라 환급하는 경우에 해당 물납재산의 성질상 분할하여 환급하는 것이 곤란한 경우 금전으로 환급하여야 한다.

정답 및 해설
1. ②
   그 국세 납부일의 다음날부터 계산한다.
2. ②
   충당한 후 남은 금액이 20만원 이하여야 함

제**7**장

조세구제

01 처분 전 구제와 처분 후 구제

납세자 권리보호제도의 하나로서 조세구제는 과세당국의 처분이 있기 전에 위법·부당한 처분을 미리 방지하는 처분 전 구제제도와 과세당국의 처분이 있거나 필요한 처분을 하지 아니하는 경우에 해당 처분의 취소나 필요한 처분을 구하는 처분 후 구제제도로 구분된다. 처분 전 구제제도로는 과세전적부심사제도가 있으며 불복절차는 처분 후 구제제도에 속한다.

구분	절차	근거
처분 전 구제	과세전적부심사	국세기본법
처분 후 구제	불 복	국세기본법, 감사원법

02 과세전적부심사

(1) 의의

과세전적부심사란 과세관청이 과세처분을 하기 전에 과세할 내용을 납세자에게 통지를 하도록 하고 그 통지내용에 따른 과세가 적법한지의 여부에 대한 심사를 청구할 수 있도록 하는 제도이다. 과세관청이 처분한 후에 불복절차에 의하여 구제된다고 하더라도 시간과 비용면에서 납세자에게 막대한 피해를 입힐 수 있으며 과세전적부심사제도는 이러한 피해를 미리 방지할 수 있다는 점에서 바람직한 제도라고 할 수 있다.

(2) 과세예고통지

세무서장 또는 지방국세청장은 다음의 어느 하나에 해당하는 경우에는 미리 납세자에게 그 내용을 서면으로 통지하여야 한다.
  ① 국세청장 또는 지방국세청장의 업무감사결과(현지에서 시정조치하는 경우 포함)에 따른 과세예고 통지

② 세무조사에서 확인된 것으로 조사대상자 외의 자에 대한 과세자료 및 현지 확인조사에 따라 세무서장 또는 지방국세청장이 과세하는 경우

③ 납부고지하려는 세액이 100만원 이상인 경우[11]

(3) 적용배제

다음에 해당하는 경우에는 과세전적부심사를 청구할 수 없다.

① 납기전징수의 사유가 있거나 수시부과의 사유가 있는 경우

② 조세범처벌법 위반으로 고발 또는 통고처분하는 경우

③ 세무조사결과 통지 및 과세예고 통지를 하는 날부터 국세부과제척기간의 만료일까지의 기간이 3개월 이하인 경우

④ 조세조약 체결상대국이 상호합의절차의 개시요청을 한 경우

(4) 청구절차

세무조사 결과에 대한 서면통지나 과세예고통지를 받은 자가 과세예고통지를 받은 날부터 30일 이내에 해당 통지를 한 세무서장 또는 지방국세청장에게 청구할 수 있다. 다만, 다음에 해당하는 경우에는 국세청장에게 이를 청구할 수 있다.

① 법령과 관련하여 국세청장의 유권해석을 변경하여야 하거나 새로운 해석이 필요한 경우

② 국세청장의 훈령·예규·고시 등과 관련하여 새로운 해석이 필요한 경우

③ 세무서 또는 지방국세청에 대한 국세청장의 업무감사결과(현지에서 시정조치하는 경우 포함)에 따른 과세예고 통지

④ 위에 해당하지 아니하는 사항 중 청구금액이 5억원 이상에 해당하는 것

⑤ 「감사원법」 제33조에 따른 시정요구에 따라 세무서장 또는 지방국세청장이 과세처분하는 경우로서 시정 요구 전에 과세처분 대상자가 감사원의 지적사항에 대한 소명안내를 받지 못한 것

---

11) 다만, 다음에 해당하는 경우에는 제외한다.

　　① 「감사원법」 제33조에 따른 시정요구에 따라 세무서장 또는 지방국세청장이 과세처분하는 경우로서 시정 요구 전에 과세처분 대상자가 감사원의 지적사항에 대한 소명안내를 받은 경우

　　② 기한후과세표준신고서를 제출한 자가 납부하여야 할 세액을 납부하지 아니하거나 과소납부한 경우로서 세무서장 또는 지방국세청장이 해당 기한후과세표준신고서에 기재된 과세표준 및 세액과 동일하게 과세표준 및 세액을 결정하는 경우

(5) 결정

과세전적부심사청구를 받은 세무서장 등은 <u>국세심사위원회</u>의 심사를 거쳐 결정하고 그 결과를 청구를 받은 날부터 30일 이내에 청구인에게 통지하여야 한다. 또한 세무서장 등은 그 청구한 부분에 대한 결정이 있을 때까지 과세표준 및 세액의 결정이나 경정결정을 유보한다. 결정은 다음 중 하나에 의한다.

① 청구가 이유 있다고 인정되는 경우 : 채택하는 결정, 일부채택하는 결정 또는 통지내용의 적법성에 관하여 재조사하여 그 결과에 따라 당초 통지내용을 수정하거나 유지하는 등의 통지를 하도록 재조사 결정

② 청구가 이유 없다고 인정되는 경우 : 채택하지 아니한다는 결정

③ 청구기간이 지났거나 보정기간에 보정하지 아니한 경우 : 심사하지 아니한다는 결정

(6) 조기처분

과세전적부심사를 청구할 수 있는 자가 과세전적부심사를 청구하지 아니하고 통지받은 내용의 전부 또는 일부에 대하여 과세표준 및 세액을 조기에 결정하거나 경정결정하여 줄 것을 신청할 수 있다. 이 경우 해당 세무서장이나 지방국세청장은 신청받은 내용대로 즉시 결정이나 경정결정을 하여야 한다.

03 조세불복

(1) 의의

국세기본법 또는 세법에 의한 처분으로서 위법 또는 부당한 처분을 받거나 필요한 처분을 받지 못함으로써 권리 또는 이익의 침해를 당한 자가 그 처분의 취소 또는 변경이나 필요한 처분을 청구하는 것을 불복이라고 한다. 정부와 국민간의 분쟁에 대하여는 사법부에 행정소송을 제기하여 해결을 하여야 한다. 그러나 반복적으로 발생하는 사항에 대한 사법부의 부담을 덜어주고 정부에게 자기시정의 기회를 주는 한편, 행정소송시의 쟁점을 명확히 하기 위하여 국민이 행정소송을 제기하기 전에 처분당사자인 정부로 하여금 자신의 재결(裁決)을 거치도록 하고 있으며 이를 <u>행정심판전치주의</u>(行政審判前置主義)라고 한다. 행정심판법은 이러한 행정소송의 전심절차에 대하여 규정하고 있는데 조세의 쟁송에 관하여는 그 전문성과 특수성을 고려하여 행정심판법의 적용을 배제(일부 규정 제외)하고 국세

기본법 또는 감사원법에 따라 불복절차를 진행하도록 하고 있다.

(2) 조세불복의 단계

국세기본법 및 감사원법에 의한 조세불복절차의 진행은 청구인의 선택에 따라 다음 중 하나에 의하여야 한다.

① 이의신청(임의절차) → 심사청구 → 행정소송

② 이의신청(임의절차) → 심판청구 → 행정소송

③ 감사원심사청구 → 행정소송

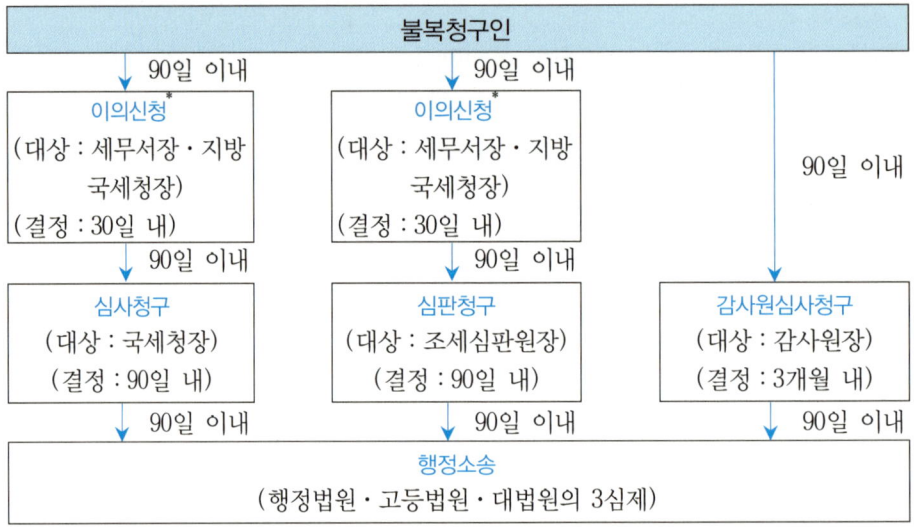

* 임의절차로서 생략이 가능하다.

01 불복대상

조세불복의 대상은 위법·부당한 처분 및 부작위이다.

(1) 위법·부당한 처분

불복대상처분의 범위를 규정하는 방식으로는 포괄주의와 열거주의가 있다. 포괄주의는 위법·부당한 모든 처분을 불복대상으로 규정하는 방식이며 열거주의는 불복대상처분을 한정적으로 열거하는 방식이다. 국세기본법은 포괄주의의 입장을 취하고 있다. 위법한 처분은 세법의 규정에 반하는 처분이며 부당한 처분은 세법의 규정에는 위반하지 않지만 과세형평과 입법취지에 어긋나는 처분이다. 그러나 실제상으로 위법한 처분과 부당한 처분의 구분은 불분명하고 모호한 경우가 많다. 위법·부당한 처분은 부과처분에 국한하지 아니하며 압류·매각·청산 등 체납처분에 관련된 처분 등을 포함한다. 다만, 다음에 해당하는 처분에 대하여는 불복청구를 할 수 없다.

① 조세범처벌절차법에 의한 통고처분. 통고처분은 행정처분이 아니라 사법적 처분으로 보기 때문에 국세기본법에 의한 불복청구의 대상에서 제외한다.
② 「감사원법」에 따라 심사청구를 한 처분이나 그 심사청구에 대한 처분
③ 이 법 및 세법에 따른 과태료 부과처분
④ 불복청구에 대한 처분(결정을 의미함)[12]. 불복의 중복제기를 막기 위한 것으로 심사청구 또는 심판청구에 대한 처분에 대해서는 이의신청, 심사청구 또는 심판청구를 제기할 수 없다. 다만, 재조사 결정에 따른 처분청의 처분에 대해서는 해당 재조사 결정을 한 재결청에 대하여 심사청구 또는 심판청구를 제기할 수 있다.

(2) 부작위(不作爲)

부작위란 행정청이 법률에 의하여 일정한 처분을 하여야 할 의무가 있으나 해당 처분을 하지 아니하는 것을 말한다. 이에 따라 필요한 처분을 받지 못한 자는 불복청구를 할 수

---

12) 국세청장이 조사·결정 또는 처리하거나 하였어야 할 것인 경우에 대하여 이의신청은 불가하다.

있다. 즉 불복대상 부작위는 다음에 예시하는 사항 등을 명시적 또는 묵시적으로 거부하는 것을 말한다.

① 공제·감면신청에 대한 결정
② 사업자등록신청에 대한 등록증 발급
③ 허가·승인
④ 압류해제
⑤ 결정 또는 경정청구에 대한 결정 또는 경정
⑥ 국세의 환급

02 청구적격자

불복청구를 할 수 있는 자는 권리 또는 이익의 침해를 당한 자와 침해를 받게 될 이해관계인으로 한다.

(1) 당사자

위법·부당한 처분 또는 부작위로 인하여 권리 또는 이익의 침해를 당한 자는 불복청구할 수 있다. 권리 또는 이익의 침해를 받은 자란 위법·부당한 처분을 받거나 필요한 처분을 받지 못한 직접적인 당사자를 말하되 제3자적 지위에 있는 자도 권리 또는 이익의 침해를 당한 경우에는 불복청구할 수 있다. 예를 들어 과세관청이 압류한 재산이 납세자 아닌 제3자의 소유인 경우 그 제3자는 해당 압류처분에 대하여 불복청구를 할 수 있다.

다만, 단순히 반사적인 권리 또는 이익의 침해를 받은 자는 불복청구를 할 수 없다.

(2) 이해관계인

위법·부당한 처분으로 인하여 권리 또는 이익의 침해를 받게 될 이해관계인도 그 위법·부당한 처분에 대하여 불복청구할 수 있다. 이는 처분을 받은 당사자 이외에 이로 인하여 이해관계가 있는 자까지로 불복청구적격자의 범위를 확장한 것이다. 이 경우 이해관계인이란 다음에 해당하는 자를 말한다.

① 제2차납세의무자로서 납부고지서를 받은 자
② 국세기본법, 부가가치세법 및 종합부동산세법에 따른 물적납세의무자로서 납부고지

서를 받은 자
③ 납세보증인

(3) 대리인

이의신청인, 심사청구인 또는 심판청구인과 처분청은 변호사, 세무사 또는 「세무사법」에 따른 세무사등록부 또는 공인회계사 세무대리업무등록부에 등록한 공인회계사를 대리인으로 선임할 수 있다. 또한, 청구의 대상이 5,000만원 미만의 소액인 경우에는 그 배우자, 4촌 이내의 혈족 또는 그 배우자의 4촌 이내의 혈족을 대리인으로 선임할 수 있다.

대리인의 권한은 서면으로 증명하여야 하며, 대리인은 본인을 위하여 그 신청 또는 청구에 관한 모든 행위를 할 수 있다. 다만, 그 신청 또는 청구의 취하는 특별한 위임을 받은 경우에만 할 수 있다. 그리고 대리인을 해임하였을 때에는 그 사실을 서면으로 해당 재결청에 신고하여야 한다.

> **국선대리인**
>
> 이의신청인, 심사청구인, 심판청구인 및 과세전적부심사 청구인(이하 "이의신청인등"이라 한다)이 재결청에 다음의 요건을 모두 갖추어 변호사, 세무사 또는 「세무사법」에 따라 등록한 공인회계사를 국선대리인으로 선정하여 줄 것을 신청할 수 있다.
>
> ① 이의신청인등이 다음 중 어느 하나에 해당할 것
> ㉠ 개인인 경우 : 「소득세법」상 종합소득금액이 5천만원 이하이며, 소유 재산의 가액이 5억원 이하일 것
> ㉡ 법인인 경우 : 수입금액이 3억원 이하이며, 자산가액 5억원 이하일 것(「법인세법」 제43조의 기업회계기준에 따라 계산한 매출액과 자산을 말한다)
> ② 5천만원 이하인 신청 또는 청구일 것
> ③ 상속세, 증여세 및 종합부동산세가 아닌 세목에 대한 신청 또는 청구일 것
>
> 재결청은 요건을 모두 충족하는 경우 지체 없이 국선대리인을 선정하고, 신청을 받은 날부터 5일 이내에 그 결과를 이의신청인등과 국선대리인에게 각각 통지하여야 한다.

03 청구기간

이의신청, 이의신청을 거치지 아니하는 심사청구 또는 심판청구 및 감사원 심사청구에

있어서는 해당 처분이 있은 것을 안 날(처분통지를 받은 때에는 그 받은 날)로부터 90일 이내에 하여야 한다.

이의신청을 거친 심사청구 또는 심판청구, 행정소송에 있어서는 전심(前審)에 대한 결정통지를 받은 날부터 90일 이내에 하여야 한다. 다만, 결정기간 내에 결정통지를 받지 못한 경우에는 결정통지를 받기 전이라도 그 결정기간이 지난 날부터 불복청구를 할 수 있다.

(1) 청구기간의 연장

불복청구인이 기한연장사유로 청구기간 내에 불복청구를 할 수 없는 때에는 그 사유가 소멸한 날부터 14일 이내에 불복청구할 수 있다. 다만, 감사원심사청구와 행정소송의 청구기간(제기기간)은 불변기간으로 연장될 수 없다.

(2) 상호합의절차 진행기간의 불산입

국제조세조정에관한법률상 조세구제제도의 하나인 상호합의절차가 개시된 경우 상호합의절차의 개시일부터 종료일까지의 기간 및 조정권고의 조정신청일부터 그 통지일까지의 기간은 청구기간과 결정기간에 산입하지 아니한다. 이러한 특례를 적용받고자 하는 자는 납세지 관할세무서장에게 적용특례를 신청하여야 한다.

04 청구서의 제출

이의신청은 해당 처분을 하였거나 하였어야 할 세무서장에게 하거나 세무서장을 거쳐 관할 지방국세청장[13]에게 하여야 하며, 심사청구는 해당 처분을 하였거나 하였어야 할 세무서장을 거쳐 국세청장에게 하여야 한다. 그리고 심판청구는 그 처분을 하였거나 하였어야 할 세무서장이나 조세심판원장에게 제출하여야 한다. 이 경우 심판청구서를 받은 세무서장은 이를 지체 없이 조세심판원장에게 송부하여야 한다.

또한 불복청구서가 재결청에 직접 제출되거나 관할을 위반하여 제출된 경우에도 청구의 효력에는 영향을 미치지 아니한다.

---

13) 다만, 다음에 해당하는 경우에는 관할 지방국세청장에게 하여야 하며, 세무서장에게 한 이의신청은 관할 지방국세청장에게 한 것으로 본다.
① 지방국세청장의 조사에 따라 과세처분을 한 경우
② 세무서장에게 과세전적부심사를 청구한 경우

05 청구의 효력

(1) 집행부정지(執行不停止)의 원칙

불복청구는 세법에 특별한 규정이 있는 것을 제외하고는 해당 처분의 집행에 효력을 미치지 아니한다. 이는 납세자가 불복청구를 통하여 과세관청에 의한 처분의 집행을 고의로 지연시키려는 행위를 방지하기 위한 것이다.

(2) 예외 : 처분집행중지

국세기본법상의 불복청구에 있어서 다음에 해당하는 경우에는 집행부정지원칙을 적용하지 아니한다.

① 불복청구를 한 자가 심한 재해를 입은 경우에 이를 정부가 조사하기 위하여 상당한 시일이 필요하다고 인정되는 때에는 과세관청에 의한 처분의 집행을 중지하게 하거나 중지할 수 있다.

② 불복청구 또는 행정소송이 계속 중인 때에는 그 불복청구에 대한 결정이나 소에 대한 판결이 확정되기 전에는 국세체납으로 인하여 압류한 재산을 공매할 수 없다. 일단 불복청구를 한 자의 재산을 압류한 경우에는 다른 채권자에 우선하므로 그 이후의 체납처분절차(공매 등)를 중지시켜 청구주장이 인용되는 경우 재산의 매각으로 인하여 불복청구를 한 자가 입을 피해를 방지하려는 것이다. 다만, 그 재산이 부패·변질 또는 감량되기 쉬운 재산으로서 속히 매각하지 아니하면 그 재산가액이 감손될 우려가 있는 때는 공매를 진행할 수 있다.

01 심리 및 보정

(1) 심리

심리(審理)란 불복청구의 요건과 내용을 검토하는 것을 말하며, 청구의 요건을 심리하는 요건심리(要件審理)와 청구의 내용을 심리하는 본안심리(本案審理)로 구분된다. 심리의 방법은 서면심리(書面審理)를 원칙으로 하되 불복청구인의 의견진술이 있는 경우 그 진술에 의하여 심리할 수도 있다. 또한 불복청구인이 주장하지 아니한 이유 및 제출하지 아니한 증거에 대하여도 직권심리(職權審理)할 수 있다.

(2) 보정

불복청구의 내용이나 절차가 국세기본법 또는 세법에 적합하지 아니하나 보정할 수 있다고 인정하는 때에는 다음에 해당하는 기간을 정하여 보정할 것을 요구할 수 있다. 다만, 보정할 사항이 경미한 경우에는 직권으로 이를 보정할 수 있다. 보정기간은 결정기간에 산입하지 아니한다.

① 이의신청·심사청구 : 20일 이내의 기간
② 심판청구 : 상당한 기간

02 재결

재결(裁決)이란 불복청구에 대한 권한 있는 행정기관의 결정을 말하며 사법기관인 법원의 결정인 판결(判決)과 구별된다. 재결은 그 내용에 따라 다음과 같이 구분된다.

(1) 각하(却下)결정

각하결정은 요건심리의 결과 청구 자체를 배척하는 결정으로 본안심리를 하지 아니한다. 즉 불복청구의 요건을 충족하지 아니하는 다음의 경우에는 각하결정을 내리며 후심(後審)

절차로 진행할 수 없다.

① 처분의 부존재 : 불복청구의 대상이 된 처분이 존재하지 않을 때
② 당사자 부적격 : 불복청구의 대상이 된 처분에 의하여 권리 또는 이익의 침해를 당하지 않은 자의 불복
③ 불복청구대상이 되지 아니하는 처분에 대한 불복
④ 대리권 없는 자의 불복
⑤ 청구가 부적법하거나 청구기간이 지난 불복
⑥ 보정기간 내 보정의 불응
⑦ 전심에서 각하결정된 불복(전심의 각하결정에 흠이 있는 경우 제외)
⑧ 심판청구를 제기한 후 심사청구를 제기한 경우

(2) 기각(棄却)결정

기각결정은 본안심리를 한 결과 불복청구의 주장이 이유 없다고 판단하는 결정을 말한다. 즉 과세관청의 처분이 위법·부당하지 않거나 필요한 처분이 없음을 결정하는 것으로 이에 수긍하지 아니하는 불복청구인은 후심절차로 진행하게 된다.

(3) 인용(認容)결정

인용결정은 본안심리를 한 결과 불복청구의 주장이 이유있다고 판단하는 결정을 말한다. 즉 재결청이 청구인의 불복을 받아들여 과세관청의 처분을 취소 또는 경정하거나 과세관청으로 하여금 필요한 처분을 하도록 하는 결정이다. 이에 따라 청구인은 인용된 범위에서 만족을 얻게 되며 청구주장이 완전히 인용된 경우에는 후심절차로 진행할 필요가 없다. 그러나 청구주장의 일부만 인용결정된 경우에는 나머지 부분에 대하여 후심절차로 진행할 수 있다.

구분	본안심리	결정의의	후심이행
각하결정	×	청구 자체 배척	불가능
기각결정	○	청구이유 없음	가능
인용결정	○	청구이유 있음	부분인용시 가능

03 결정절차

(1) 결정방법 및 기간

재결청의 결정방법 및 결정기간은 다음과 같다.

구분	결정기간[*1]	결정방법
이의신청	청구일부터 30일 이내	세무서장 또는 지방국세청장이 국세심사위원회의[*2] 심의를 거쳐 결정
심사청구	청구일부터 90일 이내	국세청장이 국세심사위원회의[*2] 심의를 거쳐 결정
심판청구	청구일부터 90일 이내	조세심판관회의 · 조세심판관합동회의가 심리하여 결정

[*1] 보정요구 있는 경우 보정기간 중에는 결정기간의 진행이 정지된다.
[*2] 국세심사위원회의 위원은 공정한 심의를 기대하기 어려운 사정이 있다고 인정될 때에는 국세심사위원회의 회의에서 제척 또는 회피하여야 한다.

(2) 결정통지

재결청은 결정서에 그 결정서를 받은 날로부터 후심청구(심사청구 · 심판청구 · 행정소송)를 제기할 수 있다는 뜻을 부기하여야 한다. 또한 재결청은 해당 청구에 대한 결정기간이 지나도 그 결정을 하지 못한 때에는 지체없이 서면으로 결정통지를 받기 전이라도 그 결정기간이 지난 날부터 후심청구를 제기할 수 있다는 뜻을 청구인에게 통지하여야 한다.

04 재결의 효력

(1) 기속력

재결청의 결정은 불복청구인과 관계행정청을 구속한다. 즉 해당 행정청은 결정의 취지에 따라 즉시 필요한 처분을 하여야 한다. 국세기본법에서는 심판청구의 결정에 대하여만 관계행정청기속의 효력을 명문으로 규정하고 있으나 이의신청과 심사청구에서도 동일한 효력이 있다고 여겨진다. 또한 기속력은 인용결정에 따른 조세구제를 목적으로 하는 것이므로 기각 또는 각하결정에는 기속력이 발생하지 아니하는 것으로 보아야 한다.

따라서 재결청이 기각결정을 하더라도 세무서장 등은 원처분에 대하여 직권취소를 할 수 있다.

(2) 불가쟁력(不可爭力)

후심청구기간이 지나면 해당 재결(결정)에 하자가 있더라도 당사자는 물론 제3자도 그 재결의 효력을 다툴 수 없으며 악의에 의한 경우에도 차이가 없다.

(3) 불가변력(不可變力)

하자가 있는 처분은 과세관청의 직권 또는 상급행정청의 감독권 발동에 의하여 변경할 수 있는 것이 원칙이나 불복절차에 의한 재결에 대하여는 법적 안정성을 보장하기 위하여 과세관청 자신이 그 내용을 변경할 수 없도록 한다. 다만, 각하결정의 경우에는 내용을 심리한 것이 아니므로 불가변력이 적용될 여지가 없다. 또한 심사청구 및 심판청구에 대한 결정에 오기·계산착오 기타 이와 비슷한 잘못이 있는 것이 명백한 때에는 국세청장 등은 직권 또는 청구인의 신청에 의하여 이를 경정할 수 있다.

IV 조세심판원

01 소속 및 조직

(1) 소속

조세심판원은 조세(국세 및 지방세)의 심판청구에 대한 독립적인 결정을 위하여 처분청인 국세청과는 별도로 국무총리 소속으로 설치되어 있다.

(2) 조직

조세심판원에는 원장과 조세심판관을 두며 조세심판관은 상임조세심판관과 비상임조세심판관으로 구분한다. 원장과 상임조세심판관은 고위공무원단에 속하는 일반직 또는 별정직 공무원 중에서 국무총리의 제청으로 대통령이 임명하고 비상임조세심판관은 소정의 자격을 구비한 외부전문가로 위촉한다.

(3) 임기 및 신분보장

상임조세심판관의 임기는 3년으로 하며, 한 차례만 중임할 수 있으며, 비상임조세심판관의 임기는 3년으로 하며, 한 차례만 연임할 수 있다. 다음에 해당하는 경우를 제외하고는 그 의사에 반하여 임명을 철회하거나 해촉할 수 없다.

① 심신쇠약 등으로 장기간 직무를 수행할 수 없게 된 경우

② 직무와 관련된 비위사실이 있는 경우

③ 직무태만, 품위손상이나 그 밖의 사유로 조세심판관으로서 적합하지 아니하다고 인정되는 경우

④ p.129 (2)[14]의 어느 하나에 해당하는데도 불구하고 회피하지 아니한 경우

---

14) (2) 제척과 회피

조세심판관은 다음 중 어느 하나에 해당하는 경우에는 심판관여로부터 제척되며 제척되지 아니한 경우 해당 조세심판관은 주심 또는 배석조세심판관의 지정에서 회피하여야 한다.

① 심판청구인 또는 그 대리인인 경우(대리인이었던 경우 포함)

② 심판청구인 또는 그 대리인의 친족·사용인이거나 친족·사용인이었던 경우 및 업무에 관여하거나 관여하였던 경우

③ 불복의 대상이 되는 처분이나 처분에 대한 이의신청에 관하여 증언 또는 감정을 한 경우

④ 심판청구일 전 최근 5년 이내에 불복의 대상이 되는 처분, 처분에 대한 이의신청 또는 그 기초가 되는

02 조세심판관회의

(1) 구성

조세심판원장은 심판청구를 받은 때에는 주심조세심판관 한 명과 배석조세심판관 두 명 이상을 지정하여 조세심판관회의를 구성하게 하며 주심조세심판관이 그 의장이 된다.

담당조세심판관의 지정사실은 해당 조세심판관과 심판청구인에게 문서로 통지하여야 한다.

(2) 제척과 회피

조세심판관은 다음 중 어느 하나에 해당하는 경우에는 심판관여로부터 제척되며 제척되지 아니한 경우 해당 조세심판관은 주심 또는 배석조세심판관의 지정에서 회피하여야 한다.

① 심판청구인 또는 그 대리인인 경우(대리인이었던 경우 포함)

② 심판청구인 또는 그 대리인의 친족·사용인이거나 친족·사용인이었던 경우 및 업무에 관여하거나 관여하였던 경우

③ 불복의 대상이 되는 처분이나 처분에 대한 이의신청에 관하여 증언 또는 감정을 한 경우

④ 심판청구일 전 최근 5년 이내에 불복의 대상이 되는 처분, 처분에 대한 이의신청 또는 그 기초가 되는 세무조사에 관여하였던 경우

⑤ 위 ③ 또는 ④에 해당하는 법인 또는 단체에 속하거나 심판청구일 전 최근 5년 이내에 속하였던 경우

⑥ 그 밖에 심판청구인 또는 그 대리인의 업무에 관여하거나 관여하였던 경우

(3) 기피

담당조세심판관에게 심판의 공정을 기대하기 어려운 사정이 있다고 인정되는 때에는 심판청구인은 해당 조세심판관의 기피를 신청할 수 있으며 조세심판원장은 기피신청이 이유 있다고 인정하는 때에는 이를 승인하여야 한다.

세무조사에 관여하였던 경우

⑤ 위 ③ 또는 ④에 해당하는 법인 또는 단체에 속하거나 심판청구일 전 최근 5년 이내에 속하였던 경우

⑥ 그 밖에 심판청구인 또는 그 대리인의 업무에 관여하거나 관여하였던 경우

(4) 의결

조세심판관회의는 담당조세심판관 2/3 이상의 출석으로 개의하고, 출석 조세심판관 과반수의 찬성으로 의결한다. 조세심판관회의는 비공개가 원칙이나 조세심판관회의 의장이 필요하다고 인정하는 때에는 공개할 수 있다.

(5) 결정절차

조세심판원장이 심판청구를 받은 때에는 조세심판관회의가 그 심리를 거쳐 이를 결정한다. 다만, 소액·경미한 심판청구 또는 청구기간이 지난 심판청구에 대하여는 조세심판관회의의 심리를 거치지 아니하고 주심조세심판관이 이를 심리하여 결정할 수 있다.

(6) 조세심판관 합동회의

다음의 사유에 해당하는 경우에는 조세심판원장이 의장이 되는 조세심판관합동회의가 그 심리를 거쳐 이를 결정한다.
① 해당 심판청구사건에 관하여 세법의 해석이 쟁점이 되는 경우로서 이에 관하여 종전의 조세심판원 결정이 없는 경우
② 종전에 조세심판원에서 한 세법의 해석·적용을 변경하는 경우
③ 조세심판관회의 간에 결정의 일관성을 유지하기 위한 경우
④ 해당 심판청구사건에 대한 결정이 다수의 납세자에게 동일하게 적용되는 등 국세행정에 중대한 영향을 미칠 것으로 예상되어 국세청장이 조세심판원장에게 조세심판관합동회의에서 심리하여 줄 것을 요청하는 경우
⑤ 그 밖에 해당 심판청구사건에 대한 결정이 국세행정이나 납세자의 권리·의무에 중대한 영향을 미칠 것으로 예상되는 경우

03 판단 및 결정의 원칙

(1) 자유심증주의

조세심판관은 심판청구에 관한 조사 및 심리의 결과와 과세의 형평을 고려하여 자유심증으로 사실을 판단한다. 자유심증주의란 증거의 범위나 신빙성의 정도를 인정함에 있어서 어떠한 구속이나 제한도 받지 아니하고 자유로이 판단하는 것을 말한다.

(2) 불고불리의 원칙

조세심판관회의 또는 조세심판관합동회의는 심판청구를 한 처분 이외의 처분에 대하여는 그 처분의 전부 또는 일부를 취소 또는 변경하거나 새로운 처분의 결정을 하지 못한다. 불고불리(不告不理)의 원칙은 불복청구하지 아니한 부분에 대하여는 심리하지 아니한다는 원칙이다.

(3) 불이익변경금지의 원칙

조세심판관회의 또는 조세심판관합동회의는 결정을 함에 있어서 심판청구를 한 처분보다 청구인에게 불이익이 되는 결정을 하지 못한다. 즉 심판청구는 납세자의 권리보호를 위한 제도이므로 과세표준의 증가, 세액의 증가, 결손금의 감소 또는 환급세액의 감소를 초래하는 결정을 할 수 없다.

(4) 사건의 병합과 분리

담당 조세심판관은 사건의 병합이 필요하다고 인정되면 여러 심판사항들을 병합하여 심리할 수 있다. 반대로, 담당 조세심판관은 사건의 분리가 필요하다고 인정되면 병합된 심판사항을 여러 개의 심판사항으로 분리할 수 있다.

01. 「국세기본법」상 심사와 심판에 관한 설명이다. 옳지 않은 것은? (2024 회계사 기출)

① 「조세범 처벌절차법」에 따른 통고처분에 대해서는 「국세기본법」에 따른 불복을 할 수 없다.

② 재조사 결정에 따른 처분청의 처분에 대해서는 해당 재조사 결정을 한 재결청에 대하여 심사청구 또는 심판청구를 제기할 수 없다.

③ 행정소송은 심사청구 또는 심판청구에 대한 결정의 통지를 받은 날부터 90일 이내에 제기하여야 하나, 결정기간에 결정의 통지를 받지 못한 경우에는 결정의 통지를 받기 전이라도 그 결정기간이 지난 날부터 행정소송을 제기할 수 있다.

④ 심사청구에 대한 결정에 잘못된 기재, 계산착오, 그 밖에 이와 비슷한 잘못이 있는 것이 명백할 때에는 국세청장은 직권으로 또는 심사청구인의 신청에 의하여 경정할 수 있다.

⑤ 조세심판관회의는 심판청구에 대한 결정을 할 때 심판청구를 한 처분 외의 처분에 대해서는 그 처분의 전부 또는 일부를 취소 또는 변경하거나 새로운 처분의 결정을 하지 못한다.

02. 조세불복에 관한 설명으로 옳지 않은 것은? (2010 세무사 기출 수정)

① 이의신청인은 세무사를 대리인으로 선임할 수 있으며 선임된 세무사는 본인을 위하여 그 신청에 관한 모든 행위를 할 수 있으나, 그 신청의 취하는 특별한 위임을 받은 경우에만 할 수 있다.

② 물적납세의무를 지는 자로서 납부고지서를 받은 자는 위법 또는 부당한 처분을 받은 자의 처분에 대하여 해당 처분의 상대방이 아니므로 그 처분의 취소 또는 변경을 청구할 수 없다.

③ 이의신청을 받은 재결청은 이의신청인이 심각한 재해를 입은 경우에 이를 정부가 조사하기 위하여 상당한 시일이 필요하다고 인정되는 경우에만 해당 처분의 집행을 중지하게 하거나 중지할 수 있다.

④ 이의신청에 따른 결정기간 내에 결정의 통지를 받은 자가 심사청구를 하려면 이의신청에 대한 결정의 통지를 받은 날부터 90일 이내에 제기하여야 한다.

⑤ 국세기본법 또는 세법에 따른 동일한 처분에 대하여 심사청구와 심판청구를 중복하여 제기할 수 없다.

03. 「국세기본법」상 조세불복제도에 관한 설명으로 옳은 것을 모두 묶은 것은? (2017 회계사 기출 변형)

> ㄱ. 「조세범 처벌절차법」에 따른 통고처분은 「국세기본법」에 따른 불복을 할 수 없다.
> ㄴ. 심사청구의 재결청은 그 청구에 대한 결정기간이 지나도 결정을 하지 못하였을 때에는 심사청구인은 결정의 통지를 받기 전이라도 그 결정기간이 지난 날부터 행정소송 제기를 할 수 있다는 내용을 서면으로 지체없이 그 청구인에게 통지하여야 한다.
> ㄷ. 이의신청, 심사청구 또는 심판청구는 세법에 특별한 규정이 있는 것을 제외하고는 해당 처분의 집행에 효력을 미치지 아니한다. 다만, 해당 재결청이 필요하다고 인정할 때에는 그 처분의 집행을 중지하게 하거나 중지할 수 있다.
> ㄹ. 세법에 따라 국세청장이 해야 할 처분에 대해서 이의신청을 할 수 있다.

① ㄱ, ㄴ   ② ㄱ, ㄷ
③ ㄱ, ㄴ, ㄷ   ④ ㄴ, ㄷ, ㄹ
⑤ ㄱ, ㄴ, ㄷ, ㄹ

04. 「국세기본법」상 과세전적부심사에 관한 설명이다. 옳지 않은 것은? (2019 회계사 기출)

① 세무서장은 세무조사에서 확인된 것으로 조사대상자 외의 자에 대한 과세자료 및 현지 확인조사에 따라 세무서장이 과세하는 경우에는 미리 납세자에게 그 내용을 서면으로 통지하여야 한다.
② 세무서장에게 과세전적부심사를 청구할 수 있는 자가 법령과 관련하여 국세청장의 유권해석 변경이 필요한 경우 국세청장에게 과세전적부심사를 청구할 수 있다.
③ 세무조사 결과 통지 및 과세예고통지를 하는 날부터 국세부과 제척기간의 만료일까지의 기간이 3개월 이하인 경우에는 과세전적부심사를 청구할 수 없다.
④ 과세전적부심사 청구를 받은 세무서장은 국세심사위원회의 심사를 거쳐 결정을 하고 그 결과를 청구를 받은 날부터 30일 이내에 청구인에게 통지하여야 한다.
⑤ 과세예고통지를 받은 자가 과세전적부심사를 청구하지 아니하고 통지를 한 세무서장에게 통지받은 내용에 대하여 과세표준 및 세액을 조기에 결정해 줄 것을 신청한 경우, 해당 세무서장은 신청받은 내용을 검토하여 2개월 이내에 결정하여야 한다.

정답 및 해설

1. ②
재조사 결정에 따른 처분청의 처분에 대해서는 해당 재조사 결정을 한 재결청에 대하여 심사청구 또는 심판청구를 제기할 수 있다.

2. ②
이해관계인에 해당하므로 취소 또는 변경을 청구할 수 있다.

3. ③
   국세청장이 조사·결정 또는 처리하거나 하였어야 할 것인 경우를 제외하고는 그 처분에 대하여 심사청구 또는 심판청구에 앞서 이 장의 규정에 따른 이의신청을 할 수 있다.
4. ⑤
   과세전적부심사를 청구하지 아니하고 통지를 한 세무서장이나 지방국세청장에게 통지받은 내용의 전부 또는 일부에 대하여 과세표준 및 세액을 조기에 결정하거나 경정결정해 줄 것을 신청할 수 있다. 이 경우 해당 세무서장이나 지방국세청장은 신청받은 내용대로 즉시 결정이나 경정결정을 하여야 한다.

제**8**장

납세자의 권리등

01 납세자 권리헌장

(1) 제정 및 고시

국세청장은 납세자 권리보호에 관한 사항을 포함하는 납세자권리헌장을 제정하여 고시하여야 한다.

(2) 교부

세무공무원[15]은 다음에 해당하는 경우에는 납세자권리헌장에 수록된 문서를 납세자에게 교부하여야 한다.

① 세무조사(조세범칙조사 포함) : 국세의 과세표준과 세액을 결정 또는 경정하기 위하여 질문을 하거나 해당 장부·서류 또는 그 밖의 물건을 검사·조사하거나 그 제출을 명하는 경우
② 사업자등록증을 발급하는 경우

(3) 요지 낭독 및 설명

세무공무원은 세무조사를 시작할 때 조사원증을 납세자 또는 관련인에게 제시한 후 납세자권리헌장을 교부하고 그 요지를 직접 낭독해 주어야 하며, 조사사유, 조사기간, 권리구제 절차 등을 설명하여야 한다.

02 납세자 권리보호에 관한 사항

(1) 납세자의 성실성 추정

세무공무원은 다음의 경우를 제외하고는 납세자가 성실하며 납세자가 제출한 신고서 등

---

15) 세무공무원이란 다음에 해당하는 공무원을 말한다.
　① 국세청 소속공무원 : 국세청장·지방국세청장·세무서장 또는 그 소속공무원
　② 세법에 의하여 국세사무를 관장하는 세관장 또는 그 소속공무원
　③ 국세징수법에 의하여 국세를 위탁징수하는 시장·군수·자치구의 구청장 또는 그 소속공무원

이 진실한 것으로 추정하여야 한다.

① 납세자가 세법에서 정하는 신고, 성실신고확인서의 제출, 세금계산서나 계산서의 작성·교부·제출, 지급명세서의 작성·제출 등의 납세협력의무를 이행하지 아니하는 경우

② 위장 및 가공거래, 무자료거래 등 사실과 다른 거래의 내용이 있는 경우

③ 납세자에 대한 구체적인 탈세제보가 있는 경우

④ 신고내용에 탈루나 오류의 혐의를 인정할 수 있는 명백한 자료가 있는 경우

⑤ 납세자가 세무공무원에게 직무와 관련하여 금품을 제공하거나 금품제공을 알선한 경우

(2) 세무조사권 남용금지

세무공무원은 적정하고 공평한 과세의 실현을 위하여 필요한 최소한의 범위 안에서 세무조사를 행하여야 하며, 다른 목적 등을 위해 조사권을 남용하여서는 아니된다. 그리고 세무조사시 누구든지 세무공무원으로 하여금 법령을 위반하게 하거나 지위 또는 권한을 남용하는 등 공정한 세무조사를 저해하는 행위를 하여서는 아니된다. 또한 세무공무원은 같은 세목 및 같은 과세기간에 대하여 재조사를 할 수 없다. 다만, 다음의 경우에는 예외로 한다.

① 조세탈루의 혐의를 인정할 만한 명백한 자료가 있는 경우

② 거래상대방에 대한 조사가 필요한 경우

③ 2 이상의 사업연도와 관련하여 잘못이 있는 경우

④ 불복인용결정 또는 재조사결정에 따라 조사를 하는 경우

⑤ 납세자가 세무공무원에게 직무와 관련하여 금품을 제공하거나 금품제공을 알선한 경우

⑥ 부동산투기·매점매석·무자료거래 등 경제질서 교란 등을 통한 탈세혐의가 있는 자에 대하여 일제조사를 하는 경우

⑦ 과세자료처리목적의 재조사, 국세환급금의 결정을 위한 확인조사 등을 하는 경우

⑧ 조세범칙행위의 혐의를 인정할 만한 명백한 자료가 있는 경우

(3) 세무조사에 있어서 조력을 받을 권리

납세자는 세무조사를 받는 경우에 변호사·공인회계사·세무사로 하여금 조사에 참여하게 하거나 의견을 진술하게 할 수 있다.

(4) 세무조사 관할 및 대상자 선정

1) 세무조사 관할

세무조사는 납세지 관할세무서장 또는 지방국세청장이 수행한다. 다만, 납세자의 주된 사업장 등이 납세자와 관할을 달리 하거나 납세지 관할세무서장 또는 지방국세청장이 세무조사를 수행하는 것이 부적절한 경우 등 대통령령으로 정하는 사유에 해당하는 경우에는 국세청장(같은 지방국세청 소관 세무서관할 조정의 경우에는 지방국세청장)이 그 관할을 조정할 수 있다.

2) 세무조사 대상자 선정

세무공무원은 납세자가 성실하며 납세자가 제출한 신고서 등이 진실한 것으로 추정하여야 한다. 이는 특별한 반증이 없는 한 납세자의 신고내용을 기초로 과세하고 납세자가 불필요한 세무조사를 받지 않도록 하려는 것이다. 다만, 납세자의 성실성 추정에도 불구하고 다음과 같이 세무조사 대상자를 선정하여 세무조사하는 것은 허용된다.

3) 정기선정

세무공무원은 다음 중 하나에 해당하는 경우에 정기적으로 신고의 적정성을 검증하기 위하여 대상을 선정하여 세무조사를 실시할 수 있다.
① 국세청장이 납세자의 신고내용에 대한 정기적인 성실도 분석결과 불성실혐의가 있다고 인정하는 경우
② 최근 4과세기간 이상 같은 세목의 세무조사를 받지 아니한 납세자에 대하여 업종, 규모, 경제력 집중 등을 고려하여 시행령이 정하는 바에 따라 신고내용이 적정한지를 검증할 필요가 있는 경우
③ 무작위추출방식에 의하여 표본조사를 하려는 경우

4) 수시선정

세무공무원은 정기선정에 의한 조사 외에 다음 중 하나에 해당하는 경우에는 세무조사를 할 수 있다.
① 납세자가 세법이 정하는 신고, 성실신고확인서의 제출, 세금계산서 또는 계산서의 작성 · 교부 · 제출, 지급명세서의 작성 · 제출 등의 납세협력의무를 이행하지 아니한 경우
② 무자료거래, 위장 · 가공거래 등 거래내용이 사실과 다른 혐의가 있는 경우
③ 납세자에 대한 구체적인 탈세제보가 있는 경우

④ 신고내용에 탈루나 오류의 혐의를 인정할 만한 명백한 자료가 있는 경우

5) 정부부과확정조세에 대한 세무조사

세무공무원은 과세관청의 조사결정에 의하여 과세표준과 세액이 확정되는 세목의 경우 과세표준과 세액을 결정하기 위하여 세무조사를 할 수 있다.

(5) 세무조사의 사전통지와 연기신청

세무공무원은 국세에 관한 조사를 위하여 해당 장부·서류 기타 물건 등을 조사하는 경우에는 조사를 받을 납세자 또는 납세관리인에게 조사개시 20일 전에 조사대상세목 및 조사사유 기타 사항을 통지하여야 한다. 다만, 범칙사건에 대한 조사 또는 사전통지의 경우 증거인멸 등으로 조사목적을 달성할 수 없다고 인정되는 경우에는 그러하지 아니하다. 세무조사의 사전통지를 받은 납세자가 다음과 같은 사유로 조사를 받기 곤란한 경우에는 관할세무관서의 장에게 조사를 연기하여 줄 것을 신청할 수 있으며 연기신청을 받은 관할세무관서의 장은 연기신청 승인 여부를 결정하고 그 결과를 조사개시 전까지 통지하여야 한다.

① 천재·지변·화재 기타 재해로 사업상 심한 어려움이 있을 때
② 납세자 또는 납세관리인의 질병, 장기출장 등으로 세무조사가 곤란하다고 판단될 때
③ 권한있는 기관에 장부·증명서류가 압수 또는 영치된 때

(6) 세무조사기간

세무공무원은 조사대상 세목·업종·규모, 조사 난이도 등을 고려하여 세무조사기간이 최소한이 되도록 하되, 특히 연간 수입금액 또는 양도가액이 100억원 미만인 납세자에 대한 세무조사기간은 20일 이내로 한다. 세무공무원은 세무조사기간 단축을 위하여 노력하여야 하며, 장부기록 및 회계처리의 투명성 등 납세성실도를 검토하여 더 이상 조사할 사항이 없다고 판단될 때에는 조사기간 종료 전이라도 조사를 조기에 종결할 수 있다.

다만, 다음 중 하나에 해당하는 경우에는 세무조사기간을 연장할 수 있다.

① 납세자가 장부·서류 등의 은닉 또는 제출지연, 제출거부 등 조사를 기피하는 행위가 명백한 경우
② 거래처 조사 또는 거래처 현지확인 및 금융거래 현지확인이 필요한 경우
③ 세금탈루 혐의가 포착되거나 조사과정에서 조세범처벌절차법에 따른 조세범칙사건으로 조사유형이 전환되는 경우
④ 천재지변, 노동쟁의로 조사가 중단되는 경우

⑤ 납세자보호관 또는 담당관이 세금탈루혐의와 관련하여 추가적인 사실확인이 필요하다고 인정하는 경우

⑥ 조사대상자가 세금탈루혐의에 대한 해명 등을 위하여 세무조사기간의 연장을 신청한 경우로서 납세자보호관 또는 담당관이 이를 인정하는 경우

세무조사 기간을 최초로 연장하는 경우에는 관할관서의 장의 승인이 필요하고, 2회 이후 연장의 경우에는 관할 상급 세무관서의 장의 승인을 받아 각각 20일 이내에서 연장할 수 있다.

(7) 세무조사 범위확대의 제한

세무공무원은 다음에 해당하는 경우를 제외하고는 조사진행 중 세무조사의 범위를 확대할 수 없다.

① 다른 과세기간·세목 또는 항목에 대한 구체적인 탈세증거자료가 발견되어 다른 과세기간·세목 또는 항목에 대한 조사가 필요한 경우

② 명백한 세금탈루 혐의 또는 세법 적용의 착오 등이 있는 조사대상 과세기간의 특정 항목이 다른 과세기간에도 있어 동일하거나 유사한 세금탈루 혐의 또는 세법 적용 착오 등이 있을 것으로 의심되어 다른 과세기간의 그 항목에 대한 조사가 필요한 경우

(8) 장부·서류 보관금지

세무공무원은 세무조사의 목적으로 납세자의 장부 또는 서류 등을 세무관서에 임의로 보관할 수 없다. 다만, 납세자의 동의가 있는 경우에는 세무조사기간 동안 일시 보관할 수 있다. 이처럼 납세자의 장부 등을 세무관서에 일시 보관하고자 하는 경우에 세무공무원은 납세자, 소지자 또는 보관자 등 정당한 권한이 있는 자로부터 일시보관 동의서를 받아야 하며, 일시보관증을 교부하여야 한다. 납세자의 동의하에 일시 보관하고 있는 장부 또는 서류 등에 대하여 납세자가 반환을 요청하는 경우에는 조사에 지장이 없는 한 즉시 반환하여야 한다.

(9) 통합조사의 원칙

세무조사는 다음에 해당하는 경우를 제외하고는 납세자의 사업과 관련하여 세법에 따라 신고·납부의무가 있는 세목을 통합하여 실시하는 것을 원칙으로 한다.

① 세목의 특성, 납세자의 신고유형, 사업규모, 세금탈루 혐의 등을 고려하여 특정 세목만을 조사할 필요가 있는 경우

② 조세채권의 확보 등을 위하여 긴급히 조사할 필요가 있거나 혐의 내용이 특정 사업장, 특정 항목 또는 특정 거래에만 한정되어 그와 관련된 특정 세목만을 조사할 필요가 있는 경우

③ 그 밖에 세무조사의 효율성, 납세자의 편의 등을 고려하여 특정 세목만을 조사할 필요가 있는 경우로서 시행규칙으로 정하는 경우

(10) 세무조사 결과통지

세무공무원은 세무조사를 마쳤을 때에는 그 조사를 마친 날부터 20일(공시송달에 해당할 경우에는 40일) 이내에 다음의 사항이 포함된 조사결과를 납세자에게 설명하고, 이를 서면으로 통지하여야 한다.

① 세무조사 내용

② 결정 또는 경정할 과세표준, 세액 및 산출근거

③ 그 밖의 사항[16)]

다만, 다음 중 어느 하나에 해당한 경우에는 그러하지 아니하다.

① 납세관리인을 정하지 아니하고 국내에 주소 또는 거소를 두지 아니한 경우

② 과세전적부심사나 조세불복에 따른 재조사 결정에 의한 조사를 마친 경우

③ 세무조사결과통지서 수령을 거부하거나 회피하는 경우

(11) 비밀유지

세무공무원은 납세자의 과세정보를 타인에게 제공 또는 누설하거나 목적 외의 용도로 사용하여서는 아니된다. 다만, 다음에 해당하는 경우에는 그 사용목적에 맞는 범위 안에서 납세자의 과세정보를 제공할 수 있다. 이로 인하여 과세정보를 알게 된 자 중 공무원이 아닌 자는 형법 기타 법률에 의한 벌칙의 적용에 있어서는 이를 공무원으로 본다.

① 지방자치단체 등이 조세의 부과 · 징수목적에 사용하기 위하여 과세정보를 요구하는 경우

---

16) 그 밖의 사항이란 다음의 사항을 말한다.
    ① 세무조사 대상 세목 및 과세기간
    ② 과세표준 및 세액을 결정 또는 경정하는 경우 그 사유(근거 법령 및 조항, 과세표준 및 세액 계산의 기초가 되는 구체적 사실관계 등을 포함한다)
    ③ 가산세의 종류, 금액 및 그 산출근거
    ④ 관할세무서장이 해당 국세의 과세표준과 세액을 결정 또는 경정하여 통지하기 전까지 수정신고가 가능하다는 사실
    ⑤ 과세전적부심사를 청구할 수 있다는 사실

② 국가기관이 조세쟁송 또는 조세범의 소추목적을 위하여 과세정보를 요구하는 경우

③ 법원의 제출명령 또는 법관이 발부한 영장에 의하여 과세정보를 요구하는 경우

④ 세무공무원 상호간에 국세의 부과·징수 또는 질문·검사상의 필요에 의하여 과세정보를 요구하는 경우

⑤ 통계청장이 국가통계 작성목적으로 과세정보를 요구하는 경우

⑥ 사회보장기본법에 따른 사회보험의 운영을 목적으로 설립된 기관이 관계법률에 따른 소관업무를 수행하기 위하여 과세정보를 요구하는 경우

⑦ 국가행정기관, 지방자치단체 또는 공공기관의 운영에 관한 법률에 따른 공공기관이 급부·지원 등을 위한 자격의 조사·심사 등에 필요한 과세정보를 당사자의 동의를 받아 요구하는 경우

⑧ 「국정감사 및 조사에 관한 법률」에 따른 조사위원회가 국정조사의 목적을 달성하기 위하여 조사위원회의 의결로 비공개회의에 과세정보의 제공을 요청하는 경우

⑨ 다른 법률의 규정에 따라 과세정보를 요구하는 경우

(12) 정보의 제공

세무공무원은 납세자(세무사 등 납세자로부터 세무업무를 위임받은 자를 포함)가 납세자 본인의 권리 행사에 필요한 정보를 요구하는 경우 이를 신속하게 제공하여야 한다.

(13) 국세청장의 납세자 권리보호

국세청장은 직무를 수행함에 있어 납세자의 권리가 보호되고 실현될 수 있도록 성실하게 노력하여야 하며, 납세자의 권리보호를 위하여 국세청에 납세자 권리보호업무를 총괄하는 납세자보호관을 두고, 세무서 및 지방국세청에 납세자 권리보호업무를 수행하는 담당관을 각각 1인을 둔다. 이 경우 국세청장은 납세자보호관을 개방형직위로 운영하고 납세자보호관 및 담당관이 업무를 수행함에 있어 독립성이 보장될 수 있도록 하여야 한다.

(14) 납세자의 협력의무

납세자는 세무공무원의 적법한 질문·조사, 제출명령에 대하여 성실하게 협력하여야 한다.

(15) 납세자보호위원회

다음 안건을 심의하기 위하여 세무서 및 지방국세청에 납세자보호위원회를 둔다.

① 세무조사 대상 과세기간 중 연간 수입금액 또는 양도가액이 가장 큰 과세기간의 연간 수입금액 또는 양도가액이 100억원 미만(부가가치세에 대한 세무조사의 경우 1과세기간 공급가액의 합계액이 50억원 미만)인 납세자(이하에서 "중소규모납세자"라 함) 이외의 납세자에 대한 세무조사(조세범처벌절차법에 따른 "조세범칙조사"는 제외. 이하 같음) 기간의 연장. 다만, 세무조사 대상자가 세금탈루혐의에 대한 해명 등을 위하여 세무조사 기간의 연장을 신청하는 경우는 제외한다.

② 중소규모납세자 이외의 납세자에 대한 세무조사 범위의 확대

③ 세무조사 기간 연장에 대한 중소규모납세자의 세무조사 일시중지 및 중지 요청

④ 세무조사 중 위법·부당한 세무조사에 대한 납세자의 세무조사 일시중지 및 중지 요청

⑤ 세무서장 및 지방국세청장이 심의를 요구하는 안건

⑥ 그 밖에 납세자보호담당관이 심의가 필요하다고 인정하는 안건

또한 납세자보호위원회는 세무조사 중 위법·부당한 세무조사에 대한 납세자의 세무조사 일시중지 및 중지 요청이 있는 경우 위원회의 의결로 세무조사의 일시중지 및 중지를 세무공무원에게 요구할 수 있다. 이 경우 납세자보호위원회는 정당한 사유없이 위원회의 요구에 따르지 않는 세무공무원에 대하여 국세청장에게 징계를 건의할 수 있다.

납세자보호위원회의 위원은 세무 분야에 전문적인 학식과 경험이 풍부한 사람과 관계 공무원 중에서 국세청장(세무서에 두는 납세자보호위원회의 위원은 지방국세청장)이 임명 또는 위촉하며, 업무 중 알게 된 과세정보를 타인에게 제공 또는 누설하거나 목적 외의 용도로 사용해서는 아니된다. 한편, 납세자보호관은 납세자보호위원회의 의결사항에 대한 이행 여부 등을 감독한다.

01 납세관리

납세자가 국내에 주소 또는 거소를 두지 아니하거나 국외로 주소 또는 거소를 이전하려는 때에는 국세에 관한 사항(서류의 작성·제출, 서류의 수령, 국세의 납부 및 국세환급금의 수령)을 처리하기 위하여 납세관리인을 정하여 관할세무서장에게 신고하여야 하며, 신고가 없는 때에는 관할세무서장이 재산이나 사업의 관리인을 납세관리인으로 정할 수 있다.

납세관리인을 두지 아니한 경우에는 과세관청에 의한 세무조사의 결과통지가 생략될 수 있으며 공시송달의 사유에 해당할 수 있다. 세무서장은 납세관리인이 부적당하다고 인정하는 때에는 기한을 정하여 납세자에게 그 변경을 요구할 수 있다.

02 고지금액의 최저한

고지할 국세(인지세 제외)·체납처분비의 합계액이 1만원 미만인 때에는 그 금액은 없는 것으로 본다.

03 국세행정에 대한 협조

세무공무원은 그 직무를 집행함에 있어서 필요한 경우에는 국가기관·지방자치단체 또는 그 소속공무원에게 협조를 요청할 수 있다. 정부는 납세지도를 담당하는 단체에 대하여 해당 납세지도에 소요되는 경비의 전부 또는 일부를 납세지도교부금으로 지급할 수 있다.

04 장부 등의 비치 및 보존

납세자는 각 세법이 규정하는 바에 따라 모든 거래에 관한 장부 및 증명서류를 성실하게 작성하여 비치하여야 하며 그 거래사실이 속하는 과세기간에 대한 해당 국세의 법정 신고 기한이 지난 날부터 5년간 보존하여야 한다. 납세자는 장부와 증명서류의 전부 또는 일부를 전산조직을 이용하여 작성할 수 있다.

05 포상금의 지급

국세청장은 다음 중 어느 하나에 해당하는 자에게는 20억원(①에 해당하는 자에게는 40억원으로 하고, ②에 해당하는 자에게는 30억원으로 한다)의 범위에서 포상금을 지급할 수 있다.

① 조세를 탈루한 자에 대한 탈루세액 또는 부당하게 환급·공제받은 세액을 산정하는데 중요한 자료를 제공한 자
② 체납자의 은닉재산을 신고한 자
③ 다음 중 어느 하나에 해당하는 경우로서 해당 행위를 한 신용카드가맹점(「여신전문금융업법」에 따른 신용카드가맹점으로서 「소득세법」 및 「법인세법」에 따라 가입한 신용카드 가맹점을 말한다)을 신고한 자. 다만, 신용카드 결제 대상 거래금액이 5천원 미만인 경우는 제외한다.
　㉠ 신용카드로 결제할 것을 요청하였으나 이를 거부하는 경우
　㉡ 신용카드매출전표를 사실과 다르게 발급하는 경우
④ 다음 중 어느 하나에 해당하는 경우로서 해당 행위를 한 현금영수증가맹점을 신고한 자. 다만, 현금영수증 발급 대상 거래금액이 5천원 미만인 경우는 제외한다.
　㉠ 현금영수증의 발급을 거부하는 경우
　㉡ 현금영수증을 사실과 다르게 발급하는 경우로서 대통령령으로 정하는 경우
⑤ 「소득세법」 또는 「법인세법」에 따른 현금영수증 발급의무를 위반한 자를 신고한 자
⑥ 타인의 명의를 사용하여 사업을 경영하는 자를 신고한 자
⑦ 「국제조세조정에 관한 법률」에 따른 해외금융계좌 신고의무 위반행위를 적발하는 데 중요한 자료를 제공한 자

⑧ 타인 명의로 되어 있는 법인 또는 개인사업자 중 복식부기의무자에 해당하는 자의 금융자산을 신고한 자

다만, 다음 중 어느 하나에 해당할 경우에는 포상금을 지급하지 않는다.

① 탈루세액, 부당하게 환급·공제받은 세액, 은닉재산의 신고를 통하여 징수된 금액이 5천만원 미만인 경우
② 해외금융계좌 신고의무 불이행에 따른 과태료가 2천만원 미만인 경우
③ 공무원이 그 직무와 관련하여 자료를 제공하거나 은닉재산을 신고한 경우

06 세무공무원에 대한 포상금 지급

국세청장은 국세의 부과·징수·송무에 특별한 공로가 인정되는 사람에 대하여 포상금을 지급할 수 있다. 포상금의 지급 대상은 다음과 같다.

① 체납자의 은닉재산 발견, 납세자가 위법·부당하게 환급받거나 공제받은 세액의 확인 등을 통해 국세의 부과·징수에 특별한 공로가 인정되는 세무공무원
② 국세에 관한 소송에서 국가 또는 처분청이 승소판결을 받는 데에 특별한 공로가 인정되는 세무공무원

07 지급명세서 자료의 이용

세무서장(지방국세청장·국세청장 포함)은 제출받은 이자소득 또는 배당소득에 대한 지급명세서를 다음 중 어느 하나에 해당하는 용도에 이용할 수 있다.

① 상속·증여 재산의 확인
② 조세탈루의 혐의를 인정할 만한 명백한 자료의 확인
③ 근로장려금 신청자격의 확인

08 서류접수증 발급

　납세자 또는 세법에 따라 과세자료를 제출할 의무가 있는 자로부터 과세표준신고서, 과세표준수정신고서, 경정청구서 또는 과세표준신고·과세표준수정신고·경정청구와 관련된 서류 및 그 밖에 서류를 받는 경우에는 세무공무원은 납세자등에게 접수증을 발급하여야 한다. 다만, 우편이나 팩스로 제출하거나 세무공무원을 거치지 아니하고 지정된 신고함에 직접 투입하는 경우에는 접수증을 발급하지 아니할 수 있다.

09 과세자료의 제출

　세법에 따라 과세자료를 제출할 의무가 있는 자는 과세자료를 성실하게 작성하여 정해진 기한까지 소관 세무서장에게 제출하여야 한다. 단, 국세정보통신망을 이용하여 제출하는 경우에는 지방국세청장 또는 국세청장에게 제출할 수 있다.

10 통계자료의 작성 및 공개

　국세청장은 조세정책의 수립 및 평가 등에 활용하기 위하여 과세정보를 분석한 통계자료를 작성 및 관리하여야 한다. 이때 통계자료는 납세자의 과세정보를 직·간접적인 방법으로 확인 및 추정 할 수 없도록 작성되어야 한다. 또한 국세청장은 세원의 투명성, 국민의 알 권리 보장 및 국세행정의 신뢰증진을 위하여 통계자료를 국세정보공개심의위원회의 심의를 거쳐 일반 국민에게 정기적으로 공개하여야 한다.

11 가족관계등록 전산정보 공동이용

　국세청장, 지방국세청장, 세무서장 및 조세심판원장은 심사, 심판 및 과세전적부심사 업무를 처리할 때 전자정부법에 따라 가족관계의 등록 등에 관한 법률상의 전산정보자료를 공동 이용할 수 있다.

01. 「국세기본법」상 세무공무원이 같은 세목 및 같은 과세기간에 대하여 재조사를 실시할 수 있는 경우가 아닌 것은?

① 이의신청, 심사청구, 심판청구가 이유 있다고 인정될 때 그 청구의 대상이 된 필요한 처분의 결정을 위한 조사를 하는 경우

② 거래상대방에 대한 조사가 필요한 경우

③ 2개 이상의 사업연도와 관련하여 잘못이 있는 경우

④ 조세탈루의 혐의를 인정할 만한 명백한 자료가 있는 경우

⑤ 각종 과세자료의 처리를 위한 재조사나 국세환급금의 결정을 위한 확인조사 등을 하는 경우

02. 「국세기본법」상 납세자의 권리에 관한 설명으로 옳지 않은 것은? (2017 회계사 기출)

① 세무조사 결과통지 및 과세예고통지를 하는 날부터 국세부과 제척기간의 만료일까지의 기간이 6개월이 남은 경우에는 과세전적부심사를 청구할 수 없다.

② 거래상대방에 대한 조사가 필요한 경우 세무공무원은 같은 세목 및 같은 과세기간에 대하여 재조사를 실시할 수 있다.

③ 세무조사는 특정한 세목만을 조사할 필요가 있는 등 대통령령으로 정하는 경우를 제외하고는 납세자의 사업과 관련하여 세법에 따라 신고·납부의무가 있는 세목을 통합하여 실시하는 것을 원칙으로 한다.

④ 세무공무원은 법에 따라 세무조사의 범위를 확대하는 경우 그 사유와 범위를 납세자에게 문서로 통지하여야 한다.

⑤ 세무공무원은 사업자등록증을 발급하는 경우 납세자권리헌장의 내용이 수록된 문서를 납세자에게 내주어야 한다.

03. 국세기본법령상 납세자의 권리 등에 관한 설명으로 옳지 않은 것은? (2025 세무사 기출)

① 세무서장 등은 과세전적부심사 청구가 청구기간이 지난 후에 청구된 경우 국세심사위원회의 심사를 거쳐 청구를 채택하지 아니한다는 결정을 한다.

② 납세자가 세무공무원에게 직무와 관련하여 금품을 제공한 경우에 세무공무원은 같은 세목 및 같은 과세기간에 대하여 재조사를 할 수 있다.

③ 세무공무원은 다른 과세기간·세목 또는 항목에 대한 구체적인 세금탈루 증거자료가 확인되어 다른 과세기간·세목 또는 항목에 대한 조사가 필요한 경우에는 세무

조사의 범위를 확대할 수 있다.

④ 세무공무원이 납세자에게 사전통지를 하면 증거인멸 등으로 조사 목적을 달성할 수 없다고 인정되는 경우에는 조사를 받을 납세자에게 세무조사를 시작하기 전에 조사 대상 세목, 조사기간 및 조사 사유 등을 통지하지 않아도 된다.

⑤ 세무공무원은 국가통계작성 목적으로 그 사용 목적에 맞는 범위에서 과세정보를 요구하는 통계청장에게 국세의 부과·징수를 위하여 업무상 취득한 자료 등을 제공할 수 있다.

04. 국세기본법령상 세무조사에 관한 설명으로 옳지 않은 것은? (2024 세무사 기출)

① 세무공무원은 과세전적부심사의 재조사 결정에 의한 조사를 마친 경우 조사결과를 납세자에게 설명하고, 이를 서면으로 통지하여야 한다.

② 세무공무원은 장부기록 및 회계처리의 투명성 등 납세성실도를 검토하여 더 이상 조사할 사항이 없다고 판단될 때에는 조사기간 종료 전이라도 조사를 조기에 종결할 수 있다.

③ 과세관청 외의 기관이 직무상 목적을 위해 작성하거나 취득하여 과세관청에 제공한 자료의 처리를 위해 조사하는 경우 같은 세목 및 같은 과세기간에 대하여 재조사를 할 수 있다.

④ 납세자가 세무공무원에게 직무와 관련하여 금품을 제공하거나 금품제공을 알선한 경우 세무공무원은 조사 목적에 필요한 최소한의 범위에서 납세자, 소지자 또는 보관자등 정당한 권한이 있는 자가 임의로 제출한 장부등을 납세자의 동의를 받아 세무관서에 일시 보관할 수 있다.

⑤ 세무공무원은 과세관청의 조사결정에 의하여 과세표준과 세액이 확정되는 세목의 경우 과세표준과 세액을 결정하기 위하여 세무조사를 할 수 있다.

정답 및 해설

1. ①
2. ①
3. ①
4. ①

[상속세 및 증여세법]

제 **1** 장

상속세

무상이전에 대한 세금

상속세와 증여세는 기본적으로 재산의 무상이전에 대하여 부과하는 세금이다. 상속세 및 증여세법상 상속과 증여는 다음과 같이 구분할 수 있다.

구분	정의	과세
상속	「민법」 제5편에 따른 상속을 말하며 다음의 것을 포함한다. ① **상속**: 피상속인의 권리·의무를 상속인에게 포괄적으로 승계시키는 것 ② **유증**: 유언에 의하여 유산의 전부 또는 일부를 무상으로 이전하는 단독행위 ③ **사인증여**: 증여자의 사망으로 인하여 효력이 발생하는 증여계약 ④ **특별연고자에 대한 상속재산 분여**: 피상속인과 생계를 같이 하고 있던 자, 피상속인의 요양간호를 한 자 및 그 밖에 피상속인과 특별한 연고가 있던 자등의 청구에 의하여 가정법원으로부터 상속재산을 분여받는 것 ⑤ **유언대용신탁**: 위탁자가 생전에 사망 시를 대비하여 수탁자의 관리 하에 자기가 지정한 수익자에게 자신의 재산을 귀속시킬 것을 정한 신탁 ⑥ **수익자연속신탁**: 위탁자가 사망 이후에 자신이 원하는 대로 수익자를 순차적으로 지정할 수 있는 신탁	상속세 과세
증여	그 행위 또는 거래의 명칭·형식·목적 등과 관계없이 직접 또는 간접적인 방법으로 타인에게 무상으로 유형·무형의 재산 또는 이익을 이전(移轉)(현저히 낮은 대가를 받고 이전하는 경우를 포함한다)하거나 타인의 재산가치를 증가시키는 것을 말한다. 다만, 유증, 사인증여, 유언대용신탁 및 수익자연속신탁은 제외한다.	증여세 과세

02 상속세의 과세체계

(1) 유산과세형

　유산과세형 상속세에서는 피상속인의 유산총액을 과세물건으로 한다. 즉 무상으로 유산을 취득하는 상속인을 기준으로 과세하는 것이 아니고 피상속인을 기준으로 과세하는 방법으로서 피상속인의 일생에 걸친 경제활동의 종결에 따른 과세정산으로서의 의미를 가진다. 유산과세형 상속세는 상속인에게 상속재산이 분할되기 전에 과세하는 것이므로 유산총액에 대하여 상속세율이 적용된다. 따라서 현행 누진과세체계하에서 상속인이 여러 명인 경우에도 적용되는 누진세율에 영향을 미치지 아니한다. 유산과세제도는 동일한 상속세율의 구조하에서라면 취득과세제도에 비하여 세수가 많으며 과세행정상 용이하다는 점에서 선호되고 있다. 유산과세제도는 미국, 영국 및 우리나라에서 채택하고 있다.

(2) 취득과세형

　취득과세형 상속세에서는 상속인이 취득하는 재산가액을 과세물건으로 한다. 즉 유산은 각 상속인에게 분할된 후 과세되며 상속인별로 취득한 재산가액에 상속세율을 적용한다.
　취득과세제도는 상속인이 여러 명인 경우 단독상속에 비하여 상속세부담의 총액이 적어지기 때문에 부의 분산을 유도하는 효과가 있을 뿐 아니라 취득재산가액에 상응하는 한계세율이 적용되므로 응능부담(應能負擔)의 원칙에도 부합한다. 취득과세제도는 독일, 일본 등에서 채택하고 있다.

03 상속세 납세의무

(1) 납세의무자

　상속인(상속개시 전에 증여받은 상속포기자 및 상속재산을 분여받은 특별연고자 포함), 수유자 및 사인증여(미이행증여 포함. 이하 같음)에 의한 수증자는 상속세의 납부의무가 있다(相贈法 3).
　다만, 무상으로 재산을 취득하는 자가 영리법인인 경우에는 상속세 또는 증여세를 면제하고 해당 재산가액을 익금산입하여 법인세를 과세한다. 또한 사업을 하는 개인이 사업과 관련하여 재산을 무상으로 취득한 경우에는 상속세 또는 증여세를 부과하지 아니하고 해당 재산가액을 총수입금액에 산입하여 소득세를 과세한다.

(2) 상속인별 납부의무 및 연대납세의무

1) 상속세 납부세액 및 연대납세의무

상속인(특별연고자 중 영리법인은 제외한다) 또는 수유자(영리법인은 제외한다)는 상속 재산 중 각자가 받았거나 받을 재산을 기준으로 다음과 같이 비율에 따라 계산한 금액을 상속세로 납부할 의무가 있다.

$$\text{각자의 상속세납부세액} = \text{상속세납부세액} \times \frac{\text{상속인별 상속세 과세표준상당액}}{\text{상속세 과세표준} - \text{가산한 증여재산 중 상속인 외의 자에게 증여한 재산의 과세표준}}$$

상속세는 상속인 또는 수유자 각자가 받았거나 받을 재산을 한도로 연대하여 납부할 의무를 진다.

$$\text{연대납부의무의 한도} = \text{상속으로 얻은 자산총액} - \text{상속으로 승계한 부채총액} - \text{상속세액} - \text{사전증여재산의 증여세}$$

2) 수유자가 영리법인

특별연고자 또는 수유자가 영리법인인 경우로서 그 영리법인의 주주 또는 출자자 중 상속인과 그 직계비속이 있는 경우에는 다음의 산식에 따라 계산한 지분상당액을 그 상속인 및 직계비속이 납부할 의무가 있다.

$$\text{지분상당액} = (\text{영리법인에게 면제된 상속세} - \text{영리법인이 받았거나 받을 상속재산} \times 10\%) \times \text{상속인과 그 직계비속의 주식 또는 출자지분의 비율}$$

04 과세대상

상속개시일 현재 다음의 구분에 따른 상속재산에 대하여 이 법에 따라 상속세를 부과한다. "거주자"란 국내에 주소를 두거나 183일 이상 거소(居所)를 둔 사람을 말하며, "비거주자"란 거주자가 아닌 사람을 말한다.

피상속인	과세대상재산
거주자	국내외의 모든 상속재산
비거주자	국내의 모든 상속재산

05 관할

상속세는 피상속인의 주소지(주소지가 없거나 분명하지 아니한 경우에는 거소지)를 관할하는 세무서장(국세청장이 특히 중요하다고 인정하는 것에 대해서는 관할 지방국세청장)이 과세한다. 다만, 상속개시지가 국외인 경우에는 상속재산 소재지를 관할하는 세무서장등이 과세하고, 상속재산이 둘 이상의 세무서장등의 관할구역에 있을 경우에는 주된 재산의 소재지를 관할하는 세무서장등이 과세한다.

> **참고** ●
>
> (1) 상속인 : 민법상 상속인을 말하며, 아래의 순위로 상속인이 결정된다.
>
> | 순위 | 상속인 |
> |---|---|
> | 1 | 피상속인의 직계비속, 배우자 |
> | 2 | 피상속인의 직계존속, 배우자 |
> | 3 | 피상속인의 형제자매 |
> | 4 | 피상속인의 4촌 이내 방계혈족 |
>
> 피상속인의 배우자는 1순위 및 2순위 상속인이 있는 경우에는 그 상속인과 동순위로 공동상속인이 되고 그 상속인이 없는 때에는 단독상속인이 된다.
> (2) 대습상속 : 상속인이 될 직계비속 또는 형제자매가 상속개시전에 사망하거나 결격자가 된 경우에 그 직계비속이 있는 때에는 그 직계비속이 사망하거나 결격된 자의 순

위에 갈음하여 상속인이 된다.

(3) 수유자 : 다음에 해당하는 자를 말한다.

① 유증을 받은 자

② 사인증여에 의하여 재산을 취득한 자

③ 유언대용신탁 및 수익자연속신탁에 의하여 신탁의 수익권을 취득한 자

= 총상속재산가액(상속재산, 간주상속재산, 추정상속재산) − 비과세상속재산 − 과세가액불산입(공익법인출연재산) − 공과금·장례비·채무 + 사전증여재산
= 상속세과세가액 − 상속공제 − 상속재산의 감정평가수수료
= 과세표준 × 상속세율(10%∼50%)
= 산출세액 + 세대생략가산액(할증과세세액) − 세액공제 + 가산세등 − 연부연납 및 물납, 분납
= 차가감납부세액

01 총상속재산가액

(1) 상속재산

"상속재산"이란 피상속인에게 귀속되는 모든 재산을 말하며, 다음에 해당하는 물건과 권리를 포함한다. 다만, 피상속인의 일신(一身)에 전속(專屬)하는 것으로서 피상속인의 사망으로 인하여 소멸되는 것은 제외한다.

① 금전으로 환산할 수 있는 경제적 가치가 있는 모든 물건

② 재산적 가치가 있는 법률상 또는 사실상의 모든 권리

(2) 간주상속재산

　상속 또는 유증이나 사인증여를 원인으로 취득하는 본래적 의미의 상속재산은 아니라고 하더라도 이와 동일한 경제적 이익이 발생하는 경우에는 실질과세원칙에 따라 상속재산으로 보며 보험금, 신탁재산, 피상속인에게 지급될 퇴직금 등 중 피상속인의 사망에 따라 지급되는 금액은 상속재산으로 본다.

1) 보험금

　피상속인의 사망으로 인하여 받는 생명보험 또는 손해보험의 보험금으로서 피상속인이 보험계약자인 보험계약에 의하여 받는 것은 상속재산으로 본다.

$$\text{상속재산으로 보는 보험금} = \text{보험금 총액} \times \frac{\text{피상속인이 부담한 보험료 합계액}}{\text{피상속인이 사망시까지 불입한 보험료 합계액}}$$

　보험계약자가 피상속인이 아닌 경우에도 피상속인이 실질적으로 보험료를 납부하였을 때에는 피상속인을 보험계약자로 보아 위의 산식을 적용한다.

2) 신탁재산

① 피상속인이 신탁한 재산은 상속재산으로 본다. 다만, 신탁이익의 증여(법 §33 ①)에 따라 수익자의 증여재산가액으로 하는 해당 신탁의 이익을 받을 권리의 가액(價額)은 상속재산으로 보지 아니한다.
② 피상속인이 타인으로부터 신탁의 이익을 받을 권리를 소유하고 있는 경우에는 이익에 상당하는 가액은 상속재산에 포함한다.
③ 수익자연속신탁의 수익자가 사망함으로써 타인이 새로 신탁의 수익권을 취득하는 경우 그 타인이 취득한 신탁의 이익을 받을 권리의 가액은 사망한 수익자의 상속재산에 포함한다.

3) 퇴직금 등

　피상속인에게 지급될 퇴직금, 퇴직수당, 공로금, 연금 또는 이와 유사한 것이 피상속인의 사망으로 인하여 지급되는 경우 그 금액은 상속재산으로 본다. 다만, 다음 중 어느 하나에 해당하는 것은 상속재산으로 보지 아니한다.
① 「국민연금법」에 따라 지급되는 유족연금 또는 사망으로 인하여 지급되는 반환일시금

② 「공무원연금법」, 「공무원재해보상법」 또는 「사립학교교직원연금법」에 따라 지급되는 퇴직유족연금, 장해유족연금, 순직유족연금, 직무상유족연금, 위험직무순직유족연금, 퇴직유족연금부가금, 퇴직유족연금일시금, 퇴직유족일시금, 순직유족보상금, 직무상 유족보상금 또는 위험직무순직유족보상금

③ 「군인연금법」 또는 「군인재해보상법」에 따라 지급되는 퇴역유족연금, 상이유족연금, 순직유족연금, 퇴역유족연금부가금, 퇴역유족연금일시금, 순직유족연금일시금, 퇴직 유족일시금, 장애보상금 또는 사망보상금

④ 「산업재해보상보험법」에 따라 지급되는 유족보상연금 · 유족보상일시금 · 유족특별급 여 또는 진폐유족연금

⑤ 근로자의 업무상 사망으로 인하여 「근로기준법」 등을 준용하여 사업자가 그 근로자의 유족에게 지급하는 유족보상금 또는 재해보상금과 그 밖에 이와 유사한 것

⑥ 「별정우체국법」에 따라 지급되는 유족연금, 유족일시금

(3) 추정상속재산

피상속인이 재산을 처분하였거나 채무를 부담한 경우로서 다음 중 어느 하나에 해당하는 경우에는 이를 상속받은 것으로 추정하여 상속세 과세가액에 산입한다. 이는 상속개시 전에 재산을 처분하거나 차입(채무부담)하여 상속세과세가액을 줄이고 재산처분 또는 채무부담으로 생긴 현금을 은닉하거나 가공채무를 계상하여 상속세의 과세를 회피하려는 것을 방지하기 위한 것이다.

1) 재산처분

피상속인이 재산을 처분하여 받은 금액이나 피상속인의 재산에서 인출한 금액이 다음 중 어느 하나에 해당하는 경우로 용도가 객관적으로 명백하지 아니한 경우

① 상속개시일 전 1년 이내에 재산 종류별로 계산하여 2억원 이상인 경우
② 상속개시일 전 2년 이내에 재산 종류별로 계산하여 5억원 이상인 경우

재산 종류별이란 ㉠ 현금 · 예금 및 유가증권, ㉡ 부동산 및 부동산에 관한 권리 및 ㉢ 그 외의 기타재산으로 구분한다.

2) 채무부담

피상속인이 부담한 채무를 합친 금액이 다음 중 어느 하나에 해당하는 경우로 용도가 객관적으로 명백하지 아니한 경우

① 상속개시일 전 1년 이내에 2억원 이상인 경우

② 상속개시일 전 2년 이내에 5억원 이상인 경우

3) 용도가 객관적으로 명백하지 아니한 경우

다음 중 어느 하나에 해당하는 경우를 말한다.

① 피상속인이 재산을 처분하여 받은 금액이나 피상속인의 재산에서 인출한 금전등 또는 채무를 부담하고 받은 금액을 지출한 거래상대방이 거래증빙의 불비등으로 확인되지 아니하는 경우

② 거래상대방이 금전등의 수수사실을 부인하거나 거래상대방의 재산상태등으로 보아 금전등의 수수사실이 인정되지 아니하는 경우

③ 거래상대방이 피상속인의 특수관계인으로서 사회통념상 지출사실이 인정되지 아니하는 경우

④ 피상속인이 재산을 처분하거나 채무를 부담하고 받은 금전등으로 취득한 다른 재산이 확인되지 아니하는 경우

⑤ 피상속인의 연령·직업·경력·소득 및 재산상태등으로 보아 지출사실이 인정되지 아니하는 경우

4) 상속재산가액

추정상속재산 = 미입증금액 - Min(처분재산가액 등 × 20%, 2억원)

미입증금액 = 재산처분, 인출 및 채무부담액(처분재산가액 등) - 용도입증액

5) 가공채무

국가, 지방자치단체 및 금융기관이 아닌 자에 대하여 부담한 채무로서 상속인이 변제할 의무가 없는 것으로 추정되는 경우에 상속세과세가액에 산입한다.

피상속인 **甲**은 2025년 11월 10일에 사망하였다. 다음 자료를 기초로 가산될 추정상속재산가액을 계산하시오

구분	일자	처분 금액	용도입증액
㈜하이닉스 주식 양도	2024년 12월 01일	250,000,000	45,000,000
㈜삼성전자 주식 양도	2023년 11월 17일	240,000,000	150,000,000
부동산 양도	2023년 11월 27일	800,000,000	290,000,000
토지 양도	2024년 12월 01일	300,000,000	150,000,000

[해설]

1. 현금·예금 및 유가증권

    (1) 1년 이내 처분: 250,000,000 ≥ 200,000,000

        ① 미입증금액: 250,000,000 − 45,000,000 = 205,000,000

        ② 기준금액: Min(250,000,000 × 20%, 2억원) = 50,000,000

        ③ 추정상속재산: 205,000,000 − 50,000,000 = 155,000,000

    (2) 2년 이내 처분: (250,000,000 + 240,000,000) 〈 500,000,000

    (3) 가산할 금액((1)과 (2) 중 큰 금액): 155,000,000

2. 부동산 및 부동산에 관한 권리

    (1) 1년 이내 처분: 300,000,000 ≥ 200,000,000

        ① 미입증금액: 300,000,000 − 150,000,000 = 150,000,000

        ② 기준금액: Min(300,000,000 × 20%, 2억원) = 60,000,000

        ③ 추정상속재산: 150,000,000 − 60,000,000 = 90,000,000

    (2) 2년 이내 처분: (800,000,000 + 300,000,000) ≥ 500,000,000

        ① 미입증금액: 1,100,000,000 − 440,000,000 = 660,000,000

        ② 기준금액: Min(1,100,000,000 × 20%, 2억원) = 200,000,000

        ③ 추정상속재산: 660,000,000 − 200,000,000 = 460,000,000

    (3) 가산할 금액((1)과 (2) 중 큰 금액): 460,000,000

02 비과세

(1) 전사자 등에 대한 비과세

전쟁 또는 공무의 수행 중 사망하거나 해당 전쟁 또는 공무의 수행 중 입은 부상 또는 그로 인한 질병으로 사망하여 상속이 개시되는 경우에는 상속세를 부과하지 아니한다.

(2) 비과세되는 상속재산

다음에 규정된 재산에 대해서는 상속세를 부과하지 아니한다.

① 피상속인이 국가·지방자치단체 또는 지방자치단체조합, 공공도서관·공공박물관 등에 유증·사인증여한 재산

②「문화재보호법」에 따른 국가지정문화재 및 시·도 지정문화재와 같은 법에 의한 보호구역안의 토지로서 당해 문화재 또는 문화재자료가 속하여 있는 보호구역안의 토지

③ 제사를 주재하는 상속인을 기준으로 피상속인이 제사를 주재하고 있던 선조의 분묘에 속한 9,900㎡ 이내의 금양임야와 그 분묘에 속한 1,980㎡ 이내의 묘토인 농지로 그 합계액이 2억원 이내인 것

④ 족보 및 제구로서 그 재산가액의 합계액이 1천만원 이내의 것

⑤ 정당에 유증·사인증여를 한 재산

⑥「근로복지기본법」에 따른 사내근로복지기금, 우리사주조합, 공동근로복지기금 및 근로복지진흥기금에 유증·사인증여한 재산

⑦ 사회통념상 인정되는 이재구호금품, 치료비, 불우한 자를 돕기 위하여 유증한 재산으로서 상속개시 전에 피상속인이 증여하였거나 유증·사인증여에 의하여 지급하여야 할 것으로 확정된 것

⑧ 상속재산 중 상속인이 상속세신고기한 이내에 국가·지방자치단체 또는 지방자치단체조합, 공공도서관·공공박물관에 증여한 재산

03 상속세 과세가액불산입

(1) 공익법인등에 출연한 재산에 대한 상속세 과세가액 불산입

상속재산 중 피상속인이나 상속인이 공익법인 등에게 출연한 재산의 가액으로서 상속세 신고기한까지 출연한 재산의 가액은 상속세 과세가액에 산입하지 아니한다.

(2) 공익신탁재산에 대한 상속세 과세가액 불산입

상속재산 중 피상속인이나 상속인이 공익신탁을 통하여 공익법인등에 출연하는 재산의 가액은 상속세 과세가액에 산입하지 아니한다.

04 공과금 · 장례비용 · 채무

(1) 거주자인 경우(피상속인)

거주자의 사망으로 인하여 상속이 개시되는 경우에는 상속개시일 현재 피상속인이나 상속재산에 관련된 다음의 가액 또는 비용은 상속재산의 가액에서 **뺀다**.

1) 공과금

상속개시일 현재 피상속인이 납부할 의무가 있는 것으로서 상속인에게 승계된 조세 · 공공요금 기타 이와 유사한 것으로서 국세기본법상 공과금을 말한다.

2) 장례비용

다음의 금액을 합한 금액을 말한다.
① 피상속인의 사망일부터 장례일까지 장례에 직접 소요된 금액 : 500만원 미만인 경우에는 500만원으로 하고 그 금액이 1천만원을 초과하는 경우에는 1천만원으로 한다.
② 봉안시설 또는 자연장지의 사용에 소요된 금액 : 그 금액이 500만원을 초과하는 경우에는 500만원으로 한다.

3) 채무

상속개시 당시 피상속인의 채무로서 상속인이 실제로 부담하는 사실이 증명되는 부채를 말한다. 다만, 상속개시일 전 10년 이내에 피상속인이 상속인에게 진 증여채무와 상속개시일 전 5년 이내에 피상속인이 상속인이 아닌 자에게 진 증여채무는 제외한다.

(2) 비거주자인 경우(피상속인)

비거주자의 사망으로 인하여 상속이 개시되는 경우에는 다음의 가액 또는 비용은 상속재산의 가액에서 뺀다.

1) 해당 상속재산에 관한 공과금

2) 해당 상속재산을 목적으로 하는 유치권(留置權), 질권, 전세권, 임차권(사실상 임대차계약이 체결된 경우를 포함한다), 양도담보권·저당권 또는 「동산·채권 등의 담보에 관한 법률」에 따른 담보권으로 담보된 채무

3) 피상속인의 사망 당시 국내에 사업장이 있는 경우로서 그 사업장에 갖춰 두고 기록한 장부에 의하여 확인되는 사업상의 공과금 및 채무

05 사전증여재산

상속세의 누진부담을 경감시킬 목적으로 사망 전에 증여하는 것을 규제하기 위하여 상속개시 전 일정한 기간 내의 증여재산은 상속세과세가액에 포함하여 상속세를 과세하되 이중과세를 조정하기 위하여 상속세산출세액에서 증여세산출세액을 공제한다.

피상속인이 상속인에게 상속개시일 전 10년(상속인 이외의 자는 5년) 이내에 증여한 재산은 상속세 과세가액에 산입한다. 또한, 피상속인이 거주자인 경우에는 국내외 소재 증여재산을 상속세 과세가액에 산입하고, 피상속인이 비거주자인 경우에는 국내 소재 증여재산만 상속세 과세가액에 산입한다.

수증자	과세가액에 포함하는 증여재산
상속인	상속개시 전 10년 내 증여재산
상속인 이외의 자	상속개시 전 5년 내 증여재산

상속재산의 가액에 가산하는 증여재산의 가액은 증여일 현재의 시가에 따른다. 또한 해당 증여에 대하여 증여세가 이미 과세된 경우뿐만 아니라 아직 과세되지 아니하였거나 면제받은 경우에도 해당 증여가액을 상속세과세가액에 포함한다. 그러나 증여세가 비과세·과세가액 불산입되는 경우, 합산배제 증여재산의 가액은 상속세 과세가액에 가산하는 증여재산가액에 포함하지 아니한다.

예제

다음 자료를 기초로 상속세 과세가액을 계산하라.

1. 피상속인의 상속 개시 당시 재산가액 : 15억원(유증재산 3억원 포함)
2. 피상속인의 사망보험금 : 60,000,000원(해당 보험에 대한 총 불입보험료 중 80%만 피상속인이 납부하였음)
3. 장례비용 : 장의사에게 지출한 장례비용 3,000,000원, 묘지구입비 8,000,000원
4. 상속개시 6개월 전에 은행으로부터 차입한 3억원의 용도가 객관적으로 입증되지 아니하며, 상속개시일 현재 전액 미상환
5. 상속개시 2년 전에 자녀에게 부동산(증여 당시 시가 4억원, 상속 개시 당시 시가 6억원)을 증여하였다.
6. 상속개시 1년 전에 상속인에게 2억원을 증여하기로 하였으나 상속개시까지 이행되지 아니하였다.

[해설]

1. 총상속재산: 1,788,000,000원
   (1) 상속재산가액: 1,500,000,000원
   (2) 간주상속재산가액: 48,000,000원(60,000,000원 × 80%)
   (3) 추정상속재산가액: 240,000,000원
   → 300,000,000 − Min(300,000,000 × 20%, 2억원)

2. 공과금·장례비 및 채무: 310,000,000원
   (1) 장례비용: 10,000,000원
   (2) 채무: 300,000,000원

3. 사전증여재산: 400,000,000원

4. 상속세과세가액: 1,878,000,000원

III 상속공제

상속공제는 인적공제와 물적공제로 구분되며 비거주자가 사망한 국외상속의 경우에는 기초공제 이외의 상속공제를 적용하지 아니한다. 상속공제의 종류와 내용은 다음과 같다.

상속공제의 구분		공제내용	
인적 공제	기초공제	2억원	일괄공제 : 5억원 * (기초공제+기타인적공제)와 일괄공제 중 선택 가능 * 배우자 단독상속시 일괄공제 선택불가 * 상속세 무신고시 일괄공제 적용
	기타 인적공제 (가족상속공제)	자녀(나이 및 동거여부 불문)공제 : 한 명당 5천만원	
		미성년자공제 : 상속인 및 동거가족 중 미성년자(배우자 제외) 한 명당 1천만원×19세까지의 연수(소수점 이하 버림)	
		연로자공제 : 상속인 및 동거가족 중 65세 이상인 자(배우자 제외) 한 명당 5천만원	
		장애인공제 : 한 명당 1천만원×기대 여명의 연수	
	배우자 상속공제	* 배우자에 대한 실제상속액 * 한도＝배우자 법정상속분(가산증여과표차감 후)과 30억원 중 소액 * 최소공제액 5억원	
물적 공제	금융재산 상속공제	순금융재산가액×20%(한도 2억원) * 순금융재산가액＝금융재산가액－금융기관채무 * 최소공제액 : 2천만원과 순금융재산가액 중 적은 금액 * 최대주주보유주식 적용 제외	
	가업상속공제	* 가업 : 피상속인이 10년 이상 계속하여 경영한 중소기업 * 다음 중 작은 금액 　① 가업상속재산가액 　② 300억원(20년 이상 계속 경영한 경우 400억원, 30년 이상 계속 경영한 경우 600억원)	
	영농상속공제	영농상속재산가액(한도 : 30억원)	
	재해손실공제	재난으로 상속세 신고기한 내 손실된 상속재산가액 －보험금수령·구상권행사로 인한 손실보전가능액	
	동거주택 상속공제	10년 이상 동거한 무주택자가 상속받는 1세대 1주택의 가액×100% (한도 : 6억원)	

* 상속공제한도＝과세가액－상속인 외의 자에 대한 유증·사인증여자산가액－(가산증여재산가액－증여공제받은 금액)－상속인의 상속포기로 그 다음 순위의 상속인이 상속받은 재산가액

01 인적공제

(1) 기초공제

거주자나 비거주자의 사망으로 상속이 개시되는 경우에는 상속세 과세가액에서 2억원을 공제한다.

(2) 기타 인적공제

기타 인적공제는 상속인 및 동거가족 중 일정한 요건에 해당하는 자가 있는 경우에 적용한다. 여기서 동거가족이란 상속개시일 현재 피상속인이 사실상 부양하고 있는 직계존비속(배우자의 직계존속 포함) 및 형제자매를 말한다. 상속인은 동거 여부에 관계없이 인적공제 대상이지만, 상속인 이외의 자는 피상속인과 동거가족인 경우에 인적공제 대상이 될 수 있다. 기타 인적공제의 종류 및 내용을 요약하면 다음과 같으며 상속포기 등으로 상속을 받지 아니한 경우에도 적용한다.

종류	상속인 및 동거가족 중 공제대상자	공제액
자녀공제	자녀	한 명당 5천만원
미성년자공제	상속인 및 동거가족 중 미성년자(배우자 제외)	한 명당 1천만원×19세까지의 연수(소수점 이하는 버림)
연로자공제	상속인 및 동거가족 중 65세 이상자(배우자 제외)	한 명당 5천만원
장애인공제	상속인 및 동거가족 중 장애인(배우자 포함)	한 명당 1천만원×상속개시일 현재 통계표에 따른 성별·연령별 기대여명*의 연수

* 기대여명이란 특정 연령대에 속한 사람이 앞으로 생존할 것으로 기대되는 평균 생존연수를 의미. 상속개시일 현재 통계법에 따라 통계청장이 승인하여 고시하는 통계표에 따른 성별·연령별 기대여명의 연수(단, 소수점 이하는 버림)

인적공제를 중복하여 적용할 수 있는 경우는 다음의 경우로 한정된다.

① 자녀공제와 미성년자공제

② 장애인공제와 다른 인적공제, 즉 장애인공제와 배우자공제, 장애인공제와 자녀공제, 장애인공제와 미성년자공제, 장애인공제와 연로자공제

(3) 일괄공제

상속인 또는 수유자는 기초공제 및 기타 인적공제를 적용받는 대신 일괄공제(5억원)를 선택할 수 있다. 다만, 상속세 과세표준신고를 하지 아니하는 경우에는 일괄공제에 의한다. 한편 피상속인의 배우자가 단독으로 상속받는 경우에는 일괄공제를 선택할 수 없으며 기초공제와 인적공제를 합친 금액을 적용하여야 한다.

(4) 배우자상속공제

1) 공제금액

거주자의 사망으로 상속이 개시되어 배우자가 실제 상속받은 금액의 경우 다음의 금액 중 작은 금액을 한도로 상속세 과세가액에서 공제한다.

배우자상속공제 한도 : 다음 중 작은 금액
① 배우자 법정상속분 - 배우자에 대한 가산증여재산에 대한 증여세과세표준
② 30억원

배우자 법정상속분 = 상속재산가액 × 배우자 법정상속지분비율

	= 총상속재산가액(상속인 외의 자에 대한 유증·사인증여 제외)
	- 비과세상속재산
	- 과세가액불산입
	- 공과금·채무
	+ 기간 내 상속인에 대한 사전증여재산(상속인 외의 자는 제외)
	= 상속재산가액

다만, 배우자가 실제 상속받은 금액이 없거나 상속받은 금액이 5억원 미만이면 5억원을 공제한다.

2) 배우자 상속재산 분할기한

배우자 상속공제를 적용받기 위한 배우자상속재산분할기한은 상속세과세표준 신고기한의 다음날부터 9개월까지이며, 등기·등록·명의개서 등을 요하는 재산의 경우에는 이 날까지 배우자 명의로 반드시 등기·등록·명의개서 등을 하여야 배우자가 실제로 상속받은 재산을 상속공제 받을 수 있다.

부득이한 사유[17]로 배우자상속재산분할기한까지 배우자의 상속재산을 분할할 수 없는

---

17) 부득이한 사유란 다음 중 하나에 해당하는 경우를 말한다

경우로서 배우자상속재산분할기한(부득이한 사유가 소의 제기나 심판청구로 인한 경우에는 소송 또는 심판청구가 종료된 날)의 다음날부터 6개월이 되는 날(배우자상속재산분할기한의 다음날부터 6개월이 지나 제76조에 따른 과세표준과 세액의 결정이 있는 경우에는 그 결정일을 말한다)까지 상속재산을 분할하여 신고하는 경우에는 배우자상속재산분할기한까지 분할한 것으로 본다. 다만, 상속인이 그 부득이한 사유를 대통령령으로 정하는 바에 따라 배우자상속재산분할기한까지 납세지 관할세무서장에게 신고하는 경우에 한정한다.

> **참고**
>
> ### 1. 배우자의 범위
> 배우자 상속공제 적용시 배우자는 민법상 혼인으로 인정되는 혼인관계에 의한 배우자를 말하며, 민법상 혼인은 「가족관계등록법」에 따라 혼인신고를 함으로써 성립되므로 사실혼 관계에 있는 배우자는 상속공제의 대상이 아니다.
>
> ### 2. 부부가 같은 날에 사망한 경우
> ① 동시에 사망한 경우
>   부와 모가 동시에 사망하였을 경우 상속세의 과세는 부와 모의 상속재산에 대하여 각각 개별로 계산하여 과세하며, 이 경우 배우자 상속공제는 적용되지 않는다.
> ② 같은 날에 시차를 두고 사망한 경우
>   부와 모가 같은 날에 시차를 두고 사망한 경우 상속세의 과세는 부와 모의 재산을 각각 개별로 계산하여 과세하되 먼저 사망한 자의 상속세 계산시 배우자 상속공제를 적용하고, 나중에 사망한 자의 상속세 과세가액에는 먼저 사망한 자의 상속재산 중 그의 지분을 합산하고 단기재상속에 대한 세액공제를 한다
>
> ### 3. 법정상속분(민법 제1009조)
> ① 동순위의 상속인이 수인인 때에는 그 상속분은 균분으로 한다.
> ② 피상속인의 배우자의 상속분은 직계비속과 공동으로 상속하는 때에는 직계비속의 상속분의 5할을 가산하고, 직계존속과 공동으로 상속하는 때에는 직계존속의 상속분의 5할을 가산한다.

---

① 상속인 등이 상속재산에 대하여 상속회복청구의 소를 제기하거나 상속재산 분할의 심판을 청구한 경우
② 상속인이 확정되지 아니하는 부득이한 사유 등으로 배우자상속분을 분할하지 못하는 사실을 관할세무서장이 인정하는 경우

02 물적공제

(1) 금융재산 상속공제

1) 공제금액

거주자의 사망으로 상속이 개시되는 경우로서 상속개시일 현재 상속재산가액 중 금융재산의 가액에서 금융채무를 뺀 가액(이하 "순금융재산의 가액"이라 한다)이 있으면 다음의 구분에 따른 금액을 상속세 과세가액에서 공제한다.

순금융재산의 가액	상속인 및 동거가족 중 공제대상자
2천만원 이하	순금융재산의 가액 전액
2천만원 초과	순금융재산의 가액×20%와 2천만원 중 큰 금액 (단, 공제금액이 2억원을 초과하면 2억원을 공제한다)

2) 금융재산과 금융채무

공제대상 금융재산이란 금융회사등이 취급하는 예금·적금·부금·계금·출자금·신탁재산(금전신탁재산에 한한다)·보험금·공제금·주식·채권·수익증권·출자지분·어음 등의 금전 및 유가증권을 말하며, 최대주주 또는 최대출자자[18]가 보유하고 있는 주식등과 상속세 과세표준 신고기한까지 신고하지 아니한 타인 명의의 금융재산은 포함되지 아니한다.

금융채무는 국가·지방자치단체 및 금융회사등 해당 기관에 대한 채무임을 확인할 수 있는 서류로 인하여 입증된 금융회사의 채무를 말한다.

(2) 재해손실 상속공제

거주자의 사망으로 상속이 개시되는 경우로서 상속세 신고기한 이내에 화재·붕괴·폭발·환경오염사고 및 자연재해 등 재난으로 인하여 상속재산이 멸실되거나 훼손된 경우에는 그 손실가액을 상속세 과세가액에서 공제한다. 다만, 그 손실가액에 대한 보험금 등의 수령 또는 구상권(求償權) 등의 행사에 의하여 그 손실가액에 상당하는 금액을 보전(補塡) 받을 수 있는 경우에는 그러하지 아니하다.

---

18) 최대주주 또는 최대출자자란 주주등 1인과 그의 특수관계인의 보유주식등을 합하여 그 보유주식등의 합계가 가장 많은 경우의 해당 주주등 1인과 그의 특수관계인 모두를 말한다.

(3) 동거주택 상속공제

1) 공제금액

거주자의 사망으로 상속이 개시되는 경우로서 요건을 갖춘 동거주택을 상속받은 경우에는 다음의 금액을 상속세 과세가액에서 공제한다.

$$동거주택 \; 상속공제 = Min(동거주택가액^* \times 100\%, \; 6억원)$$

* 동거주택가액이란 상속개시일 현재 해당 주택 및 주택부수토지에 담보된 피상속인의 채무액을 뺀 가액을 말한다.

2) 요건

다음에 해당하는 요건을 모두 갖추어야 한다.

① 피상속인과 상속인(직계비속 및 대습상속에 따라 상속인이 된 그 직계비속의 배우자인 경우로 한정)이 상속개시일부터 소급하여 10년 이상(상속인이 미성년자인 기간은 제외한다) 계속하여 하나의 주택에서 동거할 것

참고

피상속인과 상속인이 사유에 해당하여 동거하지 못한 경우에는 계속하여 동거한 것으로 보되, 그 동거하지 못한 기간은 같은 항에 따른 동거 기간에 산입하지 아니한다.
① 징집
② 취학, 근무상 형편 또는 질병 요양의 사유로서 기획재정부령으로 정하는 사유
③ ① 및 ②와 비슷한 사유

② 피상속인과 상속인이 상속개시일부터 소급하여 10년 이상 계속하여 1세대를 구성하면서 1세대 1주택에 해당할 것. 이 경우 무주택인 기간이 있는 경우에는 해당 기간은 1세대 1주택에 해당하는 기간에 포함한다.

③ 상속개시일 현재 무주택자이거나 피상속인과 공동으로 1세대 1주택을 보유한 자로서 피상속인과 동거한 상속인이 상속받은 주택일 것

1세대 1주택이란 「소득세법」에 따른 1세대가 1주택(「소득세법」 제89조 제1항 제3호에 따른 고가주택을 포함한다)을 소유한 경우를 말한다. 이 경우 1세대가 다음 중 어느 하나에 해당하여 2주택 이상을 소유한 경우에도 1세대가 1주택을 소유한 것으로 본다.

① 피상속인이 다른 주택을 취득(자기가 건설하여 취득한 경우를 포함한다)하여 일시적으로 2주택을 소유한 경우. 다만, 다른 주택을 취득한 날부터 2년 이내에 종전의 주택을 양도하고 이사하는 경우만 해당한다.

② 상속인이 상속개시일 이전에 1주택을 소유한 자와 혼인한 경우. 다만, 혼인한 날부터 5년 이내에 상속인의 배우자가 소유한 주택을 양도한 경우만 해당한다.

③ 피상속인이 「근현대문화유산의 보존 및 활용에 관한 법률」 제2조 제2호 가목에 따른 국가등록문화유산에 해당하는 주택을 소유한 경우

④ 피상속인이 「소득세법 시행령」에 따른 이농주택을 소유한 경우

⑤ 피상속인이 「소득세법 시행령」에 따른 귀농주택을 소유한 경우

⑥ 1주택을 보유하고 1세대를 구성하는 자가 상속개시일 이전에 60세 이상의 직계존속을 동거봉양하기 위하여 세대를 합쳐 일시적으로 1세대가 2주택을 보유한 경우. 다만, 세대를 합친 날부터 5년 이내에 피상속인 외의 자가 보유한 주택을 양도한 경우만 해당한다.

⑦ 피상속인이 상속개시일 이전에 1주택을 소유한 자와 혼인함으로써 일시적으로 1세대가 2주택을 보유한 경우. 다만, 혼인한 날부터 5년 이내에 피상속인의 배우자가 소유한 주택을 양도한 경우만 해당한다.

⑧ 피상속인, 상속인 또는 상속인의 배우자가 피상속인의 사망 전에 발생된 제3자로부터의 상속으로 인하여 여러 사람이 공동으로 소유하는 주택을 소유한 경우. 다만, 피상속인, 상속인 또는 상속인의 배우자가 해당 주택의 공동소유자 중 가장 큰 상속지분을 소유한 경우(상속지분이 가장 큰 공동 소유자가 2명 이상인 경우에는 그 2명 이상의 사람 중 다음의 순서에 따라 해당하는 사람이 가장 큰 상속지분을 소유한 것으로 본다)는 제외한다.
　㉠ 해당 주택에 거주하는 자
　㉡ 최연장자

(4) 가업상속공제

1) 공제금액

거주자의 사망으로 상속이 개시되는 경우로서 가업의 상속에 해당하는 경우에는 가업상속 재산가액에 상당하는 금액을 상속세 과세가액에서 공제한다.

가업상속 재산가액이란 다음의 구분에 따라 요건을 모두 갖춘 상속인이 받거나 받을 상속재산의 가액을 말한다.

① 「소득세법」을 적용받는 가업

　　가업에 직접 사용되는 사업용 자산의 가액에서 해당 자산에 담보된 채무액을 뺀 가액

② 「법인세법」을 적용받는 가업

$$\text{가업에 해당하는 법인의 주식등의 가액} \times \frac{\text{자산가액} - \text{사업무관자산가액}}{\text{법인의 총자산가액}}$$

2) 가업상속

중소기업 또는 중견기업(상속이 개시되는 소득세 과세기간 또는 법인세 사업연도의 직전 3개 소득세 과세기간 또는 법인세 사업연도의 매출액 평균금액이 5천억원 이상인 기업은 제외한다)으로서 피상속인이 10년 이상 계속하여 경영한 기업을 말한다.

다만, 가업이 중견기업에 해당하는 경우로서 가업을 상속받거나 받을 상속인의 가업상속재산 외의 상속재산의 가액이 공제 미적용에 따른 상속세 납부세액의 200%를 초과하는 경우에는 해당 상속인이 상속받거나 받을 가업상속재산에 대해서는 가업상속공제를 적용하지 아니한다.

3) 적용대상 중소기업과 중견기업

① 중소기업

　　상속개시일이 속하는 소득세 과세기간 또는 법인세 사업연도의 직전 소득세 과세기간 또는 법인세 사업연도 말 현재 다음의 요건을 모두 갖춘 기업을 말한다.

　　㉠ 별표(가업상속공제를 적용받는 중소·중견기업의 해당업종)에 따른 업종을 주된 사업으로 영위할 것

　　㉡ 「조세특례제한법 시행령」 제2조 제1항 제1호 및 제3호의 요건을 충족할 것

　　㉢ 자산총액이 5천억원 미만일 것

② 중견기업

상속개시일이 속하는 소득세 과세기간 또는 법인세 사업연도의 직전 소득세 과세기간 또는 법인세 사업연도 말 현재 다음의 요건을 모두 갖춘 기업을 말한다.

㉠ 별표(가업상속공제를 적용받는 중소·중견기업의 해당업종)에 따른 업종을 주된 사업으로 영위할 것

㉡ 「조세특례제한법 시행령」 제9조 제4항 제1호 및 제3호의 요건을 충족할 것

㉢ 상속개시일의 직전 3개 소득세 과세기간 또는 법인세 사업연도의 매출액의 평균 금액이 5천억원 미만인 기업일 것

참고

제2조(중소기업의 범위) ① 법 제6조 제1항 각 호 외의 부분에서 "대통령령으로 정하는 중소기업"이란 다음 각 호의 요건을 모두 갖춘 기업(이하 "중소기업"이라 한다)을 말한다. 다만, 자산총액이 5천억원 이상인 경우에는 중소기업으로 보지 않는다.

1. 매출액이 업종별로 「중소기업기본법 시행령」 별표 1에 따른 규모 기준("평균매출액등"은 "매출액"으로 보며, 이하 이 조에서 "중소기업기준"이라 한다) 이내일 것

3. 「독점규제 및 공정거래에 관한 법률」 제31조 제1항에 따른 공시대상기업집단에 속하는 회사 또는 같은 법 제33조에 따라 공시대상기업집단의 국내 계열회사로 편입·통지된 것으로 보는 회사에 해당하지 않으며, 실질적인 독립성이 「중소기업기본법 시행령」 제3조 제1항 제2호에 적합할 것. 이 경우 「중소기업기본법 시행령」 제3조 제1항 제2호 나목의 주식등의 간접소유 비율을 계산할 때 「자본시장과 금융투자업에 관한 법률」에 따른 집합투자기구를 통하여 간접소유한 경우는 제외하며, 「중소기업기본법 시행령」 제3조 제1항 제2호 다목을 적용할 때 "평균매출액등이 별표 1의 기준에 맞지 아니하는 기업"은 "매출액이 「조세특례제한법 시행령」 제2조 제1항 제1호에 따른 중소기업기준에 맞지 않는 기업"으로 본다.

제9조(연구 및 인력개발비에 대한 세액공제) ④ 법 제10조 제1항 제3호 가목에서 "대통령령으로 정하는 중견기업"이란 다음 각 호의 요건을 모두 갖춘 기업을 말한다.

1. 중소기업이 아닐 것

3. 소유와 경영의 실질적인 독립성이 「중견기업 성장촉진 및 경쟁력 강화에 관한 특별법 시행령」 제2조 제2항 제1호에 적합할 것

---

4) 적용대상 피상속인과 상속인

가업상속은 피상속인과 상속인이 다음의 요건을 모두 갖춘 경우에만 적용한다. 이 경우 가업상속이 이루어진 후에 가업상속 당시 최대주주 또는 최대출자자에 해당하는 자(가업

상속을 받은 상속인은 제외한다)의 사망으로 상속이 개시되는 경우는 적용하지 아니한다.

구분	요건
피상속인	피상속인이 다음의 요건을 모두 갖춘 경우 ① 중소기업 또는 중견기업의 최대주주등인 경우로서 피상속인과 그의 특수관계인의 주식등을 합하여 해당 기업의 발행주식총수등의 40%(상장되어 있는 법인이면 20%) 이상을 10년 이상 계속하여 보유할 것 ② 가업의 영위기간[별표에 따른 업종으로서 「통계법」 제22조에 따라 국가데이터처 장이 작성·고시하는 표준분류(이하 "한국표준산업분류"라 한다)상 동일한 대분 류 내의 다른 업종으로 주된 사업을 변경하여 영위한 기간은 합산한다] 중 다음의 어느 하나에 해당하는 기간을 대표이사(개인사업자인 경우 대표자를 말한다)로 재직할 것 ㉠ 50% 이상의 기간 ㉡ 10년 이상의 기간(상속인이 피상속인의 대표이사등의 직을 승계하여 승계한 날부터 상속개시일까지 계속 재직한 경우로 한정한다) ㉢ 상속개시일부터 소급하여 10년 중 5년 이상의 기간
상속인	다음의 요건을 모두 갖춘 경우. 이 경우 상속인의 배우자가 다음의 요건을 모두 갖춘 경우에는 상속인이 그 요건을 갖춘 것으로 본다. ① 상속개시일 현재 18세 이상일 것 ② 상속개시일 전에 가업의 영위기간 중 2년 이상 직접 가업에 종사하였을 것. 다만, 피상속인이 65세 이전에 사망하거나 천재지변 및 인재 등 부득이한 사유로 사망한 경우에는 그러하지 아니하다. ③ 상속세과세표준 신고기한까지 임원으로 취임할 것 ④ 상속세과세표준 신고기한부터 2년 이내에 대표이사등으로 취임할 것

5) 사후관리

가업상속공제를 받은 상속인이 상속개시일부터 5년 이내에 정당한 사유 없이 다음 중 어느 하나에 해당하면 공제받은 금액에 해당일까지의 기간을 고려하여 대통령령으로 정하는 율을 곱하여 계산한 금액(①에 해당하는 경우에는 가업용 자산의 처분 비율을 추가로 곱한 금액을 말한다)을 상속개시 당시의 상속세 과세가액에 산입하여 상속세를 부과한다. 이 경우 이자상당액을 그 부과하는 상속세에 가산한다.

① 가업용 자산의 40% 이상을 처분한 경우

② 해당 상속인이 가업에 종사하지 아니하게 된 경우

③ 주식등을 상속받은 상속인의 지분이 감소한 경우. 다만, 상속인이 상속받은 주식등을 물납(物納)하여 지분이 감소한 경우는 제외하되, 이 경우에도 상속인은 최대주주나 최대출자자에 해당하여야 한다.

④ 다음의 사유에 모두 해당하는 경우

　㉠ 상속개시일부터 5년간 정규직 근로자 수의 전체 평균이 상속개시일이 속하는 소득세 과세기간 또는 법인세 사업연도의 직전 2개 소득세 과세기간 또는 법인세 사업연도의 정규직근로자 수의 평균의 90%에 미달하는 경우

　㉡ 상속개시일부터 5년간 총급여액의 전체 평균이 상속개시일이 속하는 소득세 과세기간 또는 법인세 사업연도의 직전 2개 소득세 과세기간 또는 법인세 사업연도의 총급여액의 평균의 90%에 미달하는 경우

참고

가업상속공제 배제

피상속인 또는 상속인이 가업의 경영과 관련하여 조세포탈 또는 회계부정 행위(「조세범처벌법」 제3조 제1항 또는 「주식회사 등의 외부감사에 관한 법률」 제39조 제1항에 따른 죄를 범하는 것을 말하며, 상속개시일 전 10년 이내 또는 상속개시일부터 5년 이내의 기간 중의 행위로 한정한다)로 징역형 또는 벌금형을 선고받고 그 형이 확정된 경우에는 다음의 구분에 따른다.

① 과세표준과 세율의 결정이 있기 전에 피상속인 또는 상속인에 대한 형이 확정된 경우 : 가업상속공제를 적용하지 아니할 것

② 가업상속공제를 받은 후에 상속인에 대한 형이 확정된 경우 : 가업상속공제 금액을 상속개시 당시의 상속세 과세가액에 산입하여 상속세를 부과할 것. 이 경우 이자상당액을 그 부과하는 상속세에 가산한다.

(5) 영농상속공제

1) 공제금액

거주자의 사망으로 상속이 개시되는 경우로서 영농의 상속에 해당하는 경우에는 영농상속 재산가액에 상당하는 금액(30억원을 한도로 한다)을 상속세 과세가액에서 공제한다.

"영농상속 재산가액"이란 다음의 구분에 요건을 갖춘 상속인이 받거나 받을 상속재산의 가액을 말한다.

① 「소득세법」을 적용받는 영농

농지, 초지, 조림한 기간이 5년 이상인 산림지, 어선, 어업권, 양식업권, 농업·임업·축산업 또는 어업용으로 설치하는 창고·저장고·작업장·퇴비사·축사·양어장 및 이와 유사한 용도의 건축물과 이에 딸린 토지, 염전등의 상속재산으로 피상속인이 상

속개시일 2년 전부터 영농에 사용한 자산의 가액

② 「법인세법」을 적용받는 영농

상속재산 중 법인의 주식등의 가액

2) 영농상속

한국표준산업분류에 따른 농업, 임업 및 어업을 주된 업종으로 영위하는 것을 말한다.

3) 직접 영농에 종사

"직접 영농에 종사하는 경우"란 각각 피상속인 또는 상속인이 다음 중 어느 하나에 해당하는 경우를 말한다. 다만, 해당 피상속인 또는 상속인의 「소득세법」에 따른 사업소득금액(농업·임업 및 어업에서 발생하는 소득, 「소득세법」 제45조 제2항에 따른 부동산임대업에서 발생하는 소득과 같은 법 시행령 제9조에 따른 농가부업소득은 제외하며, 그 사업소득금액이 음수인 경우에는 영으로 본다)과 총급여액의 합계액이 3천700만원 이상인 과세기간이 있는 경우 해당 과세기간에는 피상속인 또는 상속인이 영농에 종사하지 아니한 것으로 본다.

① 소유 농지 등 자산을 이용하여 농작물의 경작 또는 다년생식물의 재배에 상시 종사하거나 농작업의 2분의 1 이상을 자기의 노동력으로 수행하는 경우

② 소유 초지 등 자산을 이용하여 가축의 사육에 상시 종사하거나 축산작업의 2분의 1 이상을 자기의 노동력으로 수행하는 경우

③ 소유 어선 및 어업권·양식업권 등 자산을 이용하여 「내수면어업법」, 「수산업법」 또는 「양식산업발전법」에 따른 허가를 받아 어업에 상시 종사하거나 어업작업의 2분의 1 이상을 자기의 노동력으로 수행하는 경우

④ 소유 산림지 등 자산을 이용하여 산림경영계획 인가 또는 수산림사업지구 사업에 따라 산림조성에 상시 종사하거나 산림조성작업의 2분의 1 이상을 자기의 노동력으로 수행하는 경우

4) 적용대상 피상속인과 상속인

구분	요건
피상속인	피상속인이 다음의 요건을 갖춘 경우에만 적용한다. 다만, ②에 해당하는 경우로서 영농상속이 이루어진 후에 영농상속 당시 최대주주등에 해당하는 사람(영농상속을 받은 상속인은 제외한다)의 사망으로 상속이 개시되는 경우는 적용하지 아니한다. ① 「소득세법」을 적용받는 영농 　㉠ 상속개시일 8년 전부터 계속하여 직접 영농에 종사할 것 　㉡ 농지·초지·산림지가 소재하는 시·군·구와 그와 연접한 시·군·구 또는 해당 농지등으로부터 직선거리 30킬로미터 이내에 거주하거나 어선의 선적지 또는 어장에 가장 가까운 연안의 시·군·구, 그와 연접한 시·군·구 또는 해당 선적지나 연안으로부터 직선거리 30킬로미터 이내에 거주할 것 ② 「법인세법」을 적용받는 영농 　㉠ 상속개시일 8년 전부터 계속하여 직접 영농에 종사할 것 　㉡ 법인의 최대주주등으로서 본인과 그 특수관계인의 주식등을 합하여 해당 법인의 발행주식총수등의 50% 이상을 계속하여 보유할 것
상속인	상속인이 상속개시일 현재 18세 이상으로서 다음의 구분에 따른 요건을 충족하는 경우 또는 영농·영어 및 임업후계자인 경우에 적용한다. ① 「소득세법」을 적용받는 영농 　㉠ 상속개시일 2년 전부터 계속하여 직접 영농에 종사할 것. 다만, 피상속인이 65세 이전에 사망하거나 천재지변 및 인재 등 부득이한 사유로 사망한 경우에는 그렇지 않다. 　㉡ 피상속인 요건 ①-㉡에서 규정하는 지역에 거주할 것 ② 「법인세법」을 적용받는 영농 　㉠ 상속개시일 2년 전부터 계속하여 해당 기업에 종사할 것. 다만, 피상속인이 65세 이전에 사망하거나 천재지변 및 인재 등 부득이한 사유로 사망한 경우에는 그렇지 않다. 　㉡ 상속세과세표준 신고기한까지 임원으로 취임하고, 상속세 신고기한부터 2년 이내에 대표이사등으로 취임할 것

5) 사후관리

　영농상속공제를 받은 상속인이 상속개시일부터 5년 이내에 정당한 사유 없이 다음 중 어느 하나에 해당하면 공제받은 금액에 해당일까지의 기간을 고려하여 대통령령으로 정하는 율을 곱하여 계산한 금액을 상속개시 당시의 상속세 과세가액에 산입하여 상속세를 부과한다. 이 경우 이자상당액을 그 부과하는 상속세에 가산한다.

　① 영농상속공제 대상인 상속재산을 처분한 경우
　② 해당 상속인이 영농에 종사하지 아니하게 된 경우

6) 동시 적용 배제

가업상속공제와 영농상속공제는 동일한 상속재산에 대하여 동시에 적용하지 아니한다.

03 상속공제 한도액

상속공제[19]는 다음의 가액을 한도로 적용한다. 다만, ③은 상속세 과세가액이 5억원을 초과하는 경우만 적용한다.

상속세과세가액
– ① 선순위인 상속인 아닌 자에게 유증 또는 사인증여한 재산가액
– ② 선순위인 상속인의 상속포기로 그 다음 순위의 상속인이 상속받은 재산가액
– ③ 사전 증여재산가액(증여재산공제 및 재해손실공제액 차감한 금액)
= 상속공제 한도액

04 감정평가수수료 공제

상속세를 신고 · 납부하기 위하여 상속재산을 평가하는데 소요되는 감정평가법인의 수수

---

19) 기초공제, 기타 인적공제, 배우자상속공제, 일괄공제, 금융재산상속공제, 재해손실공제, 동거주택상속공제,
　　가업 · 영농상속공제

료 등은 상속세 과세가액에서 공제된다.

구분	한도액	요건
감정평가법인등의 평가수수료	500만원	상속세 납부목적으로 감정을 실시하고 당해 평가가액으로 상속세를 신고·납부한 경우
평가심의위원회가 의뢰한 신용평가 전문기관의 평가수수료	평가대상법인수 및 신용평가전문 기관별 각각 1,000만원	
판매용이 아닌 서화·골동품 등 예술적 가치가 있는 유형자산 평가에 대한 감정수수료	500만원	

×	과세표준 세율	→ 50만원 미만 제외 → 10~50% 5단계 누진세율
= + − + −	산출세액 세대생략가산액 세액공제 가산세 연부연납, 분납등	
=	차가감납부세액	

01 산출세액

상속세의 산출세액은 과세표준에 다음의 세율을 적용하여 계산한 금액으로 한다.

과세표준	세율
1억원 이하	과세표준의 10%
1억원 초과 5억원 이하	1천만원+(1억원을 초과하는 금액의 20%)
5억원 초과 10억원 이하	9천만원+(5억원을 초과하는 금액의 30%)
10억원 초과 30억원 이하	2억4천만원+(10억원을 초과하는 금액의 40%)
30억원 초과	10억4천만원+(30억원을 초과하는 금액의 50%)

02 세대를 건너뛴 상속에 대한 할증과세

상속인이나 수유자가 피상속인의 자녀를 제외한 직계비속인 경우에는 상속세 산출세액에 상속재산 중 그 상속인 또는 수유자가 받았거나 받을 재산이 차지하는 비율을 곱하여 계산한 금액에 30%(피상속인의 자녀를 제외한 직계비속인 미성년자로서 받을 상속재산가액이 20억원을 초과하는 경우에는 40%)에 상당하는 금액을 가산한다.

$$\text{할증과세금액} = \text{상속세산출세액} \times \frac{\substack{\text{피상속인의 자녀를 제외한} \\ \text{직계비속이 상속받은 재산가액}}}{\substack{\text{총 상속재산가액} \\ \text{(상속인 또는 수유자 사전증여 재산포함)}}} \times 30\%(40\%)$$

03 세액공제

(1) 증여세액공제

상속재산에 가산한 사전증여재산에 대한 증여세액은 상속세 산출세액에서 다음의 금액을 공제한다.

가산증여재산의 수증자	공제한도		공제방법
상속인·수유자 이외의 자	상 속 세 산출세액 $\times$	$\dfrac{\substack{\text{상속인·수유자 이외의 자의 가산증여에} \\ \text{대한 증여세과세표준}}}{\text{상속세과세표준}}$	상속세 산출세액에서 공제
상속인·수유자	각자가 납부할 상속세액^{*1} $\times$	$\dfrac{\text{각자의 가산증여에 대한 증여세과세표준}}{\text{각자의 상속세과세표준상당액}^{*2}}$	각자가 납부할 상속세액에서 각자 공제

*1 각자가 납부할 상속세액 = (상속세산출세액 - 상속인·수유자 외의 자에 대한 증여세액공제액)

$\times \dfrac{\text{각자의 상속세과세표준상당액}^{*2}}{\text{상속세 과세표준} - \text{상속인·수유자 외의 자에 대한 가산증여}}$

*2 각자의 상속세과세표준상당액 = 각자의 가산증여에 대한 증여재산과세표준 + (상속세과세표준 -

가산증여에 대한 증여재산과세표준) $\times \dfrac{\text{각자의 상속세과세가액} - \text{각자의 가산증여}}{\text{상속세과세가액} - \text{가산증여}}$

사전증여재산에 대하여 「국세기본법」에 따른 국세부과 제척기간 만료로 인하여 증여세가 부과되지 아니하는 경우와 상속세 과세가액이 5억원 이하인 경우에는 공제되지 않는다.

(2) 외국납부세액공제

외국에 있는 상속재산에 대하여 외국의 법령에 따라 상속세를 부과받은 경우에는 다음의 금액을 상속세 산출세액에서 공제한다.

$$외국납부세액공제=Min(①, ②)$$

① 외국납부세액 공제한도$=$상속세산출세액$\times\dfrac{외국법령에 의한 상속세과세표준}{상속세과세표준}$

② 외국의 법령에 의하여 부과된 상속세액

(3) 단기재상속에 대한 세액공제

상속개시 후 10년 이내에 상속인 또는 수유자의 사망으로 다시 상속이 개시되는 경우에는 전의 상속세가 부과된 상속재산(상속재산에 가산하는 증여재산 중 상속인이나 수유자가 받은 증여재산을 포함) 중 재상속분에 대한 전의 상속세 상당액을 상속세 산출세액에서 공제한다.

$$단기재상속 세액공제액=Min(①, ②)$$

① 세액공제액 $=\dfrac{전의 상속세}{산출세액}\times\dfrac{재상속분의 재산가액\times\dfrac{전의 상속세과세가액}{전의 상속재산가액}}{전의 상속세과세가액}\times 공제율^{*1}$

② 공제한도$=$산출세액$-$증여세액공제$-$외국납부세액공제

*1 공제율은 다음의 표에 의한다.

재상속기간	공제율	재상속기간	공제율
1년 이내	100%	6년 이내	50%
2년 이내	90%	7년 이내	40%
3년 이내	80%	8년 이내	30%
4년 이내	70%	9년 이내	20%
5년 이내	60%	10년 이내	10%

(4) 신고세액공제

상속세과세표준을 신고기한 내에 신고한 경우에는 다음과 같이 계산한 금액을 상속세 산출세액에서 공제한다.

$$신고세액공제액=(상속세산출세액^{*}-세액공제 및 감면-징수유예)\times 3\%$$

* 상속세산출세액$=$신고한 과세표준$\times$상속세율$+$세대생략가산액

신고세액공제를 적용함에 있어서는 다음과 같은 점을 고려하여야 한다.

① 신고세액공제는 납부와 관계가 없으므로 신고만 하고 상속세액을 자진납부하지 아니한 경우에도 적용한다.

② 상속재산의 과다평가 및 각종 공제액의 과소적용으로 인한 과다신고액은 신고한 과세표준에서 제외한다.

예제

A는 2023년 5월에 아버지가 사망하여 상속재산인 2필지의 토지 중 토지 I은 어머니에게 토지 II는 A에게 상속되었는데, 2025년 10월에 어머니가 사망하여 토지 I을 어머니로부터 상속받게 되었다. 다음 자료를 기초로 어머니의 사망으로 인한 상속세산출세액에서 공제될 단기재상속 세액공제액을 계산하라.

상속구분	상속재산가액		과세가액	과세표준	산출세액
	토지 I	토지 II			
父의 상속	21억원	24억원	42억원	19억원	600,000,000원
母의 상속	30억원		27억원	22억원	720,000,000원

[해설]

1. 재상속재산가액 : 21억원

   재상속재산(토지 I)가액 = 21억원

2. 재상속분에 대한 과세가액 상당액 : 19.6억원

   $21억원 \times \dfrac{42억원}{45억원} = 19.6억원$

3. 단기재상속 세액공제액: Min(①, ②)

   ① $6억원 \times \dfrac{19.6억원}{42억원} \times 80\% = 224,000,000$

   ② 산출세액 − 증여세액공제 − 외국납부세액공제 = 720,000,000

V 신고와 납부

01 신고와 납부

(1) 신고

상속세 납부의무가 있는 상속인 또는 수유자는 상속개시일이 속하는 달의 말일부터 6개월(피상속인이나 상속인이 외국에 주소를 둔 경우에는 9개월) 이내에 상속세의 과세가액 및 과세표준을 납세지 관할세무서장에게 신고하여야 한다.

(2) 납부

상속세를 신고하는 자는 신고기한까지 각 산출세액에서 다음 중 어느 하나의 금액을 뺀 금액을 납세지 관할세무서, 한국은행 또는 우체국에 납부하여야 한다.
① 문화재 등의 징수유예액
② 세액공제 또는 감면되는 금액
③ 연부연납신청액
④ 물납신청액
납부할 금액이 1천만원을 초과하는 경우에는 그 납부할 금액의 일부를 납부기한이 지난 후 2개월 이내에 분할납부할 수 있다. 다만, 연부연납을 허가받은 경우에는 그러하지 아니하다.

납부할 세액	분납대상 금액
1천만원 초과 2천만원 이하	1천만원을 초과하는 금액
2천만원 초과	납부할 세액의 50% 이하 금액

02 연부연납

(1) 연부연납 기간 및 금액

납세지 관할세무서장은 상속세 납부세액(증여세 납부세액)이 2천만원을 초과하는 경우에는 납세의무자의 신청을 받아 연부연납을 허가할 수 있다. 이 경우 납세의무자는 담보를 제공하여야 하며, 「국세징수법」에 따른 납세담보(금전, 유가증권, 납세보증보험증권 및 납세보증서)를 제공하여 연부연납 허가를 신청하는 경우에는 그 신청일에 연부연납을 허가받은 것으로 본다.

1) 상속세

구분	연부연납기간
가업상속재산	연부연납 허가일부터 20년 또는 연부연납 허가 후 10년이 되는 날부터 10년
그 밖의 상속재산	연부연납 허가일부터 10년

2) 증여세

구분	연부연납기간
가업승계 증여세 과세특례 재산	연부연납 허가일부터 15년
그 밖의 증여재산	연부연납 허가일부터 5년

(2) 연부연납 금액 계산

매년 납부할 금액이 1천만원을 초과하는 금액 범위에서 다음에 따라 계산된 금액으로 한다.

$$연부연납\ 금액 = \frac{연부연납\ 대상금액}{(연부연납기간\ +\ 1)}$$

(3) 연부연납 가산금

연부연납의 허가를 받은 자는 각 회분의 분할납부세액에 분납일수와 연부연납 이자율로 다음과 같이 계산한 금액을 가산하여 납부하여야 하며, 연부연납 이자율은 개정이후 최초로 연부연납을 신청하는 분부터 개정이자율을 적용한다.

구분	계산
① 처음 분납세액에 대한 가산금	연부연납 총세액×분납일수×가산금 이자율
② 그 뒤 분납세액에 대한 가산금	(연부연납 총세액 − 직전회까지 납부한 분납세액의 합계)× 분납일수×가산금 이자율

연부연납 참고사항

1. 요건
① 상속세 또는 증여세의 납부세액이 2천만원을 초과
② 상속세 또는 증여세 과세표준신고기한(수정신고 및 기한후 신고 포함)이나 결정통지에 의한 납세고지서상의 납부기한까지 연부연납신청서를 제출
③ 납세담보 제공

2. 신청기한
① 상속세 또는 증여세과세표준신고시 : 상속세 또는 증여세 과세표준 신고기한
② 기한후신고시 제출가능
③ 과세표준 및 세액의 결정통지를 받은 경우 : 해당 납세고지서의 납부기한
④ 증여세 연대납부의무자가 납부통지서를 받은 경우 : 납부통지서상의 납부기한

3. 허가 및 통지
다음의 기한까지 허가여부를 통지
① 상속세 또는 증여세 과세표준신고시 연부연납을 신청한 경우 : 상속세는 신고기한부터 9개월 이내, 증여세는 신고기한부터 6개월 이내
② 수정신고 또는 기한후신고시 연부연납을 신청한 경우 : 상속세는 신고일이 속하는 달의 말일부터 9개월 이내, 증여세는 신고일이 속하는 달의 말일부터 6개월 이내
③ 납세고지서 및 납부통지서의 납부기한까지 연부연납을 신청한 경우 : 그 납부기한 경과일부터 14일 이내
  • 허가통지기한까지 허가여부에 대한 서면을 발송하지 아니한 경우에는 허가를 한 것으로 본다

4. 사후관리
납세지 관할세무서장은 연부연납을 허가받은 납세의무자가 다음의 어느 하나에 해당하게 된 경우에는 그 연부연납 허가를 취소하거나 변경하고, 그에 따라 연부연납과 관계되는 세액의 전액 또는 일부를 징수할 수 있다.
① 연부연납세액을 지정된 납부기한까지 납부하지 않은 경우
② 담보의 변경 등 필요한 관할세무서장의 명령에 따르지 않은 경우
③ 납기전징수 사유에 해당되어 연부연납기한까지 연부연납에 관계되는 세액을 전액 징수 할 수 없다고 인정되는 경우
④ 가업상속재산의 경우 사업의 폐지(가업용 자산의 50% 이상 처분 포함), 상속인이 대표이사 등으로 미종사 하거나 1년 이상 휴업, 상속인이 최대주주에 해당하지 않는 경우
⑤ 「유아교육법」에 따른 사립유치원에 직접 사용하는 재산을 해당 사업에 직접 사용하지 아니하는 경우

03 물납

(1) 요건 및 신청

1) 요건

납세지 관할세무서장은 다음의 요건을 모두 갖춘 경우에는 납세의무자의 신청을 받아 물납을 허가할 수 있다. 다만, 물납을 신청한 재산의 관리ㆍ처분이 적당하지 아니하다고 인정되는 경우에는 물납허가를 하지 아니할 수 있다.

① 상속재산(상속재산에 가산하는 증여재산 중 상속인 및 수유자가 받은 증여재산을 포함한다) 중 부동산과 유가증권의 가액이 해당 상속재산가액의 2분의 1을 초과할 것
② 상속세 납부세액이 2천만원을 초과할 것
③ 상속세 납부세액이 상속재산가액 중 금융재산[20]의 가액을 초과할 것

2) 신청 및 허가

구분	신청	허가 통지
상속세 과세표준 신고시	과세표준 신고기한	상속세는 신고기한부터 9개월 이내
상속세 과세표준 및 세액의 결정통지를 받은 경우	해당 납세고지서의 납부기한	그 납부기한 경과일부터 14일 이내
상속세의 연부연납허가 후 분납세액을 물납하고자 하는 경우	각 회분의 분납세액 납부기한 30일 전	신청을 받은 날부터 14일 이내

허가통지기한까지 허가 여부에 대한 서면을 발송하지 아니한 경우는 허가한 것으로 본다. 납세지 관할세무서장은 물납허가를 한 날부터 30일 이내의 범위에서 물납재산의 수납일을 지정하여야 하며 물납재산의 분할 등의 사유로 기간 내 수납이 어렵다고 인정되는 경우에는 1회에 한하여 20일 범위 내에서 재지정할 수 있다. 물납재산의 수납일까지 수납이 이루어지지 않은 경우 물납허가는 그 효력을 상실한다.

(2) 물납을 청구할 수 있는 세액의 한도

물납을 신청할 수 있는 납부세액은 다음의 금액 중 적은 금액을 초과할 수 없다.

---

20) 금융재산이란 금전과 금융회사등이 취급하는 예금ㆍ적금ㆍ부금ㆍ계금ㆍ출자금ㆍ특정금전신탁ㆍ보험금ㆍ공제금 및 어음을 말한다.

$$한도액 = Min(①, ②)$$

① 상속세납부세액 $\times$ $\dfrac{부동산 + 유가증권}{상속재산가액}$

② 상속세 납부세액 $-$ 순금융재산가액 $-$ 상장유가증권가액

(3) 물납재산

물납에 충당할 수 있는 부동산 및 유가증권은 다음의 것으로 한다.

① 국내에 소재하는 부동산

② 국채·공채·주권 및 내국법인이 발행한 채권 또는 증권과 그 밖에 유가증권. 다만, 다음 중 어느 하나에 해당하는 유가증권은 제외한다.

　㉠ 거래소에 상장된 것. 다만, 최초로 거래소에 상장되어 물납허가통지서 발송일 전일 현재「자본시장과 금융투자업에 관한 법률」에 따라 처분이 제한된 경우에는 그러하지 아니하다.

　㉡ 거래소에 상장되어 있지 아니한 법인의 주식등. 다만, 상속의 경우로서 그 밖의 다른 상속재산이 없거나 상속세 물납에 충당하더라도 부족하면 그러하지 아니하다.

(4) 물납에 충당하는 재산 순서

물납에 충당하는 재산은 세무서장이 인정하는 정당한 사유가 없는 한 다음의 순서에 따라 신청 및 허가하여야 한다.

① 국채 및 공채

② 물납 충당이 가능한 한국거래소에 상장된 유가증권

③ ⑥을 제외한 국내 소재 부동산

④ ①, ②, ⑤를 제외한 유가증권

⑤ 물납충당이 가능한 비상장주식 등

⑥ 상속개시일 현재 상속인이 거주하는 주택 및 부수토지

(5) 물납에 충당할 재산의 수납가액의 결정

물납에 충당할 부동산 및 유가증권의 수납가액은 상속개시일 현재 상속재산의 가액으로 한다.

04 문화유산 등에 대한 물납

(1) 요건

다음의 요건을 모두 갖춘 납세의무자는 상속재산 중 문화유산 및 미술품[21]이 포함된 경우 납세지 관할세무서장에게 해당 문화유산 등에 대한 물납을 신청할 수 있다.

① 상속세 납부세액이 2천만원을 초과할 것
② 상속세 납부세액이 상속재산가액 중 금융재산의 가액을 초과할 것

요건을 충족하여 징수유예를 받으려는 자는 그 유예할 상속세액에 상당하는 담보를 제공하여야 한다.

(2) 한도

물납을 신청할 수 있는 납부세액은 상속재산 중 물납에 충당할 수 있는 문화유산 등의 가액에 대한 상속세 납부세액을 초과할 수 없다.

05 가업상속에 대한 상속세의 납부유예

(1) 요건

납세지 관할세무서장은 납세의무자가 다음의 요건을 모두 갖추어 상속세의 납부유예를 신청하는 경우에는 납부유예를 허가할 수 있다.

① 상속인이 가업(중소기업으로 한정한다)을 상속받았을 것
② 가업상속공제를 받지 아니하였을 것. 이 경우 가업상속공제 대신 영농상속공제를 받은 경우에는 가업상속공제를 받은 것으로 본다.

요건을 충족하여 납부유예 허가를 받으려는 납세의무자는 담보를 제공하여야 한다.

---

21) 문화유산 및 미술품이란 다음의 것(부동산은 제외한다)을 말한다.
　① 「문화유산의 보존 및 활용에 관한 법률」에 따른 유형문화유산 또는 민속문화유산으로서 같은 법에 따라 지정된 문화유산
　② 「근현대문화유산의 보존 및 활용에 관한 법률」에 따라 등록된 문화유산
　③ 회화, 판화, 조각, 공예, 서예 등 미술품

(2) 납부유예금액

$$상속세\ 납부세액 \times \frac{가업상속재산가액}{총상속재산가액}$$

(3) 사후관리

납세지 관할세무서장은 상속인이 정당한 사유 없이 다음 중 어느 하나에 해당하는 경우 허가를 취소하거나 변경하고, 각 사유에 따라 납부세액과 이자상당액을 징수한다.

사유	추징세액
① 「소득세법」을 적용받는 가업을 상속받은 경우로서 가업용 자산의 100분의 40 이상을 처분한 경우	납부유예된 세액×가업용 자산의 처분비율
② 해당 상속인이 가업에 종사하지 아니하게 된 경우	납부유예된 세액의 전부
③ 주식등을 상속받은 상속인의 지분이 감소한 경우	㉠ 상속개시일부터 5년 이내에 감소한 경우 납부유예된 세액의 전부 ㉡ 상속개시일부터 5년 후에 감소한 경우 $$납부유예된\ 세액 \times \frac{감소한\ 지분율}{상속개시일\ 현재\ 지분율}$$
④ 다음의 사유에 모두 해당하는 경우 ㉠ 상속개시일부터 5년간 정규직 근로자 수의 전체 평균이 상속개시일이 속하는 소득세 과세기간 또는 법인세 사업연도의 직전 2개 소득세 과세기간 또는 법인세 사업연도의 정규직근로자 수의 평균의 70%에 미달하는 경우 ㉡ 상속개시일부터 5년간 총급여액의 전체 평균이 상속개시일이 속하는 소득세 과세기간 또는 법인세 사업연도의 직전 2개 소득세 과세기간 또는 법인세 사업연도의 총급여액의 평균의 70%에 미달하는 경우	납부유예된 세액의 전부
⑤ 해당 상속인이 사망하여 상속이 개시되는 경우	납부유예된 세액의 전부

당초 납부유예 허가를 받은 자는 상속인이 위의 사유에 해당하는 경우 그 날이 속하는

달의 말일부터 6개월 이내에 납세지 관할세무서장에게 신고하고 해당 상속세와 이자상당액을 납세지 관할세무서, 한국은행 또는 체신관서에 납부하여야 한다. 다만, 이미 상속세와 이자상당액이 징수된 경우에는 그러하지 아니하다.

(4) 허가취소

납세지 관할세무서장은 납부유예 허가를 받은 자가 다음 중 어느 하나에 해당하는 경우 그 허가를 취소하거나 변경하고, 납부유예된 세액의 전부 또는 일부와 이자상당액을 징수할 수 있다.

① 담보의 변경 또는 그 밖의 담보 보전에 필요한 관할세무서장의 명령에 따르지 아니한 경우
② 「국세징수법」에 따른 납부기한 전 징수사유 중 어느 하나에 해당되어 납부유예된 세액의 전액을 징수할 수 없다고 인정되는 경우

06 지정문화유산 등에 대한 상속세의 징수유예

(1) 요건

납세지 관할세무서장은 상속재산(증여재산) 중 다음의 어느 하나에 해당하는 재산이 포함되어 있는 경우에는 상속세액(증여세액)의 징수를 유예한다. 증여세는 ②의 경우에 한하여 적용한다.

① 「문화유산의 보존 및 활용에 관한 법률」에 따른 문화유산자료 및 「근현대문화유산의 보존 및 활용에 관한 법률」에 따른 국가등록문화유산(이하 "문화유산자료등"이라 한다)과 문화유산의 보존 및 활용에 관한 법률」에 따른 보호구역에 있는 토지
② 「박물관 및 미술관 진흥법」에 따라 등록한 박물관자료 또는 미술관자료로서 박물관 또는 미술관(사립박물관이나 사립미술관의 경우에는 공익법인등에 해당하는 것만을 말한다)에 전시 중이거나 보존 중인 재산
③ 「문화유산의 보존 및 활용에 관한 법률」에 따른 국가지정문화유산 및 시・도지정문화유산과 같은 법에 따른 보호구역에 있는 토지
④ 「자연유산의 보존 및 활용에 관한 법률」에 따라 지정된 천연기념물등과 보호구역에 있는 토지
⑤ 상속세 과세표준 신고기한까지 박물관을 설립하여 박물관자료를 전시・보존하는 경우

(2) 징수유예액

$$상속세(증여세)산출세액 \times \frac{문화유산\ 등\ 가액}{상속\ 또는\ 증여재산\ 가액}$$

(3) 사후관리

납세지 관할세무서장은 다음 중 어느 하나에 해당하는 사유가 발생한 경우에는 즉시 그 징수유예한 상속세를 징수하여야 한다.

① 문화유산자료등, 박물관자료등, 국가지정문화유산등 또는 천연기념물등을 상속 또는 증여받은 자가 유상으로 양도하는 경우

② 박물관 또는 미술관의 등록취소, 폐관, 박물관 또는 미술관자료에서 제외되는 사유로 인해 박물관자료를 인출하는 경우

Ⅵ 결정 · 경정 등

01 결정 · 경정

(1) 개요

① 세무서장등은 상속세 신고에 의하여 과세표준과 세액을 결정한다. 다만, 신고를 하지 아니하였거나 그 신고한 과세표준이나 세액에 탈루(脫漏) 또는 오류가 있는 경우에는 그 과세표준과 세액을 조사하여 결정한다.

② 세무서장등은 「국세징수법」에 따른 납부기한 전 징수사유 중 어느 하나에 해당되어 신고기한 전이라도 수시로 과세표준과 세액을 결정할 수 있다.

③ 세무서장등은 ①이나 ②에 따라 과세표준과 세액을 결정할 수 없거나 결정 후 그 과세표준과 세액에 탈루 또는 오류가 있는 것을 발견한 경우에는 즉시 그 과세표준과 세액을 조사하여 결정하거나 경정(更正)한다.

(2) 기한

세무서장등은 상속세과세표준 신고기한부터 9개월 이내에 과세표준과 세액을 결정하여야 한다. 다만, 상속재산 또는 증여재산의 조사, 가액의 평가 등에 장기간이 걸리는 등 부득이한 사유가 있어 그 기간 이내에 결정할 수 없는 경우에는 그 사유를 상속인 · 수유자 또는 수증자에게 알려야 한다

(3) 고액상속인 사후관리

세무서장등은 결정된 상속재산의 가액이 30억원 이상인 경우로서 상속개시 후 5년 이내에 상속인이 보유한 부동산, 주식, 그 밖에 주요 재산의 가액이 상속개시 당시에 비하여 크게 증가한 경우에는 그 결정한 과세표준과 세액에 탈루 또는 오류가 있는지를 조사하여야 한다. 다만, 상속인이 그 증가한 재산의 자금 출처를 증명한 경우에는 그러하지 아니하다.

02 과세표준과 세액의 결정 통지

세무서장등은 결정한 과세표준과 세액을 상속인·수유자 또는 수증자에게 통지하여야 한다. 이 경우 상속인이나 수유자가 2명 이상이면 그 상속인이나 수유자 모두에게 통지하여야 한다.

03 경정 등의 청구 특례

상속세 과세표준 및 세액을 신고한 자 또는 상속세 과세표준 및 세액의 결정 또는 경정을 받은 자에게 다음 중 어느 하나에 해당하는 사유가 발생한 경우에는 그 사유가 발생한 날부터 6개월 이내에 결정이나 경정을 청구할 수 있다.
① 제3자와의 분쟁으로 인한 상속회복청구소송 또한 유류분반환청구소송의 확정판결이 있어 상속개시일 현재 상속인간에 상속재산가액이 변동된 경우
② 상속개시 후 1년이 되는 날까지 상속재산이 수용·경매·공매되어 그 가액이 상속세 과세가액보다 하락한 경우
③ 할증평가하였으나, 상속개시 후 1년 내 주식을 일괄하여 매각함으로써 최대주주 등의 주식 등에 해당되지 아니하는 경우

04 가산세

상속세를 과세함에 있어서 적용되는 가산세는 신고불성실가산세(무신고가산세, 과소신고 가산세 및 초과환급신고가산세)와 납부불성실가산세가 있으며 이에 대하여는 국세기본법의 "가산세" 부분에서 설명한 바와 같다.

01. 「상속세 및 증여세법」상 상속세에 관한 설명이다. 옳지 않은 것은? 단, 피상속인과 상속인은 모두 거주자로 가정한다. (2025 회계사 기출)

① 상속개시일 전 1년 이내에 피상속인이 부담한 채무를 합한 금액이 2억원 이상인 경우로서 용도가 객관적으로 명백하지 아니한 경우에는 이를 상속받은 것으로 추정한다.

② 상속재산 중 상속인이 공익신탁(상속세과세표준 신고기한까지 신탁을 이행함)을 통하여 공익법인등에 출연하는 재산의 가액은 상속세 과세가액에 산입하지 않는다.

③ 상속개시일 전 10년 이내에 피상속인이 상속인에게 증여한 재산가액은 상속재산 가액에 가산하며, 그 가산하는 금액은 증여일 현재의 시가로 한다.

④ 상속개시일 현재 상속재산가액 중 순금융재산 가액이 2천만원을 초과하는 경우 순금융재산 가액의 20% 또는 2천만원 중 큰 금액을 상속세 과세가액에서 공제한다. 단, 그 공제액이 2억원을 초과하면 2억원을 공제한다.

⑤ 상속재산가액에서 차감하는 장례비용은 피상속인의 사망일부터 장례일까지 장례에 직접 소요된 금액과 봉안시설 또는 자연장지의 사용에 소요된 금액을 합한 금액이며, 증빙서류가 없으면 인정되지 않는다.

02. 「상속세 및 증여세법」상 상속세 과세표준에 관한 설명이다. 옳지 않은 것은?

① 피상속인의 사망으로 인하여 받는 생명보험 또는 손해보험의 보험금으로서 피상속인이 보험계약자인 보험계약에 의하여 받는 것은 상속재산으로 본다.

② 국가, 지방자치단체에 유증한 재산은 상속세를 과세하지 아니한다.

③ 피상속인이 신탁으로 인하여 타인으로부터 신탁의 이익을 받을 권리를 소유하고 있는 경우 그 이익에 상당하는 가액은 상속재산에 포함한다.

④ 거주자나 비거주자의 사망으로 상속이 개시되는 경우에는 상속세 과세가액에서 기초공제 2억원을 공제한다.

⑤ 비거주자의 사망으로 인하여 상속이 개시되는 경우 상속개시일 전 10년 이내에 피상속인이 상속인에게 증여한 국내·외의 재산가액을 상속재산가액에 가산하여 상속세 과세가액을 산정한다.

03. 다음은 2025년 2월 중 사망한 거주자 갑의 상속세 관련 자료이다. 갑의 상속세 과세가액으로 옳은 것은? (2011년 회계사 기출)

> (1) 상속개시당시의 재산가액 : 600,000,000원
>   (공공단체에 사인증여한 재산 100,000,000원 포함 금액임)
> (2) 상속개시 전 증여재산 가액 현황
>   가. 사망 8년 전 상속인에게 증여한 재산 : 300,000,000원
>   (증여당시 시가는 250,000,000원임)
>   나. 사망 6년 전 상속인 이외의 자에게 증여한 재산 : 50,000,000원
>   (증여당시 시가는 80,000,000원임)
> (3) 상속개시일 1년 6개월 전 차입한 금융기관채무 : 400,000,000원
>   (상속개시당시 피상속인의 채무로서 상속인이 실제로 부담하는 사실이 증명된 것으로 이 중 사용용도가 불분명한 것은 230,000,000원임)
> (4) 장례비용 : 증빙은 모두 확인가능하다.
>   가. 봉안시설의 사용비용 : 7,000,000원
>   나. 기타의 장례비용 : 12,000,000원
> (5) 생명보험금 총액 : 120,000,000원
>   (피상속인이 보험계약자로서 총보험료 불입액 50,000,000원 중 피상속인 불입액은 60%임)
> (6) 사망일 현재 유족은 자녀 2인(모두 성년임)이 있다.

① 407,000,000원　　　　② 437,000,000원
③ 557,000,000원　　　　④ 583,000,000원
⑤ 807,000,000원

04. 「상속세 및 증여세법」상 상속재산에 관한 설명이다. 옳은 것은? (2023 회계사 기출)

① 피상속인에게 귀속되는 재산적 가치가 있는 사실상의 모든 권리는 상속재산이나, 피상속인의 일신에 전속하는 것으로서 피상속인의 사망으로 인하여 소멸되는 것은 제외한다.
② 손해보험계약자가 피상속인이 아닌 경우 피상속인이 실질적으로 보험료를 납부하였더라도 피상속인의 사망으로 인하여 받는 보험금은 상속재산으로 보지 아니한다.
③ 피상속인이 신탁한 재산은 상속재산으로 보며, 수익자의 증여재산가액으로 하는 신탁의 이익을 받을 권리의 가액도 상속재산으로 본다.
④ 피상속인의 사망으로 인하여 「국민연금법」에 따라 지급되는 반환일시금은 상속재산으로 본다.

⑤ 제사를 주재하는 상속인이 상속받은 족보와 제구에 대하여는 재산가액 합계액 2억원을 한도로 상속세를 부과하지 아니한다.

05. 「상속세 및 증여세법」상 상속공제에 관한 설명이다. 옳은 것은? (2020 회계사 기출)
① 비거주자의 사망으로 상속이 개시되는 경우에는 기초공제를 적용하지 아니한다.
② 상속이 개시되는 법인세 사업연도의 직전 3개 사업연도 매출액의 평균금액이 5천억원 이상인 기업은 가업상속공제 대상에서 제외한다.
③ 거주자의 사망으로 그 배우자가 실제 상속받은 금액이 없는 경우 배우자상속공제를 적용하지 아니한다.
④ 피상속인의 배우자가 단독으로 상속받는 경우 기초공제와 그 밖의 인적공제에 따른 공제액을 합친 금액과 5억원 중 큰 금액으로 공제받을 수 있다.
⑤ 거주자의 사망으로 상속이 개시되는 경우로서 상속개시일 현재 상속재산가액 중 순금융재산의 가액이 1억원을 초과하면 1억원을 공제한다.

06. 「상속세 및 증여세법」에 관한 설명이다. 옳지 않은 것은? (2019 회계사 기출 변형)
① 거주자의 사망으로 외국에 있는 상속재산에 대하여 부과된 외국납부세액에 상당하는 금액은 상속세 산출세액에서 공제된다.
② 납세지 관할세무서장은 상속세 납부세액이 2천만원을 초과하는 때에는 납세의무자의 신청을 받아 연부연납을 허가할 수 있다.
③ 거주자의 사망으로 상속이 개시되어 배우자가 상속인에 포함되는 경우 배우자상속공제액은 최소 5억원과 최대 30억원의 범위 내에서 결정된다.
④ 동일한 상속재산에 대하여 가업상속공제와 영농상속공제는 동시에 적용할 수 있다.
⑤ 상속개시일 전 1년 이내에 피상속인이 부담한 채무금액이 2억원 이상인 경우로서 용도가 객관적으로 명백하지 아니한 경우에는 이를 상속받은 것으로 추정한다.

정답 및 해설
1. ⑤
   장례비는 증빙 서류가 없더라도 5백만원에 대하여 공제 가능
2. ⑤
   비거주자에 대한 상속세 과세대상은 국내재산에 한해서만 적용
3. ①

1) 상속재산가액　　　　　　672,000,000　　600,000,00 + 120,000,00 × 60%
　　2) 과세가액불산입　(−)　　100,000,000
　　3) 채무공제　　　(−)　　400,000,000
　　4) 장례비　　　　(−)　　　15,000,000　　5,000,000(봉안시설) + 10,000,000(기타장례비)
　　5) 사전증여　　　(+)　　250,000,000　　증여 당시 시가
　　6) 상속세과세가액　　　　407,000,000

4. ①
　② 피상속인이 실질적으로 보험료를 납부하였다면 상속재산에 포함한다.
　③ 피상속인이 신탁한 재산은 상속재산으로 본다. 다만, 수익자의 증여재산가액으로 하는 해당 신탁
　　의 이익을 받을 권리의 가액은 상속재산으로 보지 아니한다.
　④ 국민연금법에 따라 지급되는 반환일시금은 상속재산으로 보지 않는다.
　⑤ 족보 및 제구는 1천만원을 한도로 상속세를 비과세

5. ②
　① 비거주자인 경우에도 기초공제(2억원)를 적용한다.
　③ 실제 상속 받은 금액이 없는 경우에도 최소 5억원에 대해 공제
　④ 기초공제와 그 밖의 인적공제를 합친 금액 및 배우자상속공제를 받을 수 있다.
　⑤ 1억원을 초과할 경우에는 순금융재산가액의 20%를 공제한다.

6. ④
　동시에 적용 불가

제**2**장

증여세

01 증여의 개념

증여는 민법상의 개념이며 종전의 「상속세 및 증여세법」에서는 이를 차용하여 사용해왔다. 민법상 증여란 증여자가 자기 재산을 무상으로 수여하는 의사를 표시하고 수증자가 이를 승낙함으로써 효력이 발생하는 계약을 말한다. 그러나 이러한 증여개념의 차용으로 민법상 증여의 형식을 가지고 있지 않지만 실질적으로 무상으로 이익을 얻는 행위에 대하여는 과세할 수 없는 문제가 있었으며 「상속세 및 증여세법」에서 민법과는 별도의 정의규정을 두어 실질적으로 증여의 효과를 가지는 모든 행위를 포괄적으로 과세할 수 있도록 하고 있다.

「상속세 및 증여세법」상 증여란 "그 행위 또는 거래의 명칭·형식·목적 등에 불구하고 금전으로 환산할 수 있는 모든 경제적 가치를 지닌 유형·무형의 재산을 타인에게 직접 또는 간접적인 방법에 의하여 무상으로 이전(현저히 저렴한 대가로 이전하는 경우를 포함한다)하는 것 또는 기여에 의하여 타인의 재산가치를 증가시키는 것을 말한다.

또한, 상속과 증여는 양자 모두 재산의 무상이전이라는 점에서 유사하지만 무상이전을 하는 자의 입장에서 볼 때 상속은 일생에 걸쳐 한 번만 가능한 것인 데 비하여 증여는 여러 차례 할 수 있다. 현행 세법상 상속세에 대하여는 유산과세방식을 채택하고 있기 때문에 재산의 무상이전을 하는 자인 피상속인을 기준으로 과세하는 데 비하여, 증여세는 무상이전으로 인한 취득자인 수증자를 기준으로 과세한다는 점에서 과세방법상 여러 가지 차이가 발생한다.

02 증여재산

증여로 인하여 수증자에게 귀속되는 모든 재산 또는 이익을 말하며, 다음의 물건, 권리 및 이익을 포함한다.
① 금전으로 환산할 수 있는 경제적 가치가 있는 모든 물건
② 재산적 가치가 있는 법률상 또는 사실상의 모든 권리
③ 금전으로 환산할 수 있는 모든 경제적 이익

03 증여세 과세대상

(1) 개요

1) 일반적인 증여재산

다음 중 어느 하나에 해당하는 증여재산에 대하여 증여세를 부과한다.

① 무상으로 이전받은 재산 또는 이익

② 현저히 낮은 대가를 주고 재산 또는 이익을 이전받음으로써 발생하는 이익 또는 현저히 높은 대가를 받고 재산 또는 이익을 이전함으로써 발생하는 이익. 다만, 특수관계인이 아닌 자 간의 거래인 경우에는 거래의 관행상 정당한 사유가 없는 경우로 한정한다.

③ 재산 취득 후 해당 재산가치가 증가한 경우의 그 이익. 다만, 특수관계인이 아닌 자 간의 거래인 경우에는 거래의 관행상 정당한 사유가 없는 경우로 한정한다.

④ 변칙적 거래에 해당하는 경우의 그 재산 또는 이익[22]

⑤ 증여추정에 해당하는 경우의 그 재산 또는 이익[23]

⑥ ④에 대한 증여 규정과 경제적 실질이 유사한 경우 등 ④의 개별 규정을 준용하여 증여재산의 가액을 계산할 수 있는 경우의 그 재산 또는 이익

2) 증여의제

다음 중 어느 하나에 해당하는 경우에는 그 재산 또는 이익을 증여받은 것으로 보아 그 재산 또는 이익에 대하여 증여세를 부과한다.

① 명의신탁재산의 증여의제

② 특수관계법인과의 거래를 통한 이익의 증여 의제

③ 특수관계법인으로부터 제공받은 사업기회로 발생한 이익의 증여 의제

④ 특정법인과의 거래를 통한 이익의 증여 의제

---

22) ⓐ 신탁이익의 증여 ⓑ 보험금의 증여 ⓒ 저가 양수 또는 고가 양도에 따른 이익의 증여 ⓓ 채무면제 등에 따른 증여 ⓔ 부동산 무상사용에 따른 이익의 증여 ⓕ 합병에 따른 이익의 증여 ⓖ 증자에 따른 이익의 증여 ⓗ 감자에 따른 이익의 증여 ⓘ 현물출자에 따른 이익의 증여 ⓙ 전환사채 등의 주식전환 등에 따른 이익의 증여 ⓚ 초과배당에 따른 이익의 증여 ⓛ 주식등의 상장 등에 따른 이익의 증여 ⓜ 금전 무상대출 등에 따른 이익의 증여 ⓝ 합병에 따른 상장 등 이익의 증여 ⓞ 재산사용 및 용역제공 등에 따른 이익의 증여 ⓟ 법인의 조직 변경 등에 따른 이익의 증여 ⓠ 재산 취득 후 재산가치 증가에 따른 이익의 증여

23) ㉠ 배우자 등에게 양도한 재산의 증여 추정, ㉡ 재산 취득자금 등의 증여 추정

(2) 상속재산의 협의분할

상속개시 후 상속재산에 대하여 등기·등록·명의개서 등(이하 "등기등"이라 한다)으로 각 상속인의 상속분이 확정된 후, 그 상속재산에 대하여 공동상속인이 협의하여 분할한 결과 특정 상속인이 당초 상속분을 초과하여 취득하게 되는 재산은 그 분할에 의하여 상속분이 감소한 상속인으로부터 증여받은 것으로 보아 증여세를 부과한다.

다만, 상속세 과세표준 신고기한까지 분할에 의하여 당초 상속분을 초과하여 취득한 경우와 당초 상속재산의 분할에 대하여 무효 또는 취소 등 정당한 사유[24]가 있는 경우에는 증여세를 부과하지 아니한다.

(3) 증여재산의 반환

수증자가 증여재산(금전은 제외한다)을 당사자 간의 합의에 따라 증여세 과세표준 신고기한까지 증여자에게 반환하는 경우(반환하기 전에 과세표준과 세액을 결정받은 경우는 제외한다)에는 처음부터 증여가 없었던 것으로 보며, 증여세 과세표준 신고기한이 지난 후 3개월 이내에 증여자에게 반환하거나 증여자에게 다시 증여하는 경우에는 그 반환하거나 다시 증여하는 것에 대해서는 증여세를 부과하지 아니한다.

재산구분	반환시기		증여세과세 여부	
			당초 증여	반환
금전	반환시기와 무관		○	○
금전 외의 재산	신고기한 이내	정부결정 전	×	×
		정부결정 후	○	×
	신고기한~신고기한부터 3개월 이내		○	×
	신고기한부터 3개월이 지난 후		○	○

---

24) 정당한 사유란 다음 중 어느 하나에 해당하는 경우를 말한다.
  ① 상속회복청구의 소에 의한 법원의 확정판결에 따라 상속인 및 상속재산에 변동이 있는 경우
  ② 「민법」에 따른 채권자대위권의 행사에 의하여 공동상속인들의 법정상속분대로 등기등이 된 상속재산을 상속인 사이의 협의분할에 의하여 재분할하는 경우
  ③ 상속세과세표준 신고기한 내에 상속세를 물납하기 위하여 「민법」에 따른 법정상속분으로 등기·등록 및 명의개서 등을 하여 물납을 신청하였다가 물납허가를 받지 못하거나 물납재산의 변경명령을 받아 당초의 물납재산을 상속인 사이의 협의분할에 의하여 재분할하는 경우

04 증여세 납부의무

(1) 증여세 납세의무

1) 원칙

수증자[25]는 아래에 따른 증여재산에 대하여 증여세를 납부할 의무가 있다.

수증자	과세대상재산
거주자[*1]	국내외 모든 재산
비거주자[*1]	국내재산

*1 거주자에는 비영리내국법인을 포함하고 비거주자에는 비영리외국법인을 포함한다.

명의신탁재산 증여의제가 적용되는 경우에는 실제 소유자가 해당 재산에 대하여 증여세를 납부할 의무가 있다.

2) 소득세·법인세 과세 등

증여재산에 대하여 수증자에게 「소득세법」에 따른 소득세 또는 「법인세법」에 따른 법인세가 부과되는 경우에는 증여세를 부과하지 아니한다. 소득세 또는 법인세가 「소득세법」, 「법인세법」 또는 다른 법률에 따라 비과세되거나 감면되는 경우에도 또한 같다.

3) 영리법인이 증여받는 경우

영리법인이 증여받은 재산 또는 이익에 대하여 「법인세법」에 따른 법인세가 부과되는 경우(법인세가 「법인세법」 또는 다른 법률에 따라 비과세되거나 감면되는 경우를 포함한다) 해당 법인의 주주등에 대해서는 증여의제 규정[26]에 따른 경우를 제외하고는 증여세를 부과하지 아니한다.

4) 증여세 납부의무가 면제

다음의 경우 증여세는 과세하지만 증여세를 납부할 능력이 없다고 인정되는 경우까지 증여세를 과세하는 것은 너무 가혹한 점이 있어 수증자가 증여세를 납부할 능력이 없다고 인

---

25) 증여재산을 받은 거주자(본점이나 주된 사무소의 소재지가 국내에 있는 비영리법인을 포함한다) 또는 비거주자(본점이나 주된 사무소의 소재지가 외국에 있는 비영리법인을 포함한다)를 말한다.

26) ⓐ 특수관계법인과의 거래를 통한 이익의 증여 의제 ⓑ 특수관계법인으로부터 제공받은 사업기회로 발생한 이익의 증여 의제 ⓒ 특정법인과의 거래를 통한 이익의 증여 의제

정되는 경우로서, 체납처분을 하여도 증여세에 대한 조세채권을 확보하기 곤란한 경우에는 그에 상당하는 증여세의 전부 또는 일부를 면제한다.

① 저가양수·고가양도에 따른 이익의 증여

② 채무면제 등에 따른 증여

③ 부동산 무상사용에 따른 이익의 증여

④ 금전무상대출 등에 따른 이익의 증여

(2) 연대납세의무

증여세는 기본적으로 수증자가 납부하여야 한다. 다만, 다음에 해당할 경우에 증여자는 수증자의 증여세에 대하여 연대하여 납부할 의무가 있다.

① 수증자가 주소 또는 거소가 분명하지 않은 경우로서 조세채권을 확보하기 곤란한 경우

② 증여세를 납부할 능력이 없다고 인정되는 경우로서 체납으로 인하여 체납처분을 하여도 조세채권을 확보하기 곤란한 경우

③ 수증자가 비거주자인 경우

다만, 다음에 해당되어 증여세가 과세되는 경우에는 증여자에게 연대납세의무를 적용하지 아니한다.

① 재산취득 후 해당 재산의 가치가 증가한 경우

② 현저히 낮은 대가를 주고 재산 또는 이익을 이전받음으로써 발생하는 이익이나 현저히 높은 대가를 받고 재산 또는 이익을 이전함으로써 발생하는 이익

③ 변칙적 증여거래에 해당하는 이익증여(단, 신탁이익의 증여와 보험금의 증여는 제외한다)

④ 공익법인출연재산에 대하여 과세가액불산입이 적용되지 아니하여 증여세가 과세되는 경우

⑤ 증여의제(단, 명의신탁재산의 증여의제는 제외한다)

05 증여재산의 취득시기

증여세납세의무의 성립시기는 증여재산을 취득하는 때이며 자산의 유형별 취득시기는 다음과 같다.

구분	증여시기(증여재산 취득시기)
등기·등록을 요하는 재산(부동산 등)	등기·등록일
민법에 따른 등기를 요하지 않는 부동산	실제 부동산 소유권 취득일
주식	주식인도일(불분명시 주주명부상 명의개서일)
무기명채권	이자지급 등으로 취득이 확인되는 날(불분명시 이자지급청구일 또는 채권상환청구일)
동산	인도한 날 또는 사실상의 사용일
증여를 목적으로 수증인 명의로 완성한 건물 또는 취득한 분양권	사용승인서 발급일과 사실상 사용일 또는 임시사용승인일 중 빠른 날
타인의 기여에 의한 재산가치 증가	• 개발사업의 시행 : 개발구역으로 지정고시된 날 • 형질변경 : 그 허가일 • 공유물의 분할 : 그 분할등기일 • 사업의 인가·허가 또는 지하수 개발·이용권 등 : 그 인가·허가일 • 주식 또는 출자지분의 상장, 비상장주식의 등록, 합병 : 그 상장일 또는 등록일, 합병등기일 • 생명보험 또는 손해보험 : 보험사고의 발생일 • 위 규정 외의 경우 : 재산가치 증가사유가 발생한 날
위 외의 재산	인도한 날 또는 사실상의 사용일

06 증여세 과세관할

증여세는 다음의 구분에 따라 과세관할이 달라진다.

구분		과세관할
원칙		수증자의 주소지를 관할하는 세무서장 (주소지가 없거나 불분명한 경우에 수증자의 거소지를 관할하는 세무서장)
예외	① 수증자가 비거주자인 경우 ② 수증자의 주소 및 거소지가 불분명한 경우 ③ 명의신탁재산의 증여의제에 따라 증여한 것으로 보는 경우	증여자의 주소지를 관할하는 세무서장

구분	과세관할
① 수증자와 증여자 모두 비거주자인 경우 ② 수증자와 증여자 모두 주소가 불분명한 경우 ③ 수증자가 비거주자이거나 주소 또는 거소가 분명하지 아니하고, 증여자가 제38조 제2항, 제39조 제2항, 제39조의3 제2항 및 제45조의3 및 제45조의4에 따라 의제된 경우	증여재산 소재지를 관할하는 세무서장

= 증여재산가액 − 비과세 − 과세가액불산입(공익법인출연재산) − 채무액(부담부증여) + 증여재산 가산
= 증여세과세가액 − 증여공제 − 감정평가수수료
= 과세표준 × 증여세율(10%~50%)
= 산출세액 + 세대생략할증세액 − 세액공제 + 가산세등 − 분납, 연부연납
= 차가감납부세액

01 증여세과세가액

(1) 증여재산가액

증여재산의 가액은 다음의 구분에 따라 계산한다.

구분	과세관할
재산 또는 이익을 무상으로 이전받은 경우	증여재산의 시가 상당액
재산 또는 이익을 현저히 낮은 대가를 주고 이전받거나 현저히 높은 대가를 받고 이전한 경우	시가와 대가의 차액. 다만, 시가와 대가의 차액이 3억원 이상이거나 시가의 100분의 30 이상인 경우로 한정한다.

구분	과세관할
재산 취득 후 해당 재산의 가치가 증가하는 경우	재산가치증가사유 발생시점 재산가액 - (취득가액+통상적 가치상승분+가치상 승기여분) 단, 시가와 대가의 차액이 시 가의 30% 이상 차이가 있거나 그 차액이 3억원 이상인 경우에 한함
변칙적 거래에 따른 증여, 증여추정 및 증여의제 등	각 규정에 따라 계산한 증여재산가액

(2) 비과세

다음 중 어느 하나에 해당하는 금액에 대해서는 증여세를 부과하지 아니한다.

① 국가나 지방자치단체로부터 증여받는 재산의 가액

② 내국법인의 종업원으로서 우리사주조합에 가입한 자가 해당 법인의 주식을 우리사주 조합을 통하여 취득한 경우로서 그 조합원이 소액주주에 해당하는 경우 그 주식의 취 득가액과 시가의 차액으로 인하여 받은 이익에 상당하는 가액

③ 「정당법」에 따른 정당이 증여받은 재산가액

④ 「사내근로복지기금법」에 따른 사내근로복지기금이나 「근로자복지기본법」에 따른 우 리사주조합, 공동근로복지기금 및 근로자복지진흥기금이 증여받은 재산

⑤ 사회통념상 인정되는 이재구호금품, 치료비, 피부양자의 생활비, 교육비, 그 밖에 이와 유사한 것

⑥ 「신용보증기금법」에 따라 설립된 신용보증기금이나 그 밖에 이와 유사한 단체가 증여 받은 재산의 가액

⑦ 국가, 지방자치단체 또는 공공단체가 증여받은 재산의 가액

⑧ 장애인을 보험금수령인으로 하는 보험으로서 대통령령으로 정하는 보험의 보험금(한 도 : 연간 4천만원)

⑨ 「국가유공자 등 예우 및 지원에 관한 법률」에 따른 국가유공자의 유족이나 「의사상자 등 예우 및 지원에 관한 법률」에 따른 의사자의 유족이 증여받은 성금 및 물품 등 재 산의 가액

⑩ 비영리법인의 설립근거가 되는 법령의 변경으로 비영리법인이 해산되거나 업무가 변 경됨에 따라 해당 비영리법인의 재산과 권리·의무를 다른 비영리법인이 승계받은 경 우 승계받은 해당 재산의 가액

참고 ●

증여세 비과세에서 제외되는 사례(상증 집행기준 46-35-2)
① 「정치자금법」에 의하지 않은 불법정치자금
② 생활비 또는 교육비의 명목으로 받은 후 당해 재산을 예·적금하거나 주식, 토지, 주택 등의 매입자금 등으로 사용하는 경우
③ 혼수용품은 일상생활에 필요한 가사용품에 한하며, 호화·사치용품이나 주택·차량 등은 포함되지 않음

(3) 과세가액 불산입

1) 공익법인 등이 출연받은 재산에 대한 과세가액 불산입

공익법인등이 출연받은 재산의 가액은 증여세 과세가액에 산입하지 아니한다.

2) 공익신탁재산에 대한 증여세 과세가액 불산입

증여재산 중 증여자가 「공익신탁법」에 따른 공익신탁으로서 종교·자선·학술 또는 그 밖의 공익을 목적으로 하는 신탁을 통하여 공익법인등에 출연하는 재산의 가액은 증여세 과세가액에 산입하지 아니한다.

3) 장애인이 증여받은 재산의 과세가액 불산입

장애인이 타인으로부터 증여받은 재산(금전, 유가증권, 부동산)을 신탁업자에게 신탁하여 그 신탁의 이익을 전부 지급받는 경우에는 그 증여받은 재산가액(당해 장애인이 생존기간 동안 증여받은 재산가액 합계액으로 5억원 한도)은 과세가액에 산입하지 아니한다.

(4) 부담부증여에 따른 채무인수

증여재산에 담보된 채무로서 수증자가 인수한 금액은 증여재산가액에서 공제한다. 다만, 배우자 간 또는 직계존비속 간의 부담부증여에 대해서는 수증자가 증여자의 채무를 인수한 경우에도 그 채무액은 수증자에게 인수되지 아니한 것으로 추정한다. 다만, 그 채무액이 국가 및 지방자치단체에 대한 채무 등 객관적으로 인정되는 것인 경우에는 그러하지 아니하다.

구분	입증방법
① 국가·지방자치단체·금융기관에 대한 채무	당해 기관에 대한 채무임을 확인할 수 있는 자료
② ① 외의 자에 대한 채무	금융거래 증빙, 채무부담계약서, 채권자확인서, 담보설정 및 이자지급 관련 서류

증여자가 부담하고 있는 채무를 수증자가 인수한 것으로 확인되는 경우에는 그 채무액을 차감하여 증여세 과세가액을 계산하고, 해당 채무는 소득세법 규정에 의한 유상양도에 해당하므로 증여자는 양도소득세 납세의무가 발생한다.

(5) 증여재산 가산

증여일 전 10년 이내에 동일인(증여자가 직계존속인 경우에는 그 직계존속의 배우자를 포함한다)으로부터 받은 증여재산가액을 합친 금액이 1천만원 이상인 경우에는 그 가액을 증여세 과세가액에 가산한다. 다만, 합산배제증여재산의 경우에는 그러하지 아니하다.

> **참고**
>
> **합산배제증여재산**
> ① 일반적인 증여재산 중 재산 취득 후 해당 재산의 가치가 증가하는 경우에 대한 이익의 증여
> ② 전환사채 등의 주식전환 등으로 주식을 전환·교환 또는 주식의 인수를 하거나 전환사채 등을 양도함으로써 얻은 이익에 대한 증여
> ③ 주식등의 상장 등에 따른 이익의 증여
> ④ 합병에 따른 상장 등 이익의 증여
> ⑤ 재산 취득 후 재산가치 증가에 따른 이익의 증여
> ⑥ 명의신탁재산의 증여의제
> ⑦ 특수관계법인과의 거래를 통한 이익의 증여 의제
> ⑧ 특수관계법인으로부터 제공받은 사업기회로 발생한 이익의 증여 의제

02 증여세 과세표준

증여세 과세표준은 다음과 같이 계산한다. 또한, 과세표준이 50만원 미만이면 증여세를 부과하지 아니한다.

구분	과세관할
① 일반 증여재산	증여세과세가액 − (혼인 · 출산)증여재산공제 − 재해손실공제 − 감정평가수수료
② 명의신탁재산의 증여의제	명의신탁재산가액 − 감정평가수수료
③ 특수관계법인과의 거래를 통한 이익의 증여의제, 특수관계법인으로부터 제공받은 사업기회로 발생한 이익의 증여의제	증여의제이익 − 감정평가수수료
④ 합산배제증여재산(②, ③ 제외)	증여재산가액 − 3천만원 − 감정평가수수료

(1) 증여공제

1) 증여재산 공제

거주자가 다음 중 어느 하나에 해당하는 사람으로부터 증여를 받은 경우에는 다음의 구분에 따른 금액을 증여세 과세가액에서 공제한다. 이 경우 그 증여세 과세가액에서 공제받을 금액과 수증자가 그 증여를 받기 전 10년 이내에 공제받은 금액을 합한 금액이 다음의 구분에 따른 금액을 초과하는 경우에는 그 초과하는 부분은 공제하지 아니한다.

구분	증여재산공제
① 배우자로부터 증여를 받은 경우	6억원
② 직계존속으로부터 증여를 받은 경우	5천만원(미성년자인 직계존속 수증자는 2천만원)
③ 직계비속으로부터 증여를 받은 경우	5천만원
④ 4촌 이내의 혈족, 3촌 이내의 인척으로부터 증여를 받은 경우	1천만원

수증자를 기준으로 그 증여를 받기 전 10년 이내에 공제받은 금액과 해당 증여가액에서 공제받을 금액을 합친 금액이 증여자 및 수증자별 공제한도액을 초과하는 경우 초과하는 부분은 공제하지 않는다.

216 상속세 및 증여세법

2) 혼인 · 출산 증여재산 공제

거주자가 직계존속으로부터 혼인 또는 출산으로 인하여 증여받은 경우 다음과 같이 공제를 적용한다.

구분	내용
① 혼인에 따른 증여재산 공제	거주자가 직계존속으로부터 혼인일 전후 2년 이내에 증여를 받는 경우에는 증여받는 금액을 과세가액에서 공제한다.
② 출산등에 따른 증여재산 공제	거주자가 직계존속으로부터 자녀의 출생일 또는 입양일부터 2년 이내에 증여를 받는 경우에는 증여받은 금액을 증여세 과세가액에서 공제한다.
③ 한도	혼인 및 출산등에 따라 증여세 과세가액에서 공제받았거나 받을 금액을 합한 금액이 1억원을 초과하는 경우에는 그 초과하는 부분은 공제하지 아니한다.

다만, 다음 중 어느 하나에 해당하는 경우에는 혼인 · 출산증여재산 공제를 적용하지 않는다.

① 변칙적 거래에 해당하는 경우

② 증여추정에 해당하는 경우

③ 증여의제에 해당하는 경우

3) 재해손실공제

증여세 과세표준 신고기한 이내에 화재 · 붕괴 · 폭발 · 환경오염사고 및 자연재해 등의 재난으로 인하여 증여재산이 멸실되거나 훼손된 경우에는 그 손실가액을 증여세 과세가액에서 공제한다. 그 손실가액에 대한 보험금 등의 수령 또는 구상권 등의 행사에 의하여 그 손실가액에 상당하는 금액을 보전받을 수 있는 경우에는 공제하지 않는다.

(2) 감정평가수수료공제

구분	한도액
① 감정평가법인등의 평가수수료	500만원
② 평가심의위원회가 의뢰한 신용평가전문기관의 평가수수료	평가대상법인수 및 신용평가전문 기관별 각각 1,000만원
③ 판매용이 아닌 서화 · 골동품 등 예술적 가치가 있는 유형자산 평가에 대한 감정수수료	500만원

03 증여세 산출세액

(1) 증여세 세율

과세표준	세 율
1억원 이하	과세표준의 10%
1억원 초과 5억원 이하	1천만원+(1억원을 초과하는 금액의 20%)
5억원 초과 10억원 이하	9천만원+(5억원을 초과하는 금액의 30%)
10억원 초과 30억원 이하	2억4천만원+(10억원을 초과하는 금액의 40%)
30억원 초과	10억4천만원+(30억원을 초과하는 금액의 50%)

(2) 직계비속에 대한 증여의 할증과세

수증자가 증여자의 자녀가 아닌 직계비속인 경우에는 증여세산출세액에 100분의 30(수증자가 증여자의 자녀가 아닌 직계비속이면서 미성년자인 경우로서 증여재산가액이 20억원을 초과하는 경우에는 100분의 40)에 상당하는 금액을 가산한다. 다만, 증여자의 최근친인 직계비속이 사망하여 그 사망자의 최근친인 직계비속이 증여받은 경우에는 그러하지 아니하다.

04 세액공제

(1) 납부세액공제

증여세 과세가액에 가산한 증여재산의 가액(둘 이상의 증여가 있을 때에는 그 가액을 합친 금액을 말한다)에 대하여 납부하였거나 납부할 증여세액(증여 당시의 해당 증여재산에 대한 증여세산출세액을 말한다)은 증여세산출세액에서 공제한다. 다만, 증여세 과세가액에 가산하는 증여재산에 대하여 부과제척기간 기간의 만료로 인하여 증여세가 부과되지 아니하는 경우에는 그러하지 아니하다. 또한, 다음의 금액을 한도로 한다.

$$공제한도 = 증여세\ 산출세액 \times \frac{가산한\ 증여재산가액의\ 과세표준}{(해당\ 증여재산가액+가산한\ 증여재산가액)에\ 대한\ 과세표준}$$

(2) 외국납부세액공제

외국에 있는 증여재산에 대하여 외국의 법령에 따라 증여세를 부과받은 경우에는 다음의 금액을 증여세 산출세액에서 공제한다.

$$외국납부세액공제 = Min(①, ②)$$

① 외국납부세액 공제한도 = 증여세산출세액 × $\dfrac{\text{외국법령에 의한 증여세과세표준}}{\text{증여세과세표준}}$

② 외국의 법령에 의하여 부과된 증여세액

(3) 신고세액공제

증여세 과세표준을 신고한 경우에는 증여세산출세액에서 다음의 금액을 공제한다.

신고세액공제 = [증여세 산출세액(할증세액 포함) − 박물관자료징수유예 − 공제 · 감면세액] × 3%

01 증여세 과세표준신고

증여세 납부의무가 있는 자는 증여받은 날이 속하는 달의 말일부터 3개월 이내에 증여세의 과세가액 및 과세표준을 납세지 관할세무서장에게 신고하여야 한다.

02 자진납부

증여세를 신고하는 자는 각 신고기한까지 각 산출세액에서 다음의 어느 하나에 해당하는 금액을 뺀 금액을 납세지 관할세무서, 한국은행 또는 우체국에 납부하여야 한다.
① 박물관자료 징수유예세액
② 공제 또는 감면되는 세액
③ 신고세액공제
④ 연부연납 신청 금액
증여세의 경우에도 상속세와 동일하게 분납 및 연부연납이 가능하다.

03 결정 · 경정

세무서장등은 증여세과세표준 신고기한부터 6개월 이내에 과세표준과 세액을 결정하여야 한다. 다만, 증여재산의 조사, 가액의 평가 등에 장기간이 걸리는 등 부득이한 사유가 있어 그 기간 이내에 결정할 수 없는 경우에는 그 사유를 수증자에게 알려야 한다.

Ⅳ 변칙적 거래에 따른 이익의 증여

01 신탁이익의 증여

신탁계약에 의하여 위탁자가 타인을 신탁의 이익의 전부 또는 일부를 받을 수익자로 지정한 경우로서 다음 중 어느 하나에 해당하는 경우에는 원본 또는 수익이 수익자에게 실제 지급되는 날 등을 증여일로 하여 해당 신탁의 이익을 받을 권리의 가액을 수익자의 증여재산가액으로 한다.

① 원본을 받을 권리를 소유하게 한 경우에는 수익자가 그 원본을 받은 경우
② 수익을 받을 권리를 소유하게 한 경우에는 수익자가 그 수익을 받은 경우

02 보험금의 증여

생명보험이나 손해보험에서 보험사고(만기보험금 지급의 경우를 포함한다)가 발생한 경우 해당 보험사고가 발생한 날을 증여일로 하여 다음의 구분에 따른 금액을 보험금 수령인의 증여재산가액으로 한다.

구분	내용
보험료불입자와 보험금 수령인이 다른 경우	$보험금 \times \dfrac{보험금\ 수취인\ 이외의\ 자가\ 불입한\ 보험료}{총불입보험료}$
보험료불입자와 보험금 수령인이 동일한 경우	① 보험료를 전액 타인재산 수증분으로 불입한 경우 　　보험금 - 보험료 불입액 ② 보험료를 일부 타인재산 수증분으로 불입한 경우 　　$보험금 \times \dfrac{타인재산\ 수증분으로\ 불입한\ 보험료}{총불입보험료} - 타인재산\ 수증분으로\ 불입한\ 보험료$

03 저가 양수 또는 고가 양도에 따른 이익의 증여

특수관계인 간에 재산을 시가보다 낮은 가액으로 양수하거나 시가보다 높은 가액으로 양도한 경우로서 그 대가와 시가의 차액이 기준금액 이상인 경우에는 해당 재산의 양수일 또는 양도일을 증여일로 하여 다음의 금액을 증여재산가액으로 한다. 여기서 기준금액이란 시가의 30%와 3억원 중 적은 금액을 말한다.

증여재산가액 = (시가 - 대가) - Min(시가×30%, 3억원)

특수관계인이 아닌 자 간에 거래의 관행상 정당한 사유 없이 재산을 시가보다 현저히 낮은 가액으로 양수하거나 시가보다 현저히 높은 가액으로 양도한 경우로서 그 대가와 시가의 차액이 기준금액 이상인 경우에는 해당 재산의 양수일 또는 양도일을 증여일로 하여 다음의 금액을 증여재산가액으로 한다. 여기서 기준금액이란 시가의 30%를 말한다.

증여재산가액 = (시가 - 대가) - 3억원

다만, 재산을 양수하거나 양도하는 경우로서 그 대가가 「법인세법」에 따른 시가에 해당하여 그 거래에 대하여 「법인세법」 및 「소득세법」에 따른 부당행위계산부인 규정이 적용되지 아니하는 경우에는 적용하지 아니한다. 다만, 거짓이나 그 밖의 부정한 방법으로 상속세 또는 증여세를 감소시킨 것으로 인정되는 경우에는 그러하지 아니하다.

04 채무면제 등에 따른 이익의 증여

채권자로부터 채무를 면제받거나 제3자로부터 채무의 인수 또는 변제를 받은 경우에는 그 면제, 인수 또는 변제를 받은 날을 증여일로 하여 그 면제등으로 인한 이익에 상당하는 금액(보상액을 지급한 경우에는 그 보상액을 뺀 금액으로 한다)을 그 이익을 얻은 자의 증여재산가액으로 한다.

05 부동산 무상사용에 따른 이익의 증여

(1) 부동산 무상사용

타인의 부동산(그 부동산 소유자와 함께 거주하는 주택과 그에 딸린 토지는 제외한다)을 무상으로 사용함에 따라 이익을 얻은 경우에는 그 무상 사용을 개시한 날을 증여일로 하여 그 이익에 상당하는 금액을 부동산 무상 사용자의 증여재산가액으로 한다. 다만, 그 이익에 상당하는 금액이 1억원 미만인 경우에는 제외한다.

$$증여재산가액 = \sum_{i=1}^{5} \frac{부동산가액 \times 2\%}{(1+10\%)^n} \ (n : 평가기준일부터의\ 경과연수)$$

해당 부동산에 대한 무상사용 기간은 5년으로 하고, 무상사용 기간이 5년을 초과하는 경우에는 그 무상사용을 개시한 날부터 5년이 되는 날의 다음 날에 새로 해당 부동산의 무상사용을 개시한 것으로 본다.

(2) 부동산 무상담보

타인의 부동산을 무상으로 담보로 이용하여 금전 등을 차입함에 따라 이익을 얻은 경우에는 그 부동산 담보 이용을 개시한 날을 증여일로 하여 그 이익에 상당하는 금액을 부동산을 담보로 이용한 자의 증여재산가액으로 한다. 다만, 그 이익에 상당하는 금액이 1천만원 미만인 경우는 제외한다.

$$증여재산가액 = 차입금 \times 적정\ 이자율 - 금전\ 등을\ 차입할\ 때\ 실제로\ 지급하였거나\ 지급할\ 이자$$

이 경우 차입기간이 정하여지지 아니한 경우에는 그 차입기간은 1년으로 하고, 차입기간이 1년을 초과하는 경우에는 그 부동산 담보 이용을 개시한 날부터 1년이 되는 날의 다음 날에 새로 해당 부동산의 담보 이용을 개시한 것으로 본다.

(3) 특수관계인 외의 경우

특수관계인이 아닌 자 간의 거래인 경우에는 거래의 관행상 정당한 사유가 없는 경우에 한정하여 (1) 및 (2)를 적용한다.

06 합병에 따른 이익의 증여

특수관계에 있는 법인 간의 합병(분할합병을 포함한다)으로 소멸하거나 흡수되는 법인 또는 신설되거나 존속하는 법인의 대주주등이 합병으로 인하여 이익을 얻은 경우에는 그 합병등기일을 증여일로 하여 그 이익에 상당하는 금액을 그 대주주등의 증여재산가액으로 한다. 다만, 법인 간의 합병 중 「자본시장과 금융투자업에 관한 법률」에 따른 주권상장법인이 다른 법인과 합병은 특수관계에 있는 법인 간의 합병으로 보지 아니한다.

대주주등이란 해당 주주등의 지분 및 그의 특수관계인의 지분을 포함하여 해당 법인의 발행주식총수등의 100분의 1 이상을 소유하고 있거나 소유하고 있는 주식등의 액면가액이 3억원 이상인 주주등을 말한다.

1) 합병대가를 주식으로 교부받은 경우

증여재산가액 = (A - B) × 대주주가 합병으로 교부받은 주식수

A: 합병 후 1주당 평가가액
B: 합병비율 반영한 주가과대평가법인의 합병 전 1주당 평가액[27]

2) 합병대가를 주식 외의 자산으로 교부받은 경우

증여재산가액 = (액면가액 - 평가가액) × 합병당사법인의 대주주등의 주식등의 수

다만, 그 이익에 상당하는 금액이 유형별로 기준금액 미만인 경우는 제외한다.
① 합병대가를 주식으로 교부받은 경우 : 합병법인의 주식 평가가액의 100분의 30에 상당하는 가액과 3억원 중 적은 금액
② 합병대가를 주식 외의 자산으로 교부받은 경우 : 3억원

---

27) 주가가 과대평가된 합병당사법인의 1주당 평가가액×(주가가 과대평가된 합병당사법인의 합병전 주식등의 수÷주가가 과대평가된 합병당사법인의 주주등이 합병으로 인하여 교부받은 신설 또는 존속하는 법인의 주식등의 수)

07 증자에 따른 이익의 증여

법인이 자본금을 증가시키기 위하여 새로운 주식 또는 지분을 발행함으로써 다음 중 어느 하나에 해당하는 이익을 얻은 경우에는 주식대금 납입일 등을 증여일로 하여 그 이익에 상당하는 금액을 그 이익을 얻은 자의 증여재산가액으로 한다.

1) 신주를 시가보다 낮은 가액으로 발행하는 경우

① 해당 법인의 주주등이 신주를 배정받을 수 있는 권리(이하 "신주인수권"이라 한다)의 전부 또는 일부를 포기한 경우로서 해당 법인이 그 포기한 신주(이하 "실권주"(失權株)라 한다)를 배정하는 경우에는 그 실권주를 배정받은 자가 실권주를 배정받음으로써 얻은 이익

② 해당 법인의 주주등이 신주인수권의 전부 또는 일부를 포기한 경우로서 해당 법인이 실권주를 배정하지 아니한 경우에는 그 신주 인수를 포기한 자의 특수관계인이 신주를 인수함으로써 얻은 이익

③ 해당 법인의 주주등이 아닌 자가 해당 법인으로부터 신주를 직접 배정받음으로써 얻은 이익

④ 해당 법인의 주주등이 소유한 주식등의 수에 비례하여 균등한 조건으로 배정받을 수 있는 수를 초과하여 신주를 직접 배정받음으로써 얻은 이익

2) 신주를 시가보다 높은 가액으로 발행하는 경우

① 해당 법인의 주주등이 신주인수권의 전부 또는 일부를 포기한 경우로서 해당 법인이 실권주를 배정하는 경우에는 그 실권주를 배정받은 자가 그 실권주를 인수함으로써 그의 특수관계인에 해당하는 신주 인수 포기자가 얻은 이익

② 해당 법인의 주주등이 신주인수권의 전부 또는 일부를 포기한 경우로서 해당 법인이 실권주를 배정하지 아니한 경우에는 그 신주를 인수함으로써 그의 특수관계인에 해당하는 신주 인수 포기자가 얻은 이익

③ 해당 법인의 주주등이 아닌 자가 해당 법인으로부터 신주를 직접 배정받아 인수함으로써 그의 특수관계인인 주주등이 얻은 이익

④ 해당 법인의 주주등이 소유한 주식등의 수에 비례하여 균등한 조건으로 배정받을 수 있는 수를 초과하여 신주를 직접 배정받아 인수함으로써 그의 특수관계인인 주주등이 얻은 이익

3) 전환주식을 발행한 경우

① 전환주식을 시가보다 낮은 가액으로 발행한 경우 : 교부받았거나 교부받을 주식의 가액이 전환주식 발행 당시 전환주식의 가액을 초과함으로써 그 주식을 교부받은 자가 얻은 이익

② 전환주식을 시가보다 높은 가액으로 발행한 경우 : 교부받았거나 교부받을 주식의 가액이 전환주식 발행 당시 전환주식의 가액보다 낮아짐으로써 그 주식을 교부받은 자의 특수관계인이 얻은 이익

08 감자에 따른 이익의 증여

법인이 자본금을 감소시키기 위하여 주식등을 소각하는 경우로서 일부 주주등의 주식등을 소각함으로써 다음의 구분에 따른 이익을 얻은 경우에는 감자를 위한 주주총회결의일을 증여일로 하여 그 이익에 상당하는 금액을 그 이익을 얻은 자의 증여재산가액으로 한다. 다만, 그 이익에 상당하는 금액이 평가액의 30% 또는 3억원 미만인 경우에는 적용하지 아니한다.

1) 주식등을 시가보다 낮은 대가로 소각한 경우

> 증여재산가액 = (감자한 주식등의 1주당 평가액 − 주식등 소각시 지급한 1주당 평가액) × 총감자 주식등의 수 × 대주주등의 감자후 지분비율 × (대주주등과 특수관계인의 감자 주식등의 수 ÷ 총 감자 주식등의 수)

2) 주식등을 시가보다 높은 대가로 소각한 경우

> 증여재산가액 = (주식등의 소각시 1주당 금액 − 감자한 주식등의 1주당 평가액) × 해당 주주등의 감자한 주식등의 수

09 현물출자에 따른 이익의 증여

현물출자[28]에 의하여 다음 중 어느 하나에 해당하는 이익을 얻은 경우에는 현물출자 납입일을 증여일로 하여 그 이익에 상당하는 금액을 그 이익을 얻은 자의 증여재산가액으로 한다.

1) 주식등을 시가보다 낮은 가액으로 인수

증여재산가액 = (현물출자 후 1주당 평가액 - 현물출자자의 1주당 인수가액) × 현물출자자의 신주 인수 수량

2) 주식등을 시가보다 높은 가액으로 인수

증여재산가액 = (현물출자자의 1주당 인수가액 - 현물출자 후 1주당 평가액) × 현물출자자의 신주 인수 × 수량 현물출자 전 특수관계자의 지분율

다만, 2)의 규정은 주가차액이 1주당 평가액의 30% 이상이거나 그 이익이 3억원 이상인 경우에 한정하여 이를 적용한다.

10 전환사채 등의 주식전환 등에 따른 이익의 증여

전환사채, 신주인수권부사채(신주인수권증권이 분리된 경우에는 신주인수권증권을 말한다) 또는 그 밖의 주식으로 전환·교환하거나 주식을 인수할 수 있는 권리가 부여된 사채(이하 "전환사채등"이라 한다)를 인수·취득·양도하거나, 전환사채등에 의하여 주식으로 전환·교환 또는 주식의 인수를 함으로써 다음 중 어느 하나에 해당하는 이익을 얻은 경우에는 그 이익에 상당하는 금액을 그 이익을 얻은 자의 증여재산가액으로 한다. 다만, 그 이익에 상당하는 금액이 대통령령으로 정하는 기준금액 미만인 경우는 제외한다.

---

28) 현물출자는 주주 등이 회사의 설립시 또는 증자시 금전 이외의 재산(부동산, 유가증권, 무체재산권 등 재산적 가치가 있는 것)을 출자하고 당해법인의 주식 등을 교부받는 것을 말한다.

1) 주식등을 시가보다 낮은 가액으로 인수

다음 중 어느 하나에 해당하는 사유에 대하여 이익을 얻은 자의 증여재산가액으로 한다.

① 특수관계인으로부터 전환사채등을 시가보다 낮은 가액으로 취득함으로써 얻은 이익

② 전환사채등을 발행한 법인(「자본시장과 금융투자업에 관한 법률」에 따른 주권상장법인으로서 유가증권의 모집방법으로 전환사채등을 발행한 법인은 제외한다)의 최대주주나 그의 특수관계인인 주주가 그 법인으로부터 전환사채등을 시가보다 낮은 가액으로 그 소유주식 수에 비례하여 균등한 조건으로 배정받을 수 있는 수를 초과하여 인수 · 취득(「자본시장과 금융투자업에 관한 법률」에 따른 인수인으로부터 인수 · 취득하는 경우와 그 밖에 대통령령으로 정하는 방법으로 인수 · 취득한 경우를 포함한다)함으로써 얻은 이익

③ 전환사채등을 발행한 법인의 최대주주의 특수관계인(그 법인의 주주는 제외한다)이 그 법인으로부터 전환사채등을 시가보다 낮은 가액으로 인수등을 함으로써 얻은 이익

증여재산가액은 아래와 같이 계산하며, 기준금액[29] 미만인 경우에는 적용하지 않는다.

> 증여재산가액 = 전환사채등의 시가 − 전환사채등의 인수 · 취득가액

2) 전환사채등에 의하여 저가 주식전환

① 전환사채등을 특수관계인으로부터 취득한 자가 전환사채등에 의하여 교부받았거나 교부받을 주식의 가액이 전환 · 교환 또는 인수 가액(이하 "전환가액등"이라 한다)을 초과함으로써 얻은 이익

② 전환사채등을 발행한 법인의 최대주주나 그의 특수관계인인 주주가 그 법인으로부터 전환사채등을 그 소유주식 수에 비례하여 균등한 조건으로 배정받을 수 있는 수를 초과하여 인수등을 한 경우로서 전환사채등에 의하여 교부받았거나 교부받을 주식의 가액이 전환가액등을 초과함으로써 얻은 이익

③ 전환사채등을 발행한 법인의 최대주주의 특수관계인(그 법인의 주주는 제외한다)이 그 법인으로부터 전환사채등의 인수등을 한 경우로서 전환사채등에 의하여 교부받았거나 교부받을 주식의 가액이 전환가액등을 초과함으로써 얻은 이익

---

[29] 전환사채등의 시가의 100분의 30에 상당하는 가액과 1억원 중 적은 금액

$$증여재산가액 = (1주당 \ 교부받은 \ 주식가액 - 1주당 \ 전환시 \ 전환 \cdot 인수가액 \ 등) \times 교부받은 \ 주식수$$
$$\times 취득 \cdot 인수시 \ 증여세 \ 과세이익 \ or \ 이자손실분$$

3) 전환사채등에 의하여 고가 주식전환

전환사채등에 의하여 교부받은 주식의 가액이 전환가액등보다 낮게 됨으로써 그 주식을 교부받은 자의 특수관계인이 얻은 이익

$$증여재산가액 = (1주당 \ 전환시 \ 전환 \cdot 인수가액 \ 등 - 1주당 \ 교부받은 \ 주식가액) \times 전환 \ 등에 \ 의하여$$
$$증가한 \ 주식수 \times 특수관계자의 \ 전환 \ 전 \ 지분율$$

4) 전환사채등을 특수관계인에게 양도한 경우

전환사채등을 특수관계인에게 양도한 경우로서 전환사채등의 양도일에 양도가액이 시가를 초과함으로써 양도인이 얻은 이익을 증여재산가액으로 보아 증여세를 과세한다.

$$증여재산가액 = 전환사채 \ 등의 \ 양도가액 - 전환사채 \ 등의 \ 시가$$

11 초과배당에 따른 이익의 증여

법인이 이익이나 잉여금을 배당 또는 분배하는 경우로서 그 법인의 최대주주 또는 최대출자자가 본인이 지급받을 배당등의 금액의 전부 또는 일부를 포기하거나 본인이 보유한 주식등에 비례하여 균등하지 아니한 조건으로 배당등을 받음에 따라 그 최대주주등의 특수관계인이 본인이 보유한 주식등에 비하여 높은 금액의 배당등을 받은 경우에는 법인이 배당 또는 분배한 금액을 지급한 날을 증여일로 하여 그 최대주주등의 특수관계인이 본인이 보유한 주식등에 비례하여 균등하지 아니한 조건으로 배당등을 받은 금액에서 해당 초과배당금액에 대한 소득세 상당액을 공제한 금액을 그 최대주주등의 특수관계인의 증여재산가액으로 한다.

1) 증여재산가액

> 증여재산가액 = 초과배당금액 - 초과배당금액에 대한 소득세 상당액

① 초과배당금액

$$\text{초과배당금액} = \begin{pmatrix} \text{최대주주등의 특수관계인 주주의} \\ (\text{실제 배당액} - \text{균등 배당액}) \end{pmatrix} \times \frac{\text{최대주주등의 특수관계인 주주의 과소배당금액}}{\text{총 과소배당금액}}$$

② 초과배당금액에 대한 소득세 상당액

다음 중 어느 하나에 해당하는 금액으로 한다.

구분	내용
초과배당금액에 대한 증여세 과세표준 신고기한이 해당 초과배당금액이 발생한 연도의 다음 연도 6월 1일 이후인 경우	① 소득세 과세대상에서 제외되거나 비과세 대상인 경우 : 0 ② 분리과세배당소득에 해당하는 경우 : 해당 분리과세된 세액 ③ 종합과세되는 경우 : Max(㉠, ㉡) ㉠ 초과배당금액이 발생한 연도의 종합소득세 과세표준× 종합소득세율 - (해당 연도의 종합소득세 과세표준 - 초과배당금)×종합소득세율 ㉡ 초과배당금액의 14%
그 밖의 경우	초과배당금액×소득세율*

* 소득세율은 다음과 같다.

초과배당금액	소득세율
5,760만원 이하	초과배당금액×14%
5,760만원 초과 8,800만원 이하	806만원 + (초과배당금액 - 5,760만원) × 24%
8,800만원 초과 1억5,000만원 이하	1,536만원 + (초과배당금액 - 8,800만원) × 35%
1억5,000만원 초과 3억원 이하	3,706만원 + (초과배당금액 - 1억,5000만원) × 38%
3억원 초과 5억원 이하	9,406만원 + (초과배당금액 - 3억원) × 40%
5억원 초과 10억원 이하	1억7,046만원 + (초과배당금액 - 5억원) × 42%
10억원 초과	3억8,406만원 + (초과배당금액 - 10억원) × 45%

2) 증여세액의 정산

초과배당금액에 대하여 증여세를 부과받은 자는 해당 초과배당금액에 대한 소득세를 납부할 때(납부할 세액이 없는 경우를 포함한다) 정산된 증여세 상당액을 관할세무서장에게

납부하여야 한다. 반대로 정산된 증여세 상당액을 환급받을 수 있다.

> 정산액 = 정산증여재산가액*을 기준으로 계산한 증여세 − 최초증여재산가액 기준을 계산한 증여세

* 정산증여재산가액 = 초과배당금액에서 실제로 확정된 소득세액을 차감한 가액을 말한다.

정산증여재산가액의 증여세 과세표준의 신고기한은 초과배당금액이 발생한 연도의 다음 연도 5월 1일부터 5월 31일(「소득세법」에 따라 성실신고확인서를 제출한 성실신고확인대상사업자의 경우에는 6월 30일로 한다)까지로 한다.

12 주식등의 상장 등에 따른 이익의 증여

기업의 경영 등에 관하여 공개되지 아니한 정보를 이용할 수 있는 지위에 있다고 인정되는 자[30]의 특수관계인이 비상장법인의 주식등을 증여받거나 취득한 경우 그 주식등을 증여받거나 취득한 날부터 5년 이내에 그 주식등이 증권시장에 상장됨에 따라 그 가액이 증가한 경우로서 그 주식등을 증여받거나 취득한 자가 당초 증여세 과세가액 또는 취득가액을 초과하여 이익을 얻은 경우에는 그 이익에 상당하는 금액을 그 이익을 얻은 자의 증여재산가액으로 한다.

1) 증여재산가액

다음의 금액을 최대주주 등의 특수관계인에 대한 증여재산가액으로 한다. 다만, 기준금액[31] 이상인 경우에만 적용한다.

---

30) 다음 중 어느 하나에 해당하는 자를 말한다.
   ① 최대주주 또는 최대출자자
   ② 내국법인의 발행주식총수 또는 출자총액의 100분의 25 이상을 소유한 경우의 해당 주주
31) (ⓛ+ⓒ)에 주식 수를 곱한 가액과 3억원 중 적은 금액을 말한다.

$$증여재산가액 = (㉠ - ㉡ + ㉢) \times 증여받거나 \ 유상으로 \ 취득한 \ 주식등의 \ 수$$

㉠ 정산기준일[*1] 현재 1주당 평가가액
㉡ 주식등을 증여받은 날 현재의 1주당 증여세 과세가액(취득의 경우에는 취득일 현재의 1주당 취득가액)
㉢ 1주당 기업가치의 실질적인 증가로 인한 이익[*2]

[*1] 그 주식등을 보유한 자가 상장일부터 3개월 이내에 사망하거나 그 주식등을 증여 또는 양도한 경우에는 그 사망일, 증여일 또는 양도일을 말한다.
[*2] 1주당 기업가치의 실질적인 증가로 인한 이익은 납세자가 제시하는 재무제표 등 서류에 의하여 확인되는 것으로서 아래와 같이 계산한다. 이 경우 결손금등이 발생하여 1주당 순손익액으로 당해 이익을 계산하는 것이 불합리한 경우에는 1주당 순자산가액의 증가분으로 당해 이익을 계산할 수 있다.

$$\frac{1주당 \ 순손익액의 \ 합계액}{해당 \ 기간의 \ 월수} \times 해당 \ 주식등의 \ 증여일 \ 또는 \ 취득일부터 \ 정산기준일까지의 \ 월수$$

2) 정산

이익을 얻은 자에 대해서는 그 이익을 당초의 증여세 과세가액(증여받은 재산으로 주식등을 취득한 경우에는 그 증여받은 재산에 대한 증여세 과세가액을 말한다)에 가산하여 증여세 과세표준과 세액을 정산한다. 다만, 정산기준일 현재의 주식등의 가액이 당초의 증여세 과세가액보다 적은 경우로서 그 차액이 기준금액 이상인 경우에는 그 차액에 상당하는 증여세액(증여받은 때에 납부한 당초의 증여세액을 말한다)을 환급받을 수 있다.

13 금전 무상대출 등에 따른 이익의 증여

타인으로부터 금전을 무상으로 또는 적정 이자율보다 낮은 이자율로 대출받은 경우에는 그 금전을 대출받은 날에 그 금전을 대출받은 자의 증여재산가액으로 한다. 다만, 기준금액(1천만원) 미만인 경우는 제외한다. 또한, 특수관계인이 아닌 자 간의 거래인 경우에는 거래의 관행상 정당한 사유가 없는 경우에 한정하여 적용한다.

1) 증여재산가액

다음의 금액을 증여재산가액으로 계산하며, 이러한 이익은 금전을 대출받은 날(여러 차례 나누어 대부받은 경우에는 각각의 대출받은 날을 말한다)을 기준으로 계산한다.

$$증여재산가액 = 대출금액 \times 적정이자율^{*1} - 실제\ 지급한\ 이자\ 상당액$$

*1 적정 이자율이란 당좌대출이자율(4.6%)을 말한다. 다만, 법인으로부터 대출받은 경우에는 「법인세법 시행령」 제89조 제3항에 따른 이자율을 적정 이자율로 본다.

2) 기간

대출기간이 정해지지 아니한 경우에는 그 대출기간을 1년으로 보고, 대출기간이 1년 이상인 경우에는 1년이 되는 날의 다음 날에 매년 새로 대출받은 것으로 보아 해당 증여재산가액을 계산한다.

14 합병에 따른 상장 등 이익의 증여

최대주주등의 특수관계인이 다음 중 어느 하나에 해당하는 경우로서 그 주식등을 증여받거나 취득한 날부터 5년 이내에 그 주식등을 발행한 법인이 특수관계에 있는 주권상장법인과 합병되어 그 주식등의 가액이 증가함으로써 그 주식등을 증여받거나 취득한 자가 당초 증여세 과세가액(증여받은 재산으로 주식등을 취득한 경우는 제외한다) 또는 취득가액을 초과하여 이익을 얻은 경우에는 그 이익에 상당하는 금액을 그 이익을 얻은 자의 증여재산가액으로 한다. 다만, 그 이익에 상당하는 금액이 기준금액 미만인 경우는 제외한다.

① 최대주주등으로부터 해당 법인의 주식등을 증여받거나 유상으로 취득한 경우
② 증여받은 재산으로 최대주주등이 아닌 자로부터 해당 법인의 주식등을 취득한 경우
③ 증여받은 재산으로 최대주주등이 주식등을 보유하고 있는 다른 법인의 주식등을 최대주주등이 아닌 자로부터 취득함으로써 최대주주등과 그의 특수관계인이 보유한 주식등을 합하여 그 다른 법인의 최대주주등에 해당하게 되는 경우

15 재산사용 및 용역제공 등에 따른 이익의 증여

1) 증여재산가액

재산의 사용 또는 용역의 제공에 의하여 다음 중 어느 하나에 해당하는 이익을 얻은 경우

에는 그 이익에 상당하는 금액(시가와 대가의 차액을 말한다)을 그 이익을 얻은 자의 증여재산가액으로 한다. 다만, 그 이익에 상당하는 금액이 기준금액[32] 미만인 경우는 제외한다. 또한, 특수관계인이 아닌 자 간의 거래인 경우에는 거래의 관행상 정당한 사유가 없는 경우에 한정하여 적용한다.

① 타인에게 시가보다 낮은 대가를 지급하거나 무상으로 타인의 재산(부동산과 금전은 제외)을 사용함으로써 얻은 이익

② 타인으로부터 시가보다 높은 대가를 받고 재산을 사용하게 함으로써 얻은 이익

③ 타인에게 시가보다 낮은 대가를 지급하거나 무상으로 용역을 제공받음으로써 얻은 이익

④ 타인으로부터 시가보다 높은 대가를 받고 용역을 제공함으로써 얻은 이익

2) 기간

재산의 사용기간 또는 용역의 제공기간이 정해지지 아니한 경우에는 그 기간을 1년으로 하고, 그 기간이 1년 이상인 경우에는 1년이 되는 날의 다음 날에 매년 새로 재산을 사용 또는 사용하게 하거나 용역을 제공 또는 제공받은 것으로 본다.

16 법인의 조직 변경 등에 따른 이익의 증여

주식의 포괄적 교환 및 이전, 사업의 양수·양도, 사업 교환 및 법인의 조직 변경 등에 의하여 소유지분이나 그 가액이 변동됨에 따라 이익을 얻은 경우에는 그 이익에 상당하는 금액(소유지분이나 그 가액의 변동 전·후 재산의 평가차액을 말한다)을 그 이익을 얻은 자의 증여재산가액으로 한다.

17 재산 취득 후 재산가치 증가에 따른 이익의 증여

직업, 연령, 소득 및 재산상태로 보아 자력(自力)으로 해당 행위를 할 수 없다고 인정되는 자가 다음의 사유로 재산을 취득하고 그 재산을 취득한 날부터 5년 이내에 개발사업의 시행, 형질변경, 공유물(共有物) 분할, 사업의 인가·허가 등(재산가치증가사유)으로 인하

---

32) ①은 1천만원, 그 외에는 시가의 30%

여 이익을 얻은 경우에는 그 이익에 상당하는 금액을 그 이익을 얻은 자의 증여재산가액으로 한다. 다만, 그 이익에 상당하는 금액이 기준금액[33] 미만인 경우는 제외한다.

① 특수관계인으로부터 재산을 증여받은 경우

② 특수관계인으로부터 기업의 경영 등에 관하여 공표되지 아니한 내부 정보를 제공받아 그 정보와 관련된 재산을 유상으로 취득한 경우

③ 특수관계인으로부터 증여받거나 차입한 자금 또는 특수관계인의 재산을 담보로 차입한 자금으로 재산을 취득한 경우

해당 재산가액 　－ ① 해당 재산의 취득가액 　－ ② 통상적인 가치 상승분 　－ ③ 가치상승기여분
＝ 증여재산가액

거짓이나 그 밖의 부정한 방법으로 증여세를 감소시킨 것으로 인정되는 경우에는 특수관계인이 아닌 자 간의 증여에 대해서도 적용한다.

---

33) (해당 재산의 취득가액+통상적인 가치 상승분+가치상승기여분)×30%와 3억원 중 적은 금액

참고

증여세 과세특례

① 하나의 증여에 대하여 이익의 증여, 증여추정 및 특수관계법인과의 거래를 통한 이익의 증여 의제, 특수관계법인으로부터 제공받은 사업기회로 발생한 이익의 증여 의제와 특정법인과의 거래를 통한 이익의 증여 의제의 규정이 둘 이상 동시에 적용되는 경우에는 그 중 이익이 가장 많게 계산되는 것 하나만을 적용한다.

② 다음 중 어느 하나에 해당하는 유형의 이익을 계산할 때 그 증여일부터 소급하여 1년 이내에 동일한 거래 등이 있는 경우에는 각각의 거래 등에 따른 이익(시가와 대가의 차액을 말한다)을 해당 이익별로 합산하여 계산한다.

　　㉠ 증여재산가액 계산의 일반원칙으로써 재산 또는 이익을 현저히 낮은 대가를 주고 이전받거나 현저히 높은 대가를 받고 이전한 경우

　　㉡ 저가 양수 또는 고가 양도에 따른 이익의 증여

　　㉢ 부동산 무상사용에 따른 이익의 증여

　　㉣ 합병에 따른 이익의 증여

　　㉤ 증자에 따른 이익의 증여

　　㉥ 감자에 따른 이익의 증여

　　㉦ 현물출자에 따른 이익의 증여

　　㉧ 전환사채 등의 주식전환 등에 따른 이익의 증여

　　㉨ 초과배당에 따른 이익의 증여

　　㉩ 금전무상대출 등에 따른 이익의 증여

　　㉪ 재산사용 및 용역제공 등에 따른 이익의 증여

　　㉫ 특정법인과의 거래를 통한 이익의 증여의제

V 증여 추정 및 증여 의제

01 배우자 등에게 양도한 재산의 증여 추정

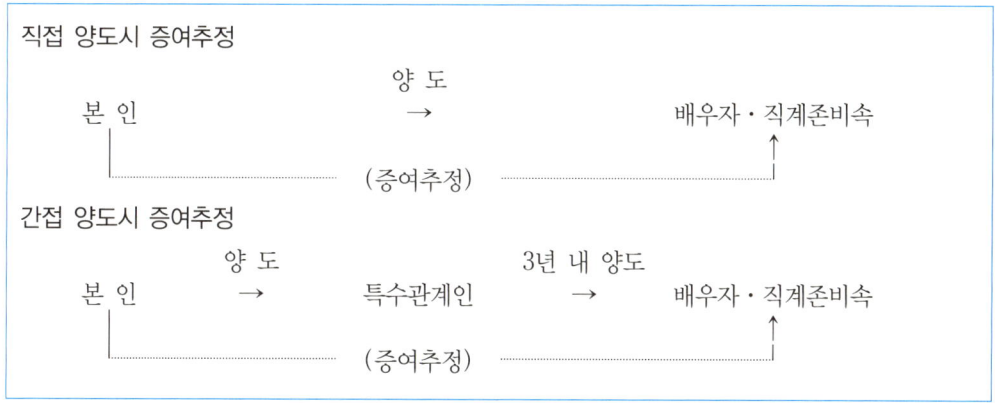

1) 직접 양도

배우자 또는 직계존비속에게 양도한 재산은 양도자가 그 재산을 양도한 때에 그 재산의 가액을 배우자등이 증여받은 것으로 추정하여 이를 배우자등의 증여재산가액으로 한다.

2) 간접 양도

특수관계인에게 양도한 재산을 그 특수관계인이 양수일부터 3년 이내에 당초 양도자의 배우자등에게 다시 양도한 경우에는 양수자가 그 재산을 양도한 당시의 재산가액을 그 배우자등이 증여받은 것으로 추정하여 이를 배우자등의 증여재산가액으로 한다. 다만, 당초 양도자 및 양수자가 부담한 「소득세법」에 따른 결정세액을 합친 금액이 양수자가 그 재산을 양도한 당시의 재산가액을 당초 그 배우자등이 증여받은 것으로 추정할 경우의 증여세액보다 큰 경우에는 그러하지 아니하다.

3) 증여 추정 배제

해당 재산이 다음 중 어느 하나에 해당하는 경우에는 증여 추정을 적용하지 않는다.
① 법원의 결정으로 경매절차에 따라 처분된 경우
② 파산선고로 인하여 처분된 경우

③ 「국세징수법」에 따라 공매(公賣)된 경우
④ 증권시장 또는 다자간매매체결회사를 통하여 유가증권이 처분된 경우. 다만, 불특정 다수인 간의 거래에 의하여 처분된 것으로 볼 수 없는 경우는 제외한다.
⑤ 배우자등에게 대가를 받고 양도한 사실이 명백히 인정되는 경우
　㉠ 권리의 이전이나 행사에 등기 또는 등록을 요하는 재산을 서로 교환한 경우
　㉡ 당해 재산의 취득을 위하여 이미 과세(비과세 또는 감면받은 경우를 포함한다) 받았거나 신고한 소득금액 또는 상속 및 수증재산의 가액으로 그 대가를 지급한 사실이 입증되는 경우
　㉢ 당해 재산의 취득을 위하여 소유재산을 처분한 금액으로 그 대가를 지급한 사실이 입증되는 경우

4) 소득세 부과 배제

배우자등에게 증여세가 부과된 경우에는 「소득세법」의 규정에도 불구하고 당초 양도자 및 양수자에게 그 재산 양도에 따른 소득세를 부과하지 아니한다.

02 재산 취득자금 등의 증여 추정

1) 재산 취득자금 증여 추정

재산 취득자의 직업, 연령, 소득 및 재산 상태 등으로 볼 때 재산을 자력으로 취득하였다고 인정하기 어려운 경우로서 그 재산을 취득한 때에 그 재산의 취득자금을 그 재산 취득자가 증여받은 것으로 추정하여 이를 그 재산 취득자의 증여재산가액으로 한다.

또한, 「금융실명거래 및 비밀보장에 관한 법률」 제3조에 따라 실명이 확인된 계좌 또는 외국의 관계 법령에 따라 이와 유사한 방법으로 실명이 확인된 계좌에 보유하고 있는 재산은 명의자가 그 재산을 취득한 것으로 추정한다.

2) 채무상환 증여 추정

채무자의 직업, 연령, 소득, 재산 상태 등으로 볼 때 채무를 자력으로 상환(일부 상환을 포함한다)하였다고 인정하기 어려운 경우로서 그 채무를 상환한 때에 그 상환자금을 그 채무자가 증여받은 것으로 추정하여 이를 그 채무자의 증여재산가액으로 한다.

3) 자금출처의 입증금액

다음의 금액을 통하여 입증할 수 있다.

① 신고하였거나 과세(비과세 또는 감면받은 경우를 포함한다)받은 소득금액

② 신고하였거나 과세받은 상속 또는 수증재산의 가액

③ 재산을 처분한 대가로 받은 금전이나 부채를 부담하고 받은 금전으로 당해 재산의 취득 또는 당해 채무의 상환에 직접 사용한 금액

4) 증여 추정 배제

① 재산취득일 전 또는 채무상환일 전 10년 이내에 해당 재산 취득자금 또는 해당 채무상환자금의 합계액이 5천만원 이상으로서 연령·직업·재산상태·사회경제적 지위 등을 고려하여 국세청장이 정하는 금액을 말한다.

② 취득자금 또는 상환자금의 출처에 관한 충분한 소명이 있는 경우

참고 ●

재산취득자금 등의 증여추정 배제기준

① 재산취득일 전 또는 채무상환일 전 10년 이내에 주택과 기타재산의 취득가액 및 채무상환금액이 각각 아래 기준에 미달하고, 주택취득자금, 기타재산 취득자금 및 채무상환자금의 합계액이 총액한도 기준에 미달하는 경우에는 재산취득자금 및 채무상환에 대한 증여추정을 적용하지 아니한다.

구분	취득재산		채무상환	총액한도
	주택	기타재산		
30세 미만	5천만원	5천만원	5천만원	1억원
30세 이상	1.5억원	5천만원	5천만원	2억원
40세 이상	3억원	1억원	5천만원	4억원

② ①과 관계없이 취득가액 또는 채무상환금액이 타인으로부터 증여받은 사실이 확인될 경우에는 증여세 과세대상이 된다.

03 명의신탁재산의 증여 의제

1) 개요

명의신탁은 실정법상의 근거없이 판례에 의하여 형성된 신탁행위의 일종으로 수탁자에게 재산의 명의가 이전되지만 수탁자는 외관상 소유자로 표시될 뿐이고 적극적으로 그 재산을 관리·처분할 권리의무를 가지지 아니하는 신탁을 말한다. 이러한 명의 신탁을 통하여 조세회피사례가 발생하였으며, 이를 방지하기 위하여 생긴 규정이다.[34]

즉, 권리의 이전이나 그 행사에 등기등이 필요한 재산(토지와 건물은 제외한다)의 실제소유자와 명의자가 다른 경우에는 「국세기본법」에 따른 실질과세원칙에도 불구하고 그 명의자로 등기등을 한 날(그 재산이 명의개서를 하여야 하는 재산인 경우에는 소유권취득일이 속하는 해의 다음 해 말일의 다음 날을 말한다)에 그 재산의 가액(그 재산이 명의개서를 하여야 하는 재산인 경우에는 소유권취득일을 기준으로 평가한 가액을 말한다)을 실제소유자가 명의자에게 증여한 것으로 본다.

2) 과세요건

① 등기·등록·명의개서 등을 요하는 자산이어야 한다. 등기·등록 등을 요하는 재산은 권리의 이전이나 행사에 등기 등이 효력발생요건 내지 대항요건으로서 법률상 요구되는 다음과 같은 자산을 말한다.

구분	내용
등기를 요하는 자산	입목, 공장재단, 광업재단, 선박
등록을 요하는 자산	특허권, 실용신안권, 의장권, 상표권, 저작권, 어업권, 광업권, 자동차, 항공기, 건설기계
명의개서를 요하는 자산	주권, 사채권

② 실지소유자와 명의자가 달라야 한다. 과세관청은 소유자와 명의자의 판정에 있어서 주주명부가 있는 경우에는 주주명부로 판정하고, 주주명부 또는 사원명부가 작성되지 아니한 경우에는 납세지 관할세무서장에게 제출한 주주등에 관한 서류 및 주식등변동상황명세서에 의하여 명의개서 여부를 판정한다.

---

34) 그러나 명의신탁은 당사자간의 합의를 전제로 하는 것이므로 명의가 도용되었거나 해당 등기 등이 원인무효일 때는 명의신탁 자체가 없었던 것이므로 증여로 보지 아니한다.

③ 조세회피목적이 있어야 한다. 타인의 명의로 재산의 등기등을 한 경우 및 실제소유자 명의로 명의개서를 하지 아니한 경우에는 조세 회피 목적이 있는 것으로 추정한다. 다만, 실제소유자 명의로 명의개서를 하지 아니한 경우로서 다음 중 어느 하나에 해당하는 경우에는 조세 회피 목적이 있는 것으로 추정하지 아니한다.

　　㉠ 매매로 소유권을 취득한 경우로서 종전 소유자가 「소득세법」에 따라 예정신고 또는 확정신고에 따른 양도소득 과세표준신고 또는 증권거래세에 따른 신고와 함께 소유권 변경 내용을 신고하는 경우

　　㉡ 상속으로 소유권을 취득한 경우로서 상속인이 다음 중 어느 하나에 해당하는 신고와 함께 해당 재산을 상속세 과세가액에 포함하여 신고한 경우. 다만, 상속세 과세표준과 세액을 결정 또는 경정할 것을 미리 알고 수정신고하거나 기한 후 신고를 하는 경우는 제외한다.

　　　ⓐ 상속세 과세표준신고

　　　ⓑ 「국세기본법」에 따른 수정신고

　　　ⓒ 「국세기본법」에 따른 기한 후 신고

3) 증여의제 배제

다음 중 어느 하나에 해당하는 경우에는 증여의제를 적용하지 아니한다.

① 조세 회피의 목적 없이 타인의 명의로 재산의 등기등을 하거나 소유권을 취득한 실제 소유자 명의로 명의개서를 하지 아니한 경우

② 「자본시장과 금융투자업에 관한 법률」에 따른 신탁재산인 사실의 등기등을 한 경우

③ 비거주자가 법정대리인 또는 재산관리인의 명의로 등기등을 한 경우

04　특수관계법인과의 거래를 통한 이익의 증여 의제

1) 개요

특수관계법인이 수혜법인(내국법인에 한정함)에 일감을 몰아주는 방법으로 수혜법인의 지배주주 등에게 부를 이전하는 사례에 대하여 증여세를 과세하는 규정으로서 수혜법인의 사업연도를 기준으로 수혜법인과 특수관계법인의 거래비율이 정상거래비율을 초과하는 경우 수혜법인의 지배주주와 그 친족이 수혜법인의 영업이익을 기준으로 계산한 이익을 증여

받은 것으로 본다.

2) 과세요건

① 수혜법인의 세후영업이익이 있을 것

② 일감을 받은 법인(수혜법인)의 사업연도 매출거래 중 특수관계법인과의 거래비율이 정상거래비율(30%, 중소기업 50%, 중견기업 40%)을 초과할 것(대기업의 경우 특수관계법인거래비율이 정상거래비율의 2/3(20%)를 초과하는 경우로서 특수관계법인에 대한 매출액이 1천억을 초과하는 경우 포함)

③ 수혜법인의 지배주주와 그 친족으로서 각자의 수혜법인 지분(간접보유비율 포함)이 한계보유비율(3%, 중소·중견기업 10%)을 초과하는 개인 대주주가 있을 것

3) 증여의제이익

수혜법인의 사업연도 매출액 중 특수관계법인간 거래비율이 정상거래비율(15%)을 초과하는 경우에는 그 수혜법인의 지배주주와 그 지배주주의 친족에게 다음의 증여의제이익을 증여받은 것으로 판단한다.

증여의제이익 = 회사 유형에 따라 계산

① 수혜법인이 중소·중견기업이 아닌 경우
세후영업이익[1] × [특수관계법인거래비율[2] −5%] × [주식보유비율[3]]

② 수혜법인이 중견기업인 경우
세후영업이익 × [특수관계법인거래비율−20%] × [주식보유비율−5%]

② 수혜법인이 중소기업인 경우
세후영업이익 × [특수관계법인거래비율−50%] × [주식보유비율−10%]

$$특수관계법인과의\ 거래비율[4] = \frac{특수관계법인에\ 대한\ 매출액[5]}{수혜법인의\ 사업연도\ 매출액}$$

---

[1] 세후영업이익이란 세법상 영업손익에서 법인세를 차감한 것을 말함.
　세법상 영업손익은 기업회계기준에 따른 영업손익에 다음의 세무조정을 반영한 가액
　① 감가상각비 손금불산입
　② 퇴직급여충당금 손금불산입
　③ 퇴직보험료 손금불산입
　④ 대손충당금 손금불산입
　⑤ 손익의 귀속사업연도
　⑥ 자산의 취득가액
　⑦ 재고자산평가손익
[2] 특수관계법인이란 지배주주와 상속세및증여세법상 특수관계에 있는 법인을 말하며 다음의 법인은 제외함.

① 수혜법인이 50% 이상 출자한 자회사

② 독점규제및공정거래에관한법률상 지주회사인 수혜법인의 자회사·손자회사

③ 독점규제및공정거래에관한법률상 수혜법인이 속한 기업집단으로부터 제외된 회사

*3 주식보유비율은 직접보유비율과 간접보유비율을 더한 값인데, 간접보유비율은 지배주주 등의 간접출자
법인에 대한 주식보유비율에 간접출자법인의 수혜법인에 대한 주식보유비율을 곱하여 계산함.
간접출자법인이란 다음의 어느 하나에 해당하는 법인을 말함.

　　① 지배주주와 친족이 30% 이상 소유하고 있는 법인(독점규제및공정거래에관한법률상 지주회사 제외)

　　② 지배주주와 친족 및 ①의 법인이 50% 이상 소유하고 있는 법인

*4 특수관계법인과의 거래비율을 계산할 때 특수관계법인이 둘 이상인 경우에는 각각의 매출액을 모두 합
하여 계산한다.

*5 특수관계법인에 대한 매출액에는 다음의 어느 하나에 해당하는 매출액은 제외한다. 이 경우 다음에 동
시에 해당하는 경우에는 더 큰 금액으로 한다.

　　① 중소기업인 수혜법인이 중소기업인 특수관계법인과 거래한 매출액

　　② 수혜법인이 본인의 주식보유비율이 100분의 50 이상인 특수관계법인과 거래한 매출액

　　③ 수혜법인이 본인의 주식보유비율이 100분의 50 미만인 특수관계법인과 거래한 매출액에 그 특수관
계법인에 대한 수혜법인의 주식보유비율을 곱한 금액

　　④ 수혜법인이 지주회사인 경우로서 수혜법인의 자회사 및 손자회사(증손회사를 포함)와 거래한 매출액

　　⑤ 수혜법인이 제품·상품의 수출을 목적으로 특수관계법인과 거래한 매출액

　　⑥ 수혜법인이 용역을 국외에서 공급할 목적으로 특수관계법인과 거래한 매출액

　　⑦ 수혜법인이 영세율이 적용되는 용역의 공급으로서 국내사업장이 없는 비거주자 또는 외국법인에 대
한 특정 사업에 따른 용역의 공급을 목적으로 특수관계법인과 거래한 매출액

　　⑧ 수혜법인이 다른 법률에 따라 의무적으로 특수관계법인과 거래한 매출액

　　⑨ 프로스포츠구단 운영을 주된 사업으로 하는 수혜법인이 특수관계법인과 거래한 광고 매출액

4) 배당소득의 공제

지배주주 등이 수혜법인의 사업연도 말일부터 증여세 과세표준신고기한까지 수혜법인
또는 간접출자법인으로부터 배당받은 소득이 있는 경우에는 다음의 구분에 따른 금액을 해
당 출자관계의 증여의제이익에서 공제한다. 다만, 공제 후의 금액이 음수인 경우에는 0으로
본다.

① 수혜법인으로부터 받은 배당소득의 경우

$$배당소득 \times \frac{직접\ 출자관계의\ 증여의제이익}{수혜법인의\ 사업연도\ 말일\ 배당가능이익 \times 수혜법인에\ 대한\ 직접보유비율}$$

② 간접출자법인으로부터 받은 배당소득의 경우

$$\text{배당소득} \times \frac{\text{간접 출자관계의 증여의제이익}}{\left(\begin{array}{c}\text{간접출자법인의} \\ \text{사업연도 말일} \\ \text{현재 배당가능이익}\end{array} + \begin{array}{c}\text{수혜법인의} \\ \text{사업연도 말일} \\ \text{현재} \\ \text{배당가능이익}\end{array} \times \begin{array}{c}\text{간접출자법인의} \\ \text{수혜법인에} \\ \text{대한} \\ \text{주식소유비율}\end{array}\right) \times \begin{array}{c}\text{지배주주 등의} \\ \text{간접출자법인에} \\ \text{대한} \\ \text{직접보유비율}\end{array}}$$

 05 특수관계법인으로부터 제공받은 사업기회로 발생한 이익의 증여의제

1) 개요

특수관계법인(중소기업과 수혜법인의 주식보유비율이 50% 이상인 특수관계법인은 제외)으로부터 사업기회를 제공받음으로써 사업기회를 제공받은 법인이 얻게 되는 이익을 특수관계법인으로부터 수혜법인의 지배주주와 그 친족이 증여받은 것으로 의제하여 수혜법인의 지배주주 등에게 증여세를 과세한다.

2) 요건

① 수혜법인 : 지배주주와 그 친족의 주식보유비율이 100분의 30 이상인 법인을 말한다. 지배주주등의 주식보유비율은 개시사업연도 종료일을 기준으로 적용한다.

② 사업기회 제공 : 특수관계법인이 직접 수행하거나 다른 법인이 수행하고 있던 사업기회를 임대차계약, 입점계약, 대리점 계약 및 프랜차이즈 계약 등 명칭여하를 불문한 약정의 방식으로 제공하는 것을 말한다. 특수관계법인이 직접 수행하는 사업기회란 특수관계법인이 직접 수행하는 사업과 밀접한 관련이 있는 사업에 대한 기회를 말하고, 밀접한 관련이 있는지 여부는 특수관계법인과 수혜법인의 업종, 특수관계법인이 수혜법인을 지원한 내용 등 구체적 사실관계에 따라 판단한다.

3) 증여의제이익

$$증여의제이익 = \left(\dfrac{\begin{array}{c}\text{제공받은 사업기회로 인하여}\\\text{발생한 개시사업연도의} \times \begin{array}{c}\text{지배주주}\\\text{등의}\\\text{주식보유비율}\end{array} - \begin{array}{c}\text{개시사업연도분의}\\\text{법인세 납부세액 중}\\\text{상당액}^{*2}\end{array}}{\text{개시사업연도의 월수}} \times 12\right) \times 3$$

*1 수혜법인의 이익이란 사업기회를 제공받은 해당 사업부문의 영업이익(기업회계기준에 따라 계산한 매출액에서 매출원가 및 판매비와 관리비를 차감한 영업이익을 말한다)에 다음의 세무조정을 반영
   ① 감가상각비 손금불산입
   ② 퇴직급여충당금 손금불산입
   ③ 퇴직보험료 손금불산입
   ④ 대손충당금 손금불산입
   ⑤ 손익의 귀속사업연도
   ⑥ 자산의 취득가액
   ⑦ 재고자산평가손익

*2 법인세 납부세액 중 상당액 = (수혜법인의 산출세액 - 공제·감면세액) × $\dfrac{\text{수혜법인의 이익}}{\text{각 사업연도의 소득금액}}$

4) 배당소득공제

지배주주 등이 수혜법인의 사업연도 말일부터 증여세 과세표준 신고기한까지 수혜법인으로부터 배당받은 소득이 있는 경우에는 다음의 계산식에 따라 계산한 금액을 증여의제이익에서 공제(공제 후의 금액이 음수인 경우에는 영으로 본다)한다.

$$배당소득공제액 = 배당소득 \times \dfrac{\text{증여의제이익}}{\begin{array}{c}\text{수혜법인의 사업연도}\\\text{말일 배당가능이익}^{*}\end{array} \times \begin{array}{c}\text{지배주주 등의 수혜법인에}\\\text{대한 주식보유비율}\end{array}}$$

* 배당가능이익이란 법인세법상 유동화전문회사 등에 대한 소득공제규정에서 정하는 배당할 수 있는 이익을 말한다.

5) 신고기한

증여세 과세표준의 신고기한은 개시사업연도의 법인세 과세표준의 신고기한이 속하는 달의 말일부터 3개월이 되는 날로 한다.

6) 증여세의 정산

증여의제이익이 발생한 수혜법인의 지배주주 등은 개시사업연도부터 사업기회제공일 이후 2년이 경과한 날이 속하는 사업연도까지 수혜법인이 제공받은 사업기회로 인하여 발생

한 실제 이익을 반영하여 다음 계산식에 따라 계산한 정산증여의제이익에 대한 세액과 증여의제이익에 대한 증여세액과의 차액을 관할세무서장에게 납부하여야 한다. 다만, 정산증여의제이익이 당초의 증여의제이익보다 적은 경우에는 그 차액에 상당하는 증여세액을 당초 납부한 증여의제이익에 대한 세액을 한도로 환급받을 수 있다.

$$\text{정산증여} \atop \text{의제이익} = \left({\text{제공받은 사업기회로 인하여 발생한} \atop \text{개시사업연도부터 정산사업연도까}} \atop \text{지 발생한 수혜법인의 이익 합계액} \times {\text{지배주주} \atop \text{등의} \atop \text{주식보유비율}^*} \right) - {\text{개시사업연도분부터} \atop \text{정산사업연도분까지의} \atop \text{법인세 납부세액 중} \atop \text{상당액}}$$

* 지배주주 등의 주식보유비율은 개시사업연도 종료일을 기준으로 한다.

06 특정법인과의 거래를 통한 이익의 증여 의제

1) 요건

특정법인의 주주 등과 특수관계에 있는 자가 그 특정법인과 거래를 하는 경우에는 그 특정법인의 이익에 특정법인의 주주등의 주식보유비율을 곱하여 계산한 금액을 그 특정법인의 주주등이 증여받은 것으로 본다.

① 특정법인 : 지배주주등의 주식보유비율이 100분의 30 이상인 법인일 것
② 특정법인과의 거래란 다음 중 어느 하나에 해당하는 것으로 한다.
　㉠ 재산이나 용역을 무상으로 제공하는 것
　㉡ 재산이나 용역을 통상적인 거래 관행에 비추어 볼 때 현저히 낮은 대가*로 양도·제공하는 것
　㉢ 재산이나 용역을 통상적인 거래 관행에 비추어 볼 때 현저히 높은 대가*로 양도·제공받는 것
　㉣ 불균등 감자 등[35] 자본거래를 통하여 이익을 분여받는 것

---

35) 불균등 감자 등 자본거래란 특정법인과 지배주주의 특수관계인 사이에 이루어지거나 지배주주의 특수관계인 사이에 이루어지는 다음 중 어느 하나에 해당하는 자본거래를 말한다.
　① 주식등을 시가보다 높거나 낮게 평가하여 불공정한 비율로 합병(분할합병을 포함한다)하는 거래. 다만, 「자본시장과 금융투자업에 관한 법률」 제165조의4에 따라 합병하는 경우는 제외한다.
　② 법인이 자본금(출자액을 포함한다)을 증가시키기 위해 새로운 주식등을 시가보다 높거나 낮은 가액으로 발행하는 거래
　③ 법인이 자본금을 감소시키기 위해 주식등을 소각할 때 주주등의 소유주식등의 비율에 의하지 않거나 일

ⓜ 특정법인의 채무를 면제·인수 또는 변제하는 것

ⓗ 시가보다 낮은 가액으로 당해 법인에 현물출자하는 것

> * "현저히 낮은 대가" 및 "현저히 높은 대가"라 함은 양도·제공·출자하는 재산 및 용역의 시가와 대가(시가보다 낮은 가액으로 법인에 현물출자하는 경우에는 출자한 재산에 대하여 교부받은 주식의 액면가액의 합계액)와의 차액이 시가의 30% 이상 차이가 있거나 그 차액이 3억원 이상인 경우의 당해 가액을 말한다. 이 경우 금전을 대부하거나 대부받는 경우에는 금전 무상대출 등에 따른 증여규정을 준용하여 계산한 이익으로 한다.

2) 증여의제이익

지배주주 등에 대한 증여의제이익은 다음과 같이 계산하며, 증여의제이익이 1억원 이상인 경우에 한하여 발생한다.

$$증여의제이익 = (법인이\ 해당\ 거래로\ 얻은\ 이익^{*1} - 그\ 이익에\ 대한\ 법인세^{*2}) \times 주주의\ 주식보유비율^{*3}$$

*1 법인이 해당 거래로 얻은 이익
  ① 재산을 증여하거나 해당 법인의 채무를 면제·인수 또는 변제하는 경우 : 증여재산가액 또는 그 면제·인수 또는 변제로 인하여 얻는 이익에 상당하는 금액
  ② 불균등 감자 등 자본거래 : 분여받은 이익
  ③ 이 외의 경우 : 시가와 대가와의 차액에 상당하는 금액

*2 $(법인세\ 산출세액^* - 공제감면세액) \times \dfrac{법인이\ 해당거래로\ 얻은\ 이익}{각\ 사업연도\ 소득금액}$

  * 단, 토지 등 양도소득에 대한 법인세 제외

*3 지배주주 등의 직·간접 보유 주식비율

3) 신고기한

증여세 과세표준 신고기한은 특정법인의 법인세 과세표준의 신고기한이 속하는 달의 말일부터 3개월이 되는 날로 한다.

  부 주주등의 주식등을 시가보다 높거나 낮은 가액으로 소각하는 거래
④ 현물출자에 의해 주식등을 시가보다 높거나 낮은 가액으로 인수하는 거래
⑤ 전환사채등을 시가보다 높거나 낮은 가액으로 인수·취득·양도하거나 전환사채등에 의해 주식으로 전환·교환 또는 주식의 인수를 할 때 그 전환사채등에 의해 교부받았거나 교부받을 주식의 가액이 전환가액등보다 높거나 낮은 거래
⑥ 법인이 이익이나 잉여금에 대한 배당등을 할 때 일부 주주등이 본인이 지급받을 배당등의 금액의 전부 또는 일부를 포기하거나 본인이 보유한 주식등에 비례하여 균등하지 않은 조건으로 배당등을 받는 거래
⑦ 주식의 포괄적 교환 또는 이전으로 인해 소유지분이나 그 가액이 변동되는 거래
⑧ 그 밖에 ①부터 ⑦까지의 거래에 준하는 거래

01. 거주자 갑의 증여세 관련 자료이다. 증여세 과세표준으로 옳은 것은? (2025 회계사 기출)

> (1) 갑(32세)은 2024년 1월 15일에 결혼(당일 혼인신고함)하고 2025년 2월 27일에 자녀를 출산(당일 출생신고함)하였다.
> (2) 2025년 7월 2일에 아버지 을로부터 시가(감정가액) 500,000,000원의 아파트X를 증여받았으며, 이를 담보로 한 은행차입금 200,000,000원을 인수(차입금 인수 사실이 객관적으로 입증됨)하였다.
> (3) 증여세 신고를 위해 갑이 지불한 감정평가수수료는 6,000,000원이다.
> (4) 갑은 과거 10년 이내에 증여받은 사실이 없다.

① 144,000,000원
② 145,000,000원
③ 244,000,000원
④ 245,000,000원
⑤ 345,000,000원

02. 「상속세 및 증여세법」상 증여세 비과세 및 과세가액불산입에 관한 설명이다. 옳지 않은 것은? (2021 회계사 기출문제)

① 국가나 지방자치단체로부터 증여받은 재산의 가액에 대해서는 증여세를 부과하지 아니한다.
② 항시 치료를 요하는 중증환자인 장애인을 수익자로 하는 보험의 보험금은 전액 비과세한다.
③ 국가 또는 지방자치단체가 증여받은 재산의 가액에 대해서는 증여세를 부과하지 아니한다.
④ 사회통념상 인정되는 이재구호금품, 치료비등은 증여세를 부과하지 아니한다.
⑤ 「공익신탁법」에 따른 공익신탁으로서 종교·자선·학술 또는 그 밖의 공익을 목적으로 하는 신탁을 통하여 공익법인에 출연하는 재산의 가액은 증여세 과세가액에 산입하지 아니한다.

03. 「상속세 및 증여세법」상 증여세에 관한 설명이다. 옳지 않은 것은? (2022 회계사 기출)

① 수증자가 거주자(본점이나 주된 사무소의 소재지가 국내에 있는 비영리법인을 포함)인 경우에는 증여세 과세대상이 되는 모든 증여재산에 대하여 증여세를 납부할 의무가 있다.

② 수증자가 비거주자인 경우에는 증여재산의 소재지를 관할하는 세무서장 등이 증여세를 과세한다.

③ 해당 증여일 전 10년 이내에 동일인으로부터 받은 증여재산가액을 합친 금액이 1천만원 이상인 경우에는 그 가액을 증여세 과세가액에 가산한다.

④ 명의신탁재산의 증여의제 규정에 따라 재산을 증여한 것으로 보는 경우에는 실제소유자가 해당 재산에 대하여 증여세를 납부할 의무가 있다.

⑤ 수증자가 증여재산(금전은 제외)을 당사자 간의 합의에 따라 증여세 과세표준 신고기한까지 증여자에게 반환하는 경우(반환하기 전에 과세표준과 세액을 결정받은 경우는 제외)에는 처음부터 증여가 없었던 것으로 본다.

04. 상증세법상 증여세 과세에 관한 설명으로 옳지 않은 것은?

① 수증자가 증여일 현재 비거주자인 경우에는 국내에 있는 수증재산에 대해서 증여세를 납부할 의무를 진다.

② 증여재산에는 수증자에게 귀속되는 재산으로서 금전으로 환산할 수 있는 모든 경제적 이익을 포함한다.

③ 상속세 과세표준 신고기한까지 분할에 의하여 당초 상속분을 초과하여 취득한 경우와 당초 상속재산의 분할에 대하여 무효 또는 취소 등 정당한 사유가 있는 경우에는 증여세를 부과하지 아니한다.

④ 증여재산에 대해 소득세법에 의한 소득세가 부과되는 경우에는 증여세를 부과하지 않는다. 다만, 소득세가 비과세 또는 감면되는 경우에는 증여세를 부과한다.

⑤ 수증자가 비거주자인 경우에는 증여자가 수증자와 연대하여 해당 증여세를 납부할 의무를 진다.

정답 및 해설

1. ②

1) 증여재산가액		500,000,000
2) 채무액	(−)	200,000,000
3) 증여세과세가액		300,000,000
4) 증여재산공제	(−)	50,000,000
5) 혼인·출산공제	(−)	100,000,000
6) 감정평가수수료	(−)	5,000,000
7) 과세표준		145,000,000

2. ②

비과세 한도 4천만원 규정

3. ②

증여자의 주소지를 관할하는 세무서장 등이 증여세를 과세한다.

4. ④

제 **3** 장

재산의 평가

01 시가주의

상속세나 증여세가 부과되는 재산의 가액은 평가기준일 현재 시가에 따른다. 평가기준일이란 상속세나 증여세가 부과되는 재산의 가액을 결정하는 기준시점으로 상속재산은 상속개시일, 증여재산은 증여일을 평가기준일로 한다.

02 보충적 평가방법

시가를 산정하기 어려운 경우에는 해당 재산의 종류, 규모, 거래 상황 등을 고려하여 상속세 및 증여세법에서 규정한 보충적 평가방법으로 평가한다. 또한, 시가를 산정하기 어려워서 보충적인 평가방법을 택할 수밖에 없었다는 점에 관한 입증책임은 과세관청에게 있다.[36)]

03 시가

(1) 개요

시가는 불특정 다수인 사이에 자유롭게 거래가 이루어지는 경우에 통상적으로 성립된다고 인정되는 가액으로 하고 수용가격·공매가격 및 감정가격 등 시가로 인정되는 것을 말한다.

---

36) 대법원 95누23, 1995.6.13.

(2) 시가의 범위

1) 원칙

수용가격·공매가격 및 감정가격 등 시가로 인정되는 것이란 평가기준일 전후 6개월(증여재산의 경우에는 평가기준일 전 6개월부터 평가기준일 후 3개월까지로 한다) 이내의 기간 중 매매·감정·수용·경매 또는 공매가 있는 경우에 다음 중 어느 하나에 따라 확인되는 가액을 말한다.

구분	내용
해당 재산에 대한 매매사실이 있는 경우	그 거래가액[37]
해당 재산(주식은 제외한다)에 대하여 둘 이상의 공신력 있는 감정기관이 평가한 감정가액이 있는 경우	그 감정가액의 평균액[38]
해당 재산에 대하여 수용·경매 또는 공매사실이 있는 경우	그 보상가액·경매가액 또는 공매가액[39]

---

37) 다만, 다음 중 어느 하나에 해당하는 경우는 제외한다.
   ① 특수관계인과의 거래 등으로 그 거래가액이 객관적으로 부당하다고 인정되는 경우
   ② 거래된 비상장주식의 가액(액면가액의 합계액을 말한다)이 다음의 금액 중 적은 금액 미만인 경우(평가심의위원회의 심의를 거쳐 그 거래가액이 거래의 관행상 정당한 사유가 있다고 인정되는 경우는 제외한다)
      ㉠ 액면가액의 합계액으로 계산한 해당 법인의 발행주식총액 또는 출자총액의 100분의 1에 해당하는 금액
      ㉡ 3억원
38) 다만, 다음 중 어느 하나에 해당하는 것은 제외하며, 해당 감정가액이 보충적 평가방법에 따라 평가한 가액과 유사매매사례가액등에 따른 시가의 100분의 90에 해당하는 가액 중 적은 금액(이하 "기준금액"이라 한다)에 미달하는 경우(기준금액 이상인 경우에도 평가심의위원회의 심의를 거쳐 감정평가목적 등을 고려하여 해당 가액이 부적정하다고 인정되는 경우를 포함한다)에는 세무서장등이 다른 감정기관에 의뢰하여 감정한 가액에 의하되, 그 가액이 납세자가 제시한 감정가액보다 낮은 경우에는 그렇지 않다.
   ① 일정한 조건이 충족될 것을 전제로 당해 재산을 평가하는 등 상속세 및 증여세의 납부목적에 적합하지 아니한 감정가액
   ② 평가기준일 현재 당해 재산의 원형대로 감정하지 아니한 경우의 당해 감정가액
39) 다만, 다음 중 어느 하나에 해당하는 경우에는 제외한다.
   ① 물납한 재산을 상속인 또는 그의 특수관계인이 경매 또는 공매로 취득한 경우
   ② 경매등으로 취득한 비상장주식의 가액(액면가액의 합계액)이 다음의 금액 중 적은 금액 미만인 경우
      ㉠ 액면가액의 합계액으로 계산한 당해 법인의 발행주식총액 또는 출자총액의 100분의 1에 해당하는 금액
      ㉡ 3억원
   ③ 경매 또는 공매절차의 개시 후 관련 법령이 정한 바에 따라 수의계약에 의하여 취득하는 경우
   ④ 최대주주등의 상속인 또는 최대주주등의 특수관계인이 최대주주등이 보유하고 있던 비상장주식등을 경매 또는 공매로 취득한 경우

2) 유사재산의 매매사례가액 등

해당 재산과 면적·위치·용도·종목 및 기준시가가 동일하거나 유사한 다른 재산에 대하여 시가로 인정되는 가액(상속세 또는 증여세 과세표준을 신고한 경우에는 평가기준일 전 6개월부터 평가기간 이내의 신고일까지의 가액을 말한다)이 있는 경우에는 해당 가액을 시가로 본다.

3) 예외

다만, 평가기간에 해당하지 않는 기간으로서 평가기준일 전 2년 이내의 기간 중에 매매 등이 있거나 평가기간이 경과한 후부터 상속세 또는 증여세의 결정 기한까지의 기간 중에 매매등이 있는 경우에도 평가기준일부터 매매계약일 등 어느 하나에 해당하는 날까지의 기간 중에 주식발행회사의 경영상태, 시간의 경과 및 주위환경의 변화 등을 고려하여 가격변동의 특별한 사정이 없다고 보아 상속세 또는 증여세 납부의무가 있는 자, 지방국세청장 또는 관할세무서장이 신청하는 때에는 평가심의위원회의 심의를 거쳐 해당 매매등의 가액을 시가로 포함시킬 수 있다.

> **참고**
>
> ### 시가의 판단기준일
> 시가를 적용함에 있어 평가기준일 전후 6개월(증여재산의 경우에는 평가기준일 전 6개월부터 평가기준일 후 3개월까지로 한다) 이내에 해당하는지는 다음의 구분에 따른 날을 기준으로 하여 판단하며, 시가로 보는 가액이 둘 이상인 경우에는 평가기준일을 전후하여 가장 가까운 날에 해당하는 가액(그 가액이 둘 이상인 경우에는 그 평균액을 말한다)을 적용한다. 다만, 해당 재산의 매매등의 가액이 있는 경우에는 유사재산에 대한 매매사례가액등을 시가로 적용하지 않는다.
> ① 해당 재산에 대한 매매사실이 있는 경우 : 매매계약일
> ② 해당 재산에 대하여 공신력 있는 감정기관이 평가한 감정가액이 있는 경우 : 가격산정기준일과 감정가액평가서 작성일
> ③ 해당 재산에 대하여 수용·경매 또는 공매사실이 있는 경우 : 보상가액·경매가액 또는 공매가액이 결정된 날

04 저당권 등이 설정된 재산 평가의 특례

다음 중 어느 하나에 해당하는 재산은 그 재산이 담보하는 채권액 등을 기준으로 평가한 가액과 시가 또는 보충적 평가방법에 따라 평가한 가액 중 큰 금액을 그 재산의 가액으로 한다.

① 저당권, 담보권 또는 질권이 설정된 재산
② 양도담보재산
③ 전세권이 등기된 재산(임대보증금을 받고 임대한 재산을 포함한다)
④ 위탁자의 채무이행을 담보할 목적으로 신탁계약을 체결한 재산

Ⅱ 보충적 평가방법

01 부동산 등의 평가

재산의 종류	보충적 평가방법
① 토지	㉠ 원칙 : 개별공시지가(평가기준일 현재 고시되어 있는 것) ㉡ 국세청장이 지정한 지역 내 토지 : 개별공시지가×배율
② 건물	건물(③와 ④에 해당하는 건물은 제외한다)의 신축가격, 구조, 용도, 위치, 신축연도 등을 고려하여 매년 1회 이상 국세청장이 산정·고시하는 가액
③ 오피스텔 및 상업용 건물	국세청장이 토지·건물가액을 일괄하여 고시한 가액
④ 주택	국토교통부장관이 공시한 개별주택가격 및 공동주택가격. 단, 국세청장이 고시한 경우 그 고시액
⑤ 시설물·구축물	재취득가액 − 설치일부터 평가기준일까지 감가상각비(법인세법상의 기준내용연수를 적용한 상각범위액을 말함)
⑥ 사실상 임대차계약 체결 또는 임차권이 등기된 재산	위의 평가액(①~⑤)과 다음의 금액 중 큰 금액 $\dfrac{1년간\ 임대료}{12\%} + 임대보증금$

재산의 종류	보충적 평가방법
⑦ 지상권	$\sum_{n=1}^{t} \dfrac{\text{토지가액} \times 2\%}{(1+10\%)^n}$ (t : 지상권 존속기간의 잔존연수, n : 평가기준일부터의 경과연수)
⑧ 부동산취득권 및 특정시설물이용권	평가기준일까지 불입액 + 프리미엄

02 선박 등 그 밖의 유형재산의 평가

재산의 종류	보충적 평가방법
선박·항공기·차량·기계장비·입목	다시 취득할 수 있다고 예상되는 가액. 그 가액이 확인되지 아니하는 경우에는 다음의 순서에 의한 가액 ㉠ 장부가액(취득가액에서 감가상각비 뺀 가액) ㉡ 취득세 시가표준액
상품·제품·반제품·재공품·원재료 기타 이에 준하는 동산	처분할 때에 취득할 수 있다고 예상되는 가액. 다만, 그 가액이 확인되지 아니하는 경우에는 장부가액으로 한다.
판매용이 아닌 서화·골동품 등 예술적 가치가 있는 유형재산	전문분야별로 2개 이상의 전문감정기관이 감정한 가액의 평균액. 다만, 그 가액이 특수관계인간에 양수도등의 사유가 있는 경우에는 감정평가심의회에서 감정한 가액
소유권의 대상이 되는 동물, 따로 평가방법이 규정되지 않은 기타 유형자산	상품·제품 등의 평가방법 준용

03 유가증권 등의 평가

(1) 주권상장법인의 주식

1) 원칙

증권시장에서 거래되는 주권상장법인의 주식등은 평가기준일(평가기준일이 공휴일 등 매매가 없는 날인 경우에는 그 전일을 기준으로 한다) 이전·이후 각 2개월 동안 공표된 매일의 거래소의 최종 시세가액(거래실적 유무를 따지지 아니한다)의 평균액으로 한다.

2) 증자 · 합병

다만, 평균액을 계산할 때 평가기준일 이전 · 이후 각 2개월 동안에 증자 · 합병 등의 사유가 발생하여 그 평균액으로 하는 것이 부적당한 경우에는 평가기준일 이전 · 이후 각 2개월의 기간 중 다음의 방법에 따라 계산한 기간의 평균액으로 한다. 다만, 합병으로 인한 이익을 계산할 때 합병(분할합병을 포함한다)으로 소멸하거나 흡수되는 법인 또는 신설되거나 존속하는 법인이 보유한 상장주식의 시가는 평가기준일 현재의 거래소 최종 시세가액으로 한다.

① 평가기준일 이전에 증자 · 합병 등의 사유가 발생한 경우에는 동 사유가 발생한 날(증자 · 합병의 사유가 2회 이상 발생한 경우에는 평가기준일에 가장 가까운 날을 말한다)의 다음날부터 평가기준일 이후 2월이 되는 날까지의 기간

② 평가기준일 이후에 증자 · 합병 등의 사유가 발생한 경우에는 평가기준일 이전 2월이 되는 날부터 동 사유가 발생한 날의 전일까지의 기간

③ 평가기준일 이전 · 이후에 증자 · 합병 등의 사유가 발생한 경우에는 평가기준일 이전 동 사유가 발생한 날의 다음날부터 평가기준일 이후 동 사유가 발생한 날의 전일까지의 기간

(2) 비상장법인의 주식

1) 1주당 가액

비상장법인의 주식은 다음과 같이 평가한다.

1주당 가액 = Max(①, ②)

① $[1주당\ 순손익가치 \times 3 + 1주당\ 순자산가치 \times 2]^* \times \dfrac{1}{5}$

② 1주당 순자산가치 × 80%

---

* 부동산과다보유법인(해당 법인의 자산총액 중 부동산과 부동산상의 권리의 합계액이 차지하는 비율이 50% 이상인 법인)의 경우에는 1주당 순손익가치와 순자산가치의 비율을 각각 2와 3으로 한다

참고 ●

순자산가치로만 평가하는 경우

다음 중 어느 하나에 해당하는 경우에는 순자산가치로만 평가한다.

① 상속세 및 증여세 과세표준신고기한 이내에 평가대상 법인의 청산절차가 진행 중이거나 사업자의 사망 등으로 인하여 사업의 계속이 곤란하다고 인정되는 법인의 주식등

② 사업개시 전의 법인, 사업개시 후 3년 미만의 법인 또는 휴업·폐업 중인 법인의 주식등

③ 법인의 자산총액 중 「소득세법」 제94조 제1항 제4호 다목 1) 및 2)의 합계액이 차지하는 비율이 100분의 80 이상인 법인의 주식등

④ 법인의 자산총액 중 주식등의 가액의 합계액이 차지하는 비율이 100분의 80 이상인 법인의 주식등

⑤ 법인의 설립 시 정관에 존속기한이 확정된 법인으로서 평가기준일 현재 잔여 존속기한이 3년 이내인 법인의 주식등

2) 손익가치 계산

① 1주당 순손익가치

$$1주당\ 순손익가치 = \frac{1주당\ 최근\ 3년간의\ 순손익액의\ 가중편균액}{3년\ 만기\ 회사채의\ 유통수익률을\ 고려하여\ 기획재정부장관이\ 고시하는\ 이자율(10\%)}$$

② 1주당 최근 3년간의 순손익액의 계산방법

1주당 최근 3년간의 순손익액의 가중평균액은 다음 계산식에 따라 계산한 가액으로 한다. 이 경우 그 가액이 음수(陰數)인 경우에는 영으로 한다.

1주당 최근 3년간의 순손익액의 가중평균액=
{(평가 1년 전 사업연도의 1주당 순손익[*] ×3)+(평가 2년 전 사업연도의 1주당 순손익 ×2)+
(평가 3년 전 사업연도의 1주당 순손익 ×1)} ÷6

[*] 각 사업연도의 1주당 순손익액은 각 사업연도의 순손익액을 각 사업연도 종료일 현재의 발행주식총수로 나누어 계산

다만, 다음의 요건을 모두 갖춘 경우에는 1주당 최근 3년간의 순손익액의 가중평균액을 신용평가전문기관, 회계법인 또는 세무법인 중 둘 이상의 신용평가전문기관, 회계법인 또

는 세무법인이 산출한 1주당 추정이익의 평균가액으로 할 수 있다.

    ㉠ 일시적이고 우발적인 사건으로 해당 법인의 최근 3년간 순손익액이 증가하는 등 재정
       경제부령으로 정하는 경우에 해당할 것

    ㉡ 법 제67조 및 제68조에 따른 상속세 과세표준 신고기한 및 증여세 과세표준 신고기한
       까지 1주당 추정이익의 평균가액을 신고할 것

    ㉢ 1주당 추정이익의 산정기준일과 평가서작성일이 해당 과세표준 신고기한 이내일 것

    ㉣ 1주당 추정이익의 산정기준일과 상속개시일 또는 증여일이 같은 연도에 속할 것

참고

순손익액의 계산

법인세법에 따른 각 사업연도소득에 가산항목과 차감항목을 적용한 금액으로 한다. 이 경우 각 사업연도소득을 계산할 때 손금에 산입된 충당금 또는 준비금이 세법의 규정에 따라 일시 환입되는 경우에는 해당 금액이 환입될 연도를 기준으로 안분한 금액을 환입될 각 사업연도소득에 가산한다.

1. 가산항목
① 국세 또는 지방세의 과오납금(過誤納金)의 환급금에 대한 이자
② 내국법인 또는 외국자회사로부터 받은 수입배당금액 중 익금불산입액
③ 기부금 한도초과 이월액의 손금산입액, 업무용승용차 감가상각비 한도초과액의 이월 손금산입액, 업무용승용차 처분손실에 따른 이월 손금산입액
④ 각 사업연도소득을 계산할 때 화폐성외화자산등에 대하여 해당 사업연도 종료일 현재의 매매기준율등으로 평가하지 않은 경우 해당 화폐성외화자산등에 대하여 해당 사업연도 종료일 현재의 매매기준율등으로 평가하여 발생한 이익
⑤ 그 밖에 재정경제부령으로 정하는 금액

2. 차감항목
① 해당 사업연도의 법인세액(익금불산입의 적용 대상이 되는 수입배당금액에 대하여 외국에 납부한 세액과 외국납부세액공제를 적용하는 경우의 외국법인세액을 포함한 다), 법인세액의 감면액 또는 과세표준에 부과되는 농어촌특별세액 및 지방소득세액
② 벌금, 과료, 과태료, 가산금 및 강제징수비 손금불산입액
③ 법령에 따라 의무적으로 납부하는 것이 아닌 공과금 손금불산입액
④ 징벌적 목적의 손해배상금 등에 대한 손금불산입
⑤ 업무와 관련 없는 비용의 손금불산입
⑥ 각 세법에서 규정하는 징수불이행으로 인하여 납부하였거나 납부할 세액
⑦ 기부금의 손금불산입, 기업업무추진비의 손금불산입, 과다경비 등의 손금불산입

⑧ 업무용승용차 관련비용의 손금불산입 등 특례

⑨ 지급이자의 손금불산입

⑩ 감가상각비 시인부족액에서 전기이월 상각부인액을 손금으로 추인한 금액을 뺀 금액

⑪ 각 사업연도소득을 계산할 때 화폐성외화자산등에 대하여 해당 사업연도 종료일 현재의 매매기준율등으로 평가하지 않은 경우 해당 화폐성외화자산등에 대해 해당 사업연도 종료일 현재의 매매기준율등으로 평가하여 발생한 손실

3) 순자산가치 계산

순자산가액은 평가기준일 현재 당해 법인의 자산을 상속세 및 증여세법에 따른 시가 또는 보충적 평가방법에 따라 평가한 가액에서 부채를 차감한 가액으로 하며, 순자산가액이 0원 이하인 경우에는 0원으로 한다. 이 경우 당해 법인의 자산을 평가한 가액이 장부가액(취득가액에서 감가상각비를 차감한 가액을 말한다)보다 적은 경우에는 장부가액으로 하되, 장부가액보다 적은 정당한 사유가 있는 경우에는 그러하지 아니하다.

$$1주당\ 순자산가치 = \frac{당해\ 법인의\ 순자산가액}{발행주식총수}$$

참고

순자산가치 계산

1. 자산

구분	내용
가산항목	① 평가기준일 현재 지급받을 권리가 확정된 가액 ② 영업권
차감항목	① 선급비용(평가기준일 현재 비용으로 확정된 것에 한한다) ② 무형자산의 가액

2. 부채

구분	내용
가산항목	① 평가기준일까지 발생된 소득에 대한 법인세액, 법인세액의 감면액 또는 과세표준에 부과되는 농어촌특별세액 및 지방소득세액 ② 평가기준일 현재 이익의 처분으로 확정된 배당금 · 상여금 및 기타 지급의무가

구분	내용
	확정된 금액 ③ 평가기준일 현재 재직하는 임원 또는 사용인 전원이 퇴직할 경우에 퇴직급여로 지급되어야 할 금액의 추계액
차감항목	① 평가기준일 현재의 제충당금 ② 조세특례제한법 및 기타 법률에 의한 제준비금. 다만, 충당금 중 평가기준일 현재 비용으로 확정된 것이나 보험회사로서 특정 사유에 해당할 경우에는 제외한다.

4) 기업공개 · 코스닥상장 · 상장 준비 중인 주식의 평가

다음 중 어느 하나에 해당할 경우에는 위의 규정에도 불구하고 해당 법인의 사업성, 거래 상황 등을 고려하여 다음과 같이 계산한다.

① 기업 공개를 목적으로 금융위원회에 유가증권 신고를 한 법인의 주식등

평가기준일 현재 유가증권 신고(유가증권 신고를 하지 아니하고 상장신청을 한 경우에는 상장신청을 말한다) 직전 6개월(증여세가 부과되는 주식등의 경우에는 3개월로 한다) 부터 거래소에 최초로 주식등을 상장하기 전까지의 주식에 대하여 다음과 같이 평가한다.

$$평가액 = Max(①, ②)$$

① 기업공개 중이 아닌 경우의 주식 평가액
② 금융위원회가 정하는 기준에 따라 결정된 공모가격

② 증권시장에서 주식등을 거래하기 위하여 거래소에 상장신청을 한 법인의 주식등

평가기준일 현재 유가증권 신고(유가증권 신고를 하지 아니하고 등록신청을 한 경우에는 등록신청을 말한다) 직전 6개월(증여세가 부과되는 주식등의 경우에는 3개월로 한다) 부터 한국금융투자협회에 등록하기 전까지 주식에 대하여 다음과 같이 평가한다.

$$평가액 = Max(①, ②)$$

① 상장거래소에 신청하지 아니한 경우의 주식 평가액
② 금융위원회가 정하는 기준에 따라 결정된 공모가격

③ 거래소에 상장되어 있는 법인의 주식 중 평가기준일 현재 상장되지 아니한 주식

거래소에 상장되어 있는 법인의 주식 중 그 법인의 증자로 인하여 취득한 새로운 주식으

로서 평가기준일 현재 상장되지 아니한 주식에 대하여 다음과 같이 평가한다.

> 평가액＝주권상장법인의 주식인 경우의 평가액(종가평균)－배당차액
>
> 배당차액＝액면가액×직전기 배당률×$\dfrac{\text{사업연도개시일부터 배당기산일 전일까지의 일수}}{365}$

(3) 최대주주지분에 대한 할증평가

최대주주 또는 최대출자자 및 그의 특수관계인에 해당하는 주주등의 주식[40]등에 대해서는 평가액에 대하여 그 가액의 100분의 20을 가산한다.

> 최대주주보유주식의 평가액＝주식 평가액×(1＋가산율)

할증평가 대상이 되는 최대주주 또는 최대출자자란 최대주주등 중 보유주식등의 수가 가장 많은 1인을 말한다. 최대주주등이 보유하는 주식등의 지분을 계산함에 있어서는 평가기준일부터 소급하여 1년 이내에 양도하거나 증여한 주식등을 최대주주등이 보유하는 주식등에 합산하여 이를 계산한다.

---

40) 다음에 해당하는 기업의 주식은 할증평가에서 제외한다.
 1) 중소기업 : 중소기업기본법 제2조에 따른 중소기업
 2) 중견기업 : 중견기업 성장촉진 및 경쟁력 강화에 관한 특별법 제2조에 따른 중견기업으로서 평가기준일이 속하는 과세기간 또는 사업연도의 직전 3개 과세기간 또는 사업연도의 매출액의 평균이 5천억원 미만인 기업을 말한다. 이 경우 매출액은 기업회계기준에 따라 작성한 손익계산서상의 매출액을 기준으로 하며, 과세기간 또는 사업연도가 1년 미만인 과세기간 또는 사업연도의 매출액은 1년으로 환산한다.

(4) 그 밖의 유가증권

재산의 종류		보충적 평가방법
국공채 및 사채	한국거래소에서 거래되는 것	다음 중 큰 금액 ① 평가기준일 이전 2개월간의 매일의 최종 시세가액의 평균 ② 평가기준일 이전 최근일의 최종 시세가액
	한국거래소에서 거래되지 않는 것	매입가액＋평가기준일까지의 미수이자 상당액 (단, 발행자로부터 액면가액으로 매입시 처분예상금액)
	비상장전환사채	* 주식전환불가능기간 : 만기상환금액을 현재가치로 할인한 금액＋발행 후 이자발생액 * 주식전환가능기간 : 다음 중 큰 가액 　① 주식전환불가능기간 중일 경우의 평가액 　② 전환가능한 주식가액－배당차액
대부금 · 외상매출금 및 받을 어음 등의 채권가액과 입회금 · 보증금 등의 채무가액		* 원칙 : 원본가액＋평가기준일까지의 미수이자상당액 * 원본회수기간 3년 초과 · 회사정리 · 화의절차개시 등으로 당초 채권의 내용변경시 : 각 연도에 회수할 금액을 현재가치로 할인한 금액의 합계(단, 평가기준일 현재 회수불능시 평가액 불산입)
집합투자증권		평가기준일 현재의 거래소의 기준가격으로 하거나 집합투자업자 또는 투자회사가 산정 또는 공고한 기준가격(평가기준일부터 가장 가까운 날의 것)
예금 · 저금 · 적금		예입총액＋미수이자－이자에 대한 원천징수세액

04 무체재산권의 가액

무체재산권의 가액은 둘 중 큰 금액으로 한다.
① 재산의 취득 가액에서 취득한 날부터 평가기준일까지의 감가상각비를 뺀 금액
② 장래의 경제적 이익 등을 고려하여 평가한 금액
장래의 경제적 이익은 다음의 종류에 따라 보충적으로 평가할 수 있다.

재산의 종류	보충적 평가방법
영업권	$\displaystyle\sum_{n=1}^{5} \frac{초과이익금액(평균순이익\times 50\% - 자기자본\times 10\%)}{(1+10\%)^n}$ [n : 영업권 지속연수(원칙적으로 5년)]
어업권	영업권에 포함시켜 평가
특허권·실용신안권·상 표권·의장권·저작권 등	$\displaystyle\sum_{n=1}^{t} \frac{각\ 연도의\ 수입금액}{(1+10\%)^n}$ (n : 평가기준일부터의 경과연수, 20년 한도)
광업권 및 채석권 등	$\displaystyle\sum_{n=1}^{t} \frac{평가\ 전\ 3년간\ 평균소득}{(1+10\%)^n}$ (n : 평가기준일부터의 채굴가능연수)

05 그 밖의 조건부 권리 등의 평가

종류	보충적 평가방법
조건부권리	본래의 권리가액을 기초로 조건내용, 조건성취의 확실성 등을 고려한 적정가액
존속기간이 불확정한 권리	권리의 성질, 목적물의 내용연수 등을 고려한 적정가액
소송중인 권리	권쟁관계의 진상을 조사하고 소송진행의 상황을 고려한 적정가액

신탁이익을 받을 권리	다음 중 어느 하나에 따라 평가한 가액으로 한다. 다만, 평가기준일 현재 신탁계약의 철회, 해지, 취소 등을 통해 받을 수 있는 일시금이 평가한 가액보다 큰 경우에는 그 일시금의 가액으로 한다.
	 ㉠ 원본을 받을 권리와 수익을 받을 권리의 수익자가 같은 경우 : 평가기준일 현재 상속세 및 증여세법에 따라 평가한 신탁재산의 가액
	 ㉡ 원본을 받을 권리와 수익을 받을 권리의 수익자가 다른 경우
	    ⓐ 원본을 받을 권리를 수익하는 경우 : 평가기준일 현재 상속세 및 증여세법에 따라 평가한 신탁재산의 가액에서 ⓑ의 계산식에 따라 계산한 금액의 합계액을 뺀 금액
	    ⓑ 수익을 받을 권리를 수익하는 경우 : 평가기준일 현재 추산한 장래에 받을 각 연도의 수익금에 대하여 수익의 이익에 대한 원천징수세액상당액등을 고려하여 다음의 계산식에 따라 계산한 금액의 합계액
	 $$\sum_{n=1}^{N} \frac{각\ 연도에\ 받을\ 수익의\ 이익 - 원천징수세액\ 상당액}{(1+신탁재산의\ 평균수익률을\ 감안하여\ 정한\ 이자율)^n}$$
	 (n : 평가기준일부터의 수익시기까지의 연수)

종류	보충적 평가방법
정기금을 받을 권리	㉠ 유기정기금 : 잔존기간에 각 연도에 받을 정기금액을 국세청장이 고시한 이자율로 할인한 금액의 합계 * 한도 : 1년분 정기금액×20 ㉡ 무기정기금 : 1년분 정기금액×20 ㉢ 종신정기금 : 통계표에 따른 성별·연령별 기대여명의 연수까지의 기간 중 각 연도에 받을 정기금액을 기획재정부장관이 고시한 이자율로 할인한 금액의 합계
가상자산	㉠ 가상자산사업자 중 국세청장이 고시하는 가상자산사업자의 사업장에서 거래되는 가상자산 : 평가기준일 전·이후 각 1개월 동안에 해당 가상자산사업자가 공시하는 일평균가액의 평균액 ㉡ 그 밖의 가상자산 : ㉠에 해당하는 가상자산사업자 외의 가상자산사업자 및 이에 준하는 사업자의 사업장에서 공시하는 거래일의 일평균가액 또는 종료시각에 공시된 시세가액 등 합리적으로 인정되는 가액

■ 박성욱

▌ 저자 약력

- 서울대학교 인문대학 국어국문학과(학사)
- 서울대학교 대학원 경영학과 회계학전공(석사)
- 서울대학교 대학원 경영학과 회계학전공(박사)

- SSCI, SCIE급 논문을 포함한 108편의 학술논문 게재
- 국세청장 표창 수상
- 금융위원장 표창 수상
- 한국세무학회 우수논문상 수상
- 한국세무학회 최우수학위논문상 수상
- 한국세무학회 우수논문발표상 수상
- 한국경영학회 융합학술대회 우수논문상 수상
- 한국조세연구포럼 우수논문상 수상
- 한국납세자연합회 공로상 수상
- 국가고시 출제위원

(현)
- 경희대학교 경영대학 회계학과 교수
- 한국세무학회 차기회장
- 한국경세연구재단 이사장
- 한국회계학회 부회장
- 한국회계정보학회 부회장
- 한국조세연구포럼 부회장
- 한국납세자연합회 정책연구위원장
- LH 기술심사 평가위원
- 한국수력원자력 특수계약 심의위원회 위원
- 경기주택도시공사 제안서평가위원
- 한국철도공사 기술평가위원
- 김포도시관리공사 계약심의위원회 위원

(전)
- 경희대학교 경영대학원 부원장
- San Diego State University Visiting Scholar
- 중부지방국세청 국세심사위원회 위원
- 국민체육진흥공단 자산위험관리위원회 위원
- 서울특별시 투자·출연기관 경영평가 위원
- 한국세무학회 〈세무학연구〉 편집위원장
- 한국세무학회 〈세무와회계저널〉 편집위원장
- 경희대 능독심심의위원회 위원상
- 한국감사인포럼 사무총장
- 한국세무학회 재무이사
- 한국세무학회 국제조세연구 위원장
- 한국납세자연합회 감사
- 한국중소기업학회 이사

■ 김성범

▌ 저자 약력

- 경희대학교 경영대학원 세무관리학과(석사)
- 경희대학교 대학원 회계·세무학과(박사수료)
- 세무사(2016)
- 한국조세연구소 세무와 회계연구 조세학술상 수상
- 국세공무원교육원 외부강의

(현)
- 한국세무관리학회 이사
- 한국세무사회 세무연수원 교수
- 한국세무사회 지방세제도연구위원
- 한국세무사회 조세제도연구위원
- 한국세무사고시회 비상임이사

최신판   조세총론

2026년 2월 19일   초판 인쇄
2026년 2월 25일   초판 발행

저   자   박   성   욱
            김   성   범
발 행 인   오   연   관
발 행 처   삼일피더블유씨솔루션

저자협의
인지생략

서울특별시 용산구 한강대로 273 용산빌딩 4층
등록번호 : 1995. 6. 26 제3 - 633호
전   화 : (02) 3489 - 3100
F   A   X : (02) 3489 - 3141
I S B N : 979 - 11 - 6784 - 495 - 8   93320

♣ 파본은 교환하여 드립니다.   정가 25,000원

※ '삼일인포마인'은 '삼일피더블유씨솔루션'의 단행본 브랜드입니다.
※ 파본은 교환하여 드립니다.